L' ALCOOL: ASPECTS SCIENTIFIQUES ET JURIDIQUES

Mohamed Ben Amar
Richard Masson
Sylvain L. Roy

L'ALCOOL: ASPECTS SCIENTIFIQUES ET JURIDIQUES

Auteurs: Aspects scientifiques:
Mohamed Ben Amar, pharmacien, spécialisé en biologie clinique et en pharmacologie

La preuve contraire:
Richard Masson, avocat

Les facultés affaiblies:
Sylvain L. Roy, avocat, bachelier en biochimie

Mots clés: Alcool . Alcootest . Haleine . Sang . Intoxication . Preuve contraire . Facultés affaiblies

Graphisme: Elisabeth Pérès
Caricature: Pascal Elie
Dactylographie: Liliane Allard
Nathalie Bernier
Monique Desroches

LES EDITIONS B.M.R. (1992)

Montréal: 4323, Christophe-Colomb
Montréal (Qc) H2J 3G2
Téléphone: (514) 866-7996
Télécopieur: (514) 525-4221

Sherbrooke: 205, Avenue du Parc, R.R. 4
Magog (Qc) J1X 5R9
Téléphone: (819) 843-9741
Télécopieur: (819) 864-7125

Dépôt légal: 4e trimestre 1992

Bibliothèque Nationale du Québec

Bibliothèque Nationale du Canada

ISBN: 2-9803127-0-3

AVANT-PROPOS

Deux soucis majeurs ont dicté la rédaction de ce manuel: donner l'information la plus précise et objective aux différents intervenants en matière d'alcool et essayer de vulgariser cette information pour la rendre accessible à tous les lecteurs.

Ce document se veut donc un outil de travail destiné aux juristes et aux scientifiques oeuvrant dans le domaine de l'alcool et une source de renseignements accessibles au public afin de le sensibiliser aux problèmes reliés à la consommation d'alcool.

Nous souhaitons exprimer notre profonde gratitude à la Sûreté du Québec, la Communauté Urbaine de Montréal, la Société des Alcools du Québec, la Société de l'Assurance Automobile du Québec, Transports Canada, Statistiques Canada, l'Association Pharmaceutique Canadienne, Intoximeters Inc. et aux nombreux avocats et Substituts du Procureur Général qui ont aimablement offert leur collaboration à la préparation de ce manuscrit.

Nous sommes également reconnaissants à toutes les personnes qui ont participé de près ou de loin à l'élaboration de ce livre.

Mohamed Ben Amar
Richard Masson
Sylvain L. Roy

TABLE DES MATIERES

L'ALCOOL: ASPECTS SCIENTIFIQUES

L'ALCOOL: ASPECTS JURIDIQUES

ANNEXES

CHAPITRE 1

GENERALITES SUR L'ALCOOL

A. INTRODUCTION

Les boissons alcooliques sont utilisées depuis l'aube de l'histoire. Les plus vieilles consommations étaient des boissons fermentées d'une teneur alcoolique relativement faible, soit des bières et des vins. Quand la technique de distillation fut introduite en Europe au Moyen-Age, les alchimistes crurent que l'alcool était l'élixir de la vie longtemps recherché. L'alcool fut alors considéré comme le remède pour pratiquement toutes les maladies tel qu'indiqué par le terme whisky qui pour les Irlandais représentait l'"eau-de-vie".

Il est maintenant bien établi que la valeur thérapeutique de l'alcool est beaucoup plus limitée que sa valeur récréative. Alors que l'alcool n'a principalement que deux indications thérapeutiques, son ingestion chronique en quantités excessives est un problème médical et social sérieux.

L'alcool est aussi très répandu comme solvant dans l'industrie. Les employés sont exposés par inhalation de sa vapeur. Le seuil d'exposition toléré en milieu de travail est 1000 p.p.m. (1900 milligrammes par mètre cube)

B. PREPARATION

L'alcool présent dans les boissons alcooliques est l'alcool éthylique ou éthanol. C'est un liquide incolore, soluble dans l'eau, d'odeur caractéristique et de saveur brûlante. Sa densité est de 0,81 et sa températude d'ébullition de 78° C. Il est produit par fermentation ou par synthèse.

La fermentation alcoolique, originaire des remarquables travaux de Pasteur, est le procédé par lequel l'alcool est fabriqué à partir de sucres ou d'amidons de sources variées (jus de fruits, graines de céréales, etc ...) en présence de levure. Les levures sont des variétés de champignons qui se multiplient par bourgeonnement au contact de l'air en se comportant comme des plantes ordinaires c'est à dire qu'elles absorbent l'oxygène, brûlent le carbone des aliments et dégagent du gaz carbonique.

Quand l'oxygène de l'air vient à manquer, la levure entre dans une période de vie dite anaérobie pour résister à l'asphyxie. Elle devient alors ferment: étant dépourvue de chlorophylle, elle ne peut vivre qu'au sein des substances où elle trouve du carbone et qui lui procurent de l'azote. Si au cours de cette vie anaérobie, la levure est mise en présence d'une solution sucrée (soit du glucose, soit du saccharose qui se transformera en glucose et lévulose), les cellules de la levure décomposent alors le sucre en alcool éthylique:

$$\underset{\textit{Glucose}}{C_6\,H_{12}\,O_6} \xrightarrow{\textit{levure}} \underset{\textit{Alcool éthylique}}{C_2\,H_5\,OH} \quad + \quad \underset{\textit{Gaz carbonique}}{CO_2 \nearrow}$$

Cette fermentation alcoolique est aussi facilitée par la sécrétion de substances particulières appelées diastases que l'on peut facilement extraire de la levure, à savoir:

- l'invertine qui décompose le saccharose en glucose et lévulose.

- la zymase qui facilite la transformation du glucose en alcool.

Ainsi, toute cellule vivante pourvue d'un hydrate de carbone fermentescible (sucre, glycogène) peut transformer son sucre en alcool si elle est soustraite à l'action de l'air.

Les boissons alcooliques obtenues par fermentation ne dépassent pas généralement une teneur alcoolique de 15% en volume.

Un processus ultérieur appelé distillation est requis pour atteindre les hautes concentrations alcooliques retrouvées dans les spiritueux tels que whisky, gin, rhum, brandy, etc ...: après avoir chauffé un mélange d'alcool et d'eau à des températures où seul l'alcool bout, la vapeur résultante est recueillie et refroidie. En répétant plusieurs fois la procédure, on peut produire de l'alcool presque pur.

L'alcool éthylique peut être aussi synthétisé à partir de l'éthylène ou de l'acéthylène. Les alcools produits par synthèse sont généralement utilisés à des fins industrielles et sont alors dénaturés pour les rendre inaptes à la consommation.

C. STRUCTURE CHIMIQUE

Il existe en fait divers alcools qui sont des substances organiques où un groupement hydroxyle - OH est substitué à un atome d'hydrogène d'un hydrocarbure:

EXEMPLES:

$C_2 H_6$ -------→ $C_2 H_5 OH$
Ethylène *Alcool éthylique ou éthanol*

CH_4 -------→ $CH_3 OH$
Méthane *Alcool méthylique ou méthanol*

On distingue les alcools primaires, secondaires et tertiaires:

I **Alcools primaires**

Ils sont représentés par le groupement - CH_2OH et ont pour formule générale:

$R - CH_2OH$

Exemples: $H - CH_2OH$

Alcool méthylique ou méthanol

$CH_3 - CH_2OH$

Alcool éthylique ou éthanol

$CH_3 - CH_2 - CH_2OH$

Alcool propylique ou propanol

$CH_3 - CH_2 - CH_2 - CH_2OH$

Alcool butylique ou butanol

II **Alcools secondaires**

Ils sont représentés par le groupement = CHOH et ont pour formule générale:

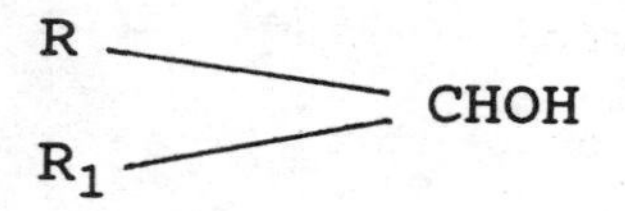

III **Alcools tertiaires**

Ils sont représentés par le groupement ≡C-OH et ont pour formule générale:

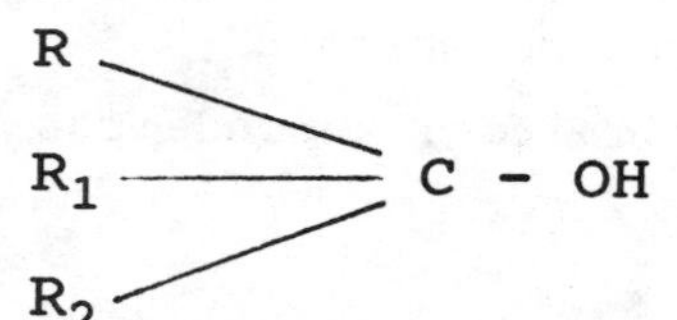

L'alcool usuel contenu dans les boissons alcooliques est l'alcool éthylique ou éthanol. Ainsi, à moins de spécifications ou de distinctions, le terme alcool qui sera employé dans ce livre désignera l'alcool éthylique ou éthanol.

D. CLASSIFICATION PHARMACOLOGIQUE

Un médicament est toute substance ou mélange de substances pouvant être employé:

a) au diagnostic, au traitement, à l'atténuation ou à la prévention d'une maladie, d'un désordre, d'un état physique ou psychique anormal, ou de leurs symptômes, chez l'homme ou chez les animaux; ou

b) en vue de restaurer, corriger ou modifier les fonctions organiques chez l'homme ou chez les animaux.

Chaque médicament a généralement un nom générique ou chimique et un ou plusieurs noms commerciaux attribués par la ou les compagnies pharmaceutiques qui fabriquent le médicament.

Le système nerveux est formé du système nerveux central ou cérébrospinal et du système nerveux autonome ou périphérique. Le système nerveux central comprend le cerveau et la moelle épinière et le système nerveux autonome comprend le système sympathique et le système parasympathique.

Le système nerveux central et le système nerveux autonome sont intimement liés. Ils se différencient par le fait que le système nerveux central assure les fonctions de relation entre l'organisme et l'extérieur alors que le système nerveux autonome assure la régulation des fonctions végétatives: circulation, respiration, digestion, reproduction, fonctions endocriniennes et métaboliques, etc ...

L'alcool est un médicament du système nerveux central. C'est un psychotrope (médicament du psychisme), psycholeptique (dépresseur du psychisme), hypnotique (provoque le sommeil), non barbiturique (voir tableau).

PSYCHOTROPES = médicaments du psychisme

Classification de Delay

I PSYCHOANALEPTIQUES = excitants du psychisme

Nooanaleptiques = médicaments de la vigilance ou de l'éveil	Psychoénergisants	Thymoanaleptiques = médicaments de l'humeur
Amphétamines et dérivés Dexamphétamine DEXEDRINE	Caféine	**1. Antidépresseurs** Amitriptyline APO-AMITRIPTYLINE, ELAVIL, ETRAFON, NOVOTRIPTYN, PMS AMITRIPTYLINE, TRIAVIL
Méthylphénidate RITALIN		Amoxapine ASENDIN
		Clomipramine ANAFRANIL
		Désipramine NORPRAMIN, PERTOFRANE
		Doxépine SINEQUAN, TRIADAPIN
		Fluoxétine PROZAC
		Imipramine APO-IMIPRAMINE, NOVOPRAMINE, PMS IMIPRAMINE, TOFRANIL
		Maprotiline LUDIOMIL
		Nortriptyline AVENTYL
		Protriptyline TRIPTIL
		Trimipramine APO-TRIMIP, RHOTRIMINE, SURMONTIL
		Trazodone DESYREL
		2. IMAO = Thymorétiques
		Isocarboxazide MARPLAN
		Phénelzine NARDIL
		Tranylcypromine PARNATE

N.B. Les noms génériques sont en minuscules et les noms commerciaux en majuscules.

II PSYCHOLEPTIQUES = dépresseurs du psychisme

Tranquillisants majeurs = antipsychotiques ou neuroleptiques	**Tranquillisants mineurs** = anxiolytiques	**Hypnotiques**
1. Phénothiazines	**1.Benzodiazépines**	**1. Barbituriques**
Chlorpromazine CHLORPROMANYL, LARGACTIL, NOVOCHLORPROMAZINE	Alprazolam XANAX	Amobarbital AMYTAL, ISOBEC, NOVAMOBARB
Fluphénazine APO-FLUPHENAZINE, MODECATE, MODITEN, PERMITIL	Bromazépam LECTOPAM	Butabarbital BUTISOL
Mésoridazine SERENTIL	Chlordiazépoxide APO-CHLORDIAZEPOXIDE, LIBRIUM, MEDILIUM, NOVOPOXIDE, SOLIUM	Butéthal SONERYL
Méthotriméprazine NOZINAN	Clorazépate NOVOCLOPATE, TRANXENE	Méthohexital BRIETAL
Perphénazine APO-PERPHENAZINE, PMS PERPHENAZINE, TRILAFON	Diazépam APO-DIAZEPAM, DIAZEMULS, MEVAL, NOVODIPAM, VALIUM, VIVOL	Méthylphénobarbital MEBARAL
Pipotiazine PIPORTIL	Lorazépam APO-LORAZEPAM, ATIVAN, NOVOLORAZEM, PMS LORAZEPAM	Pentobarbital NEMBUTAL, NOVA-RECTAL, NOVOPENTOBARB
Thiopropazate DARTAL	Oxazépam APO-OXAZEPAM, NOVOXAPAM, PMS OXAZEPAM SERAX, ZAPEX	Sécobarbital NOVOSECOBARB, SECONAL
Thiopropérazine MAJEPTIL		Thiopental PENTOTHAL
Thioridazine APO-THIORIDAZINE, MELLARIL, NOVORIDAZINE, PMS THIORIDAZINE		
Trifluopérazine APO-TRIFLUOPERAZINE, NOVOFLURAZINE, SOLAZINE, STELAZINE		
Triflupromazine VESPRIN		

Tranquillisants majeurs	**Tranquillisants mineurs**	**Hypnotiques**
2. Thioxanthènes Chlorprothixène TARASAN	**2. Myorelaxants** Méprobamate APO-MEPROBAMATE, EQUANIL, MEDITRAN, NEO-TRAN, NOVOMEPRO	**2. Non barbituriques** Alcool éthylique ou éthanol ALCOOL
Thiothixène NAVANE		Ethchlorvynol PLACIDYL
		Flurazépam DALMANE, SOMNOL
3. Butyrophénones Halopéridol APO-HALOPERIDOL, HALDOL, NOVOPERIDOL, PERIDOL, PMS HALOPERIDOL	**3. Antiphobiques** Hydroxyzine APO-HYDROXYZINE, ATARAX, MULTIPAX,NOVOHYDROXYZIN PMS HYDROXYZINE	Hydrate de chloral NOCTEC
		Méthaqualone MANDRAX
4. Dibenzoxazépines Loxapine LOXAPAC	**4. Azaspirodécanediones** Buspirone BUSPAR	Méthyprylone NOLUDAR
		Nitrazépam MOGADON
5.Diphénylbutylpipéridines Fluspirilène IMAP		Témazépam RESTORIL
		Triazolam APO-TRIAZO, HALCION, NOVOTRIOLAM
Pimozide ORAP		

III PSYCHODYSLEPTIQUES = perturbateurs du psychisme

Cannabis ou chanvre indien: haschish, marijuana

Hallucinogènes: Lysergamide ou LSD, mescaline, phencyclidine ou PCP, psilocybine

Opiacés: codéine, héroïne, morphine, opium

Cocaïne

E. INDICATIONS THERAPEUTIQUES

L'alcool est principalement utilisé à des fins récréatives et possède une valeur thérapeutique beaucoup plus limitée que les autres dépresseurs du système nerveux central. Ses principales indications thérapeutiques sont les suivantes:

1. Antiseptique externe: la solution acqueuse à 70% d'éthanol a une bonne activité bactéricide, une action relativement rapide mais un effet résiduel faible. Elle peut être considérée comme un bon antiseptique sur la peau intacte.

   Cependant, l'éthanol présente les inconvénients suivants:

   - il est inefficace contre les virus et les spores de champignons;

   - il n'est pas recommandé sur les plaies ouvertes car il irrite les tissus et peut former une couche qui protège les bactéries;

   - à des concentrations supérieures à 80%, son pouvoir bactéricide est faible.

2. Solvant pour de nombreux bains de bouche et pour certains médicaments.

F. UNITES DE MESURE

Le système métrique ou système international d'unités est devenu le système de mesure légal ou officiel au Canada en 1971, à la suite de l'adoption par le Parlement du "Livre blanc sur la conversion au système métrique au Canada".

On distingue les unités de température, les unités de longueur, les unités de poids et les unités de volume.

I **Les unités de température**

L'unité de référence est le degré Celsius.

0 degré Celsius (°C) est égal à 32 degrés Fahrenheit (°F)

0 degré Fahrenheit (°F) est égal à -17,8 degrés Celsius (°C)

L'eau gèle à 0°C et bout à 100°C

La température normale d'une pièce est voisine de 25°C

La température normale du corps humain est de 37°C

TEMPERATURE			
^0C	^0F	^0F	^0C
0,0	32,0	0,0	-17,8
20,0	68,0	50,0	10,0
25,0	77,0	95,0	35,0
30,0	86,0	96,0	35,6
35,5	95,0	97,0	36,1
36,0	96,8	99,0	37,2
36,5	97,7	100,0	37,8
37,0	98,6	101,0	38,3
37,5	99,5	102,0	38,9
38,0	100,4	103,0	39,4
38,5	101,3	104,0	40,0
39,0	102,2	105,0	40,6
30,5	103,1	106,0	41,1
40,0	104,0	107,0	41,7
41,0	105,8	108,0	42,2
42,0	107,6	109,0	42,8
100,0	212,0	110,0	43,3

Pour convertir des degrés Fahrenheit en degrés Celsius:
$^oC = (^oF - 32) \times 5/9$

Pour convertir des degrés Celsius en degrés Fahrenheit:
$^oF = (^oC \times 9/5) + 32$

II Les unités de longueur

L'unité de référence est le mètre qui a ses multiples et ses sous-multiples

1. Les multiples

1 décamètre (dam) = 10^1 mètres (m) = 10 m

1 hectomètre (hm) = 10^2 mètres (m) = 100 m

1 kilomètre (km) = 10^3 mètres (m) = 1000 m

2. Les sous-multiples

1 décimètre (dm) = 10^{-1} mètre (m) = 0,1 m

1 centimètre (cm) = 10^{-2} mètre (m) = 0,01 m

1 millimètre (mm) = 10^{-3} mètre (m) = 0,001 m

1 micromètre (μm) = 10^{-6} mètre (m) = 0,000001 m

1 nanomètre (nm) = 10^{-9} mètre (m) = 0,000000001 m

1 angström (Å) = 10^{-10} mètre (m) = 0,0000000001 m

3. Les équivalences

1 mètre (m) = 39,37 pouces = 3,28 pieds = 1,09 verge

1 centimètre(cm)= 0,39 pouce = 0,03 pied= 0,01 verge

1 millimètre(mm)= 0,039 pouce = 0,003 pied= 0,001 verge

1 micromètre (μm)= 1 micron

1 kilomètre (km) = 0,62 mille

1 mille = 1,61 kilomètre (km)

1 mille marin = 1 noeud = 1,85 kilomètre (km)

1 pouce = 0,0254 mètre (m) = 2,54 centimètres(cm)
= 25,4 millimètres (mm)

1 pied = 0,3048 mètre (m) = 30,48 centimètres (cm)
= 304,8 millimètres (mm)

1 verge = 0,91 mètre (m) = 91 centimètres (cm)
= 910 millimètres (mm)

Les équivalences en matière de surface sont les suivantes:

1 kilomètre carré (km^2) = 100 hectares = 247 acres

1 mètre carré (m^2) = 10000 centimètres carrés (cm^2)
= 0,0001 hectare = 10,76 pieds carrés
= 1,2 verge carrée

1 centimètre carré (cm^2) = 0,0001 mètre carré (m^2)
= 100 millimètres carrés (mm^2)
= 0,16 pouce carré

1 millimètre carré = 0,001 pouce carré

1 pouce carré = 6,45 centimètres carrés (cm^2)

1 pied carré = 0,092 mètre carré

1 verge carrée = 0,84 mètre carré (m^2)

1 hectare = 2,47 acres = 10000 mètres carrés (m^2)

1 acre = 0,4 hectare = 4046 mètres carrés (m^2)

III <u>Les unités de poids</u>

L'unité de référence est le kilogramme qui a ses multiples et ses sous-multiples.

1. <u>Le multiple principal</u>

1 tonne (t) = 10^3 kilogrammes (kg) = 1000 kg

2. Les sous-multiples

1 gramme (g) = 10^{-3} kilogramme (kg)
= 0,001 kg

1 décigramme (dg) = 10^{-4} kilogramme (kg)
= 0,0001 kg

1 centigramme (cg)= 10^{-5} kilogramme (kg)
= 0,00001 kg

1 milligramme (mg)= 10^{-6} kilogramme (kg)
= 0,000001 kg

1 microgramme (μg)= 10^{-9} kilogramme (kg)
= 0,000000001 kg

1 nanogramme (ng) = 10^{-12} kilogramme (kg)
= 0,000000000001 kg

1 picogramme (pg) = 10^{-15} kilogramme (kg)
= 0,000000000000001 kg

3. Les équivalences

1 kilogramme (kg) = 2,2 livres (lb) = 35,27 onces (oz)

1 livre (lb)= 0,454 kilogramme (kg) = 454 grammes (g)

1 gramme (g) = 0,035 once (oz)

1 once (oz) = 28,35 grammes (g)

IV Les unités de volume

L'unité de référence est le mètre cube qui a ses multiples et ses sous-multiples.

1. Le multiple principal

1 kilomètre cube (km^3) = 10^9 mètres cubes (m^3)
= 1000000000 m^3

2. Les sous-multiples

1 décimètre cube (dm^3) = 10^{-3} mètre cube (m^3)
= 0,001 m^3

1 centimètre cube (cm^3) = 10^{-6} mètre cube (m^3)

1 millimètre cube (mm^3) = 10^{-9} mètre cube (m^3)

1 micromètre cube (μm^3) = 10^{-18} mètre cube (m^3)

1 nanomètre cube (nm^3) = 10^{-27} mètre cube (m^3)

3. Les équivalences

1 mètre cube (m^3) = 35,31 pieds cubes
= 1,31 verge cube = 220 gallons

1 décimètre cube (dm^3) = 1 litre (L) = 0,035 pied cube
= 61 pouces cubes = 0,22 gallon

1 centimètre cube (cm^3) = 1 millilitre (ml)
= 0,035 once

1 millimètre cube (mm^3) = 61 pouces cubes

1 pouce cube = 16,39 centimètres cubes (cm^3)

1 pied cube = 0,028 mètre cube (m^3)

1 verge cube = 0,76 mètre cube (m^3)

1 gallon = 4,55 litres (L)

1 pinte = 1,14 litre (L)

1 chopine = 0,57 litre (L)

1 cuillère à thé = 5 millilitres (ml)

1 cuillère à table = 15 millilitres (ml)

1 litre (L) = 10 décilitres (dl) = 100 centilitres (cl)
= 1000 millilitres (ml)

1 litre (L) = 0,22 gallon = 0,88 pinte
= 35,2 onces (oz)

1 millitre (ml) = 0,035 once (oz)

1 once (oz) = 28,41 millilitres (ml)

1 petite bière (standard) = 341 millilitres (ml)
= 12 onces (oz)

1 grosse bière (standard) = 625 millilitres (ml)
= 22 onces (oz)

1 bouteille de vin (standard)= 750 millilitres (ml)
= 26 onces

1 bouteille de champagne (standard)
= 750 millilitres (ml)
= 26 onces (oz)

Les boissons alcooliques renferment une certaine teneur en alcool exprimée généralement en pourcentage volume/volume: les bières standards sont à 5% d'alcool, les vins standards à 12% d'alcool et les spiritueux standards à 40% d'alcool.

Il est important de se rappeler que les verres suivants contiennent tous la même quantité d'alcool:

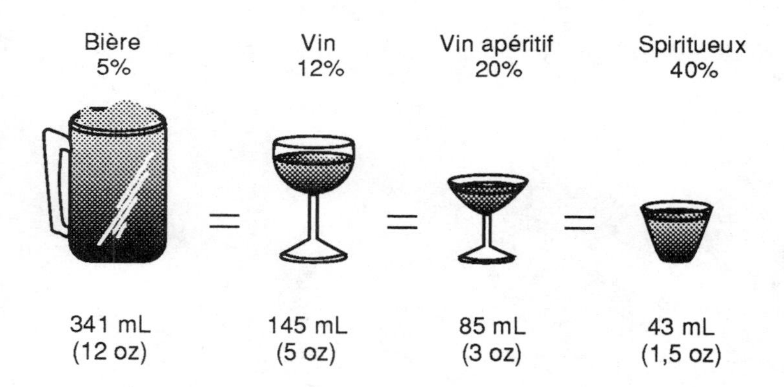

L'alcoolémie d'un individu s'exprime généralement en termes de concentration en alcool éthylique par cent millilitres de sang.

Exemple: 80 milligrammes d'alcool par 100 ml de sang (80 mg%) = 0,08 grammes d'alcool par 100 ml de sang (0,08 g%).

Chapitre 2

STATISTIQUES SUR L'ALCOOL AU CANADA ET AU QUEBEC

A. STATISTIQUES SUR LA CONDUITE AVEC FACULTES AFFAIBLIES AU CANADA

La présence d'alcool dans le sang constitue en médecine légale un élément important au point de vue de la responsabilité en matière de sécurité routière.

Il est interdit de conduire un véhicule moteur lorsque le taux d'alcool dans le sang dépasse 80 mg% ou lorsque les facultés sont affaiblies par l'alcool ou une drogue. L'infraction entraîne le retrait du permis de conduire, une amende, l'ouverture d'un casier judiciaire et dans les cas graves ou récidivistes, une peine d'emprisonnement.

Le nombre de personnes accusées de conduite avec facultés affaiblies a augmenté progressivement au Canada de 1974 à 1981. A la suite des préoccupations de la population à l'égard de ce problème qui ne cessait de croître, de nouvelles lois ont été adoptées à partir de 1985 modifiant les articles du Code Criminel traitant de la conduite avec facultés affaiblies.

Depuis l'adoption de cette loi, le nombre total de personnes inculpées au Canada n'a cessé de diminuer au fil des années (Tableau 1).

En proportion du total des personnes inculpées aux termes du Code Criminel, le nombre de personnes accusées de conduite avec facultés affaiblies est passé de 21% en 1980 à 16% en 1990. Cette tendance est confirmée par les statistiques qui révèlent que la proportion des conducteurs décédés dont le taux d'alcool dans le sang dépassait la limite permise par la loi a diminué passant d'un sommet de 52,1% en 1981 à 34,6,% en 1990.

D'autre part, en 1990, 91% des personnes accusées de conduite avec facultés affaiblies étaient des hommes et 9% des femmes. Pour les données canadiennes groupant les années 1989 et 1990, les personnes de moins de 40 ans représentaient 71,1% des sujets accusés de conduite avec facultés affaiblies. Le groupe d'âge de 25 à 29 ans était celui qui était le plus sur-représenté: on y retrouvait 19% des personnes accusées de conduite avec facultés affaiblies alors que le groupe en soi ne constituait que 11,5% de la population de 16 ans et plus. Par ailleurs, les personnes de plus de 65 ans étaient celles qui étaient les plus sous-représentées: elles ne comptaient que pour 1,6% des personnes accusées de conduite avec facultés affaiblies alors qu'elles formaient 14,8% de la population de 16 ans et plus (Figure 1)

Figure 1. Comparaison entre les conducteurs avec facultés affaiblies et la population selon le groupe d'âge pour les années 1989-1990 au Canada

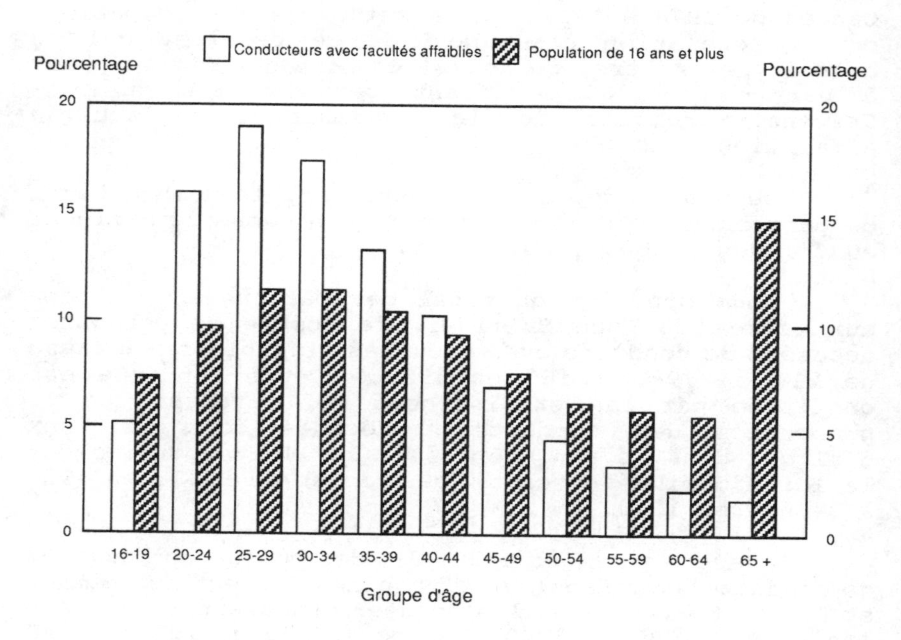

Tableau 1. Nombre de personnes inculpées d'infraction pour conduite avec facultés affaiblies

	1980	1981	1982	1983	1984	1985	1986	1987	1988	1989	1990	**Taux par 1 000 000 habitants en 1990**
Alberta	23156	24624	22545	24194	24907	21967	19889	19758	18102	17817	17041	689
Colombie-Britannique	22594	24967	20926	20725	18194	16993	14381	14283	14013	13536	13150	421
Ile-du-Prince-Edouard	1464	1366	1123	1374	1302	1171	934	971	806	677	610	468
Manitoba	7138	7177	6139	7172	6206	6542	7547	6469	5464	5235	4846	444
Nouveau-Brunswick	5017	4895	4363	4860	4606	4855	5268	4695	4133	4070	4103	567
Nouvelle-Ecosse	6495	6363	6571	6245	5609	5455	5012	5066	5015	4337	4550	509
Ontario	45770	46712	44383	43882	46045	40424	38994	38165	37475	37969	34913	358
Québec	**29794**	**29744**	**22964**	**24738**	**21543**	**22266**	**25184**	**26153**	**24543**	**23579**	**22770**	**336**
Saskatchewan	11006	10999	10214	10485	9637	8048	8079	8321	7457	7414	7575	758
Terre-Neuve	3955	4062	3194	3310	2887	2909	2550	3058	3083	3000	2453	428
Territoires du Nord-Ouest	613	669	605	598	619	602	533	541	595	526	489	909
Yukon	490	470	397	457	545	494	426	550	621	476	425	1628
Canada	**157492**	**162048**	**143424**	**148040**	**142100**	**131726**	**128797**	**128030**	**121307**	**118636**	**112925**	**424**

Tableau 2. Nombre de décès par 100 000 véhicules

	1988	1989	1990
Alberta	28,9	29,2	23,5
Colombie-Britannique	27,7	26,4	28,1
Ile-du-Prince-Edouard	25,4	20,8	34,2
Manitoba	20,3	19,5	17,5
Nouveau-Brunswick	42,5	35,9	35,6
Nouvelle-Ecosse	30,3	22,4	25,1
Ontario	24,0	24,8	21,9
Québec	**29,0**	**29,4**	**27,3**
Saskatchewan	29,9	30,8	24,8
Terre-Neuve	18,6	25,9	21,7
Territoires du Nord-Ouest	16,7	46,1	41,8
Yukon	44,3	37,0	28,9
Canada	**30,0**	**27,7**	**25,4**
Allemagne de l'Ouest	22,4		
Autriche	52,0		
Belgique	49,1		
Danemark	36,4		
Espagne	45,7		
Etats-Unis	25,0		
Finlande	35,7		
France	38,9		
Italie	19,8		
Norvège	19,7		
Pays-Bas	21,1		
Portugal	120,6		
Royaume-Uni	22,0		
Suède	19,8		

L'alcool au volant demeure un problème sérieux: la Direction de la sécurité routière de Transports Canada estime qu'en soirée, les fins de semaine, 25% des conducteurs ont consommé de l'alcool et 4 à 5% de ces conducteurs ont les facultés affaiblies par l'alcool au sens où on l'entend dans le Code Criminel.

Pour sa part, la Fondation de recherches sur les blessures de la route au Canada estime qu 25 à 30% des conducteurs blessés dans un accident de la route ont les facultés affaiblies et que près de 50% des accidents mortels sont causés par des conducteurs qui ont consommé de l'alcool.

B. BILAN ROUTIER DU QUEBEC

Pour l'année 1991, 169071 accidents de véhicules routiers ont été rapportés à la Société de l'assurance automobile du Québec, soit une diminution de 5,6% par rapport à 1990 où 179146 accidents avaient été dénombrés (Tableau 3).

En 1991, la route a fait 1000 décès, soit 7,7% de moins qu'en 1990 (Tableau 4). Cette mortalité pour 1991 se situe au plus bas niveau des 30 dernières années puisqu'il faut remonter à 1961 pour observer un nombre plus bas, soit 889 victimes décédées sur les routes, alors que le parc automobile était 3 fois mois important qu'aujourd'hui. En outre, le taux de mortalité observé en 1991 est de 24,7 décès par 100,000 véhicules en circulation, soit le plus faible jamais enregistré au Québec.

Du côté des blessés, on note une augmentation de 2,9% des blessés graves, le nombre étant passé de 6836 en 1990 à 7034 en 1991 et une diminution de 5,2% des blessés légers, le nombre étant passé de 46334 en 1990 à 43944 en 1991 (Tableau 5).

Les jeunes de 16 à 24 ans représentent pour 1991, 25% des décès et près de 30% des blessés graves. Ce sont les conducteurs de 25 à 45 ans qui sont le plus souvent impliqués dans les accidents.

Enfin, l'ensemble des victimes décédées et blessées sur la route totalise 51978 personnes en 1991, soit le nombre le plus bas des 8 dernières années et une diminution de 4,2% par rapport au nombre de 54253 de 1990 (Tableau 6).

Tableau 3. Bilan routier du Québec 1980-1991

Année	Nombre de véhicules en circulation	Nombre de titulaires du permis de conduire	Nombre d'accidents	Nombre d'accidents avec dommages matériels seulement	Nombre d'accidents avec dommages corporels	Nombre de victimes (morts et blessés)	Nombre de blessés légers	Nombre de blessés graves*	Nombre de décès	Nombre de décès par 100 000 véhicules en circulation
1980	3 036 755	3 298 505	197 812	152 314	45 498	64 138	54 960	7 686	1 492	49,13
1981	3 172 056	3 386 321	186 948	143 868	43 080	60 619	52 128	7 027	1 464	46,15
1982	3 071 112	3 456 765	158 519	124 604	33 915	46 466	39 980	5 405	1 081	35,20
1983	3 135 833	3 521 520	162 936	126 064	36 872	50 575	43 069	6 321	1 185	37,80
1984	3 202 487	3 598 262	182 455	141 355	41 100	56 382	48 304	6 853	1 225	38,30
1985	3 281 026	3 615 453	204 868	159 205	45 663	63 105	54 009	7 710	1 386	42,20
1986	3 467 153	3 704 166	201 601	158 230	43 371	59 348	51 191	7 106	1 051	30,30
1987	3 650 242	3 771 792	203 325	158 518	44 807	61 164	52 797	7 251	1 116	30,60
1988	3 765 335	3 870 000	195 673	151 820	43 853	60 496	52 087	7 318	1 091	29,00
1989	3 884 080	3 946 954	191 264	149 478	41 786	58 564	50 132	7 291	1 141	29,40
1990	3 964 739	4 032 971	179 146	140 311	38 835	54 253	46 334	6 836	1 083	27,30
1991	4 041 617 **	4 092 368	169 071	131 601	37 470	51 978	43 944	7 034	1 000	24,70

* Nécessitant l'hospitalisation

** Ces données représentent l'ensemble du parc automobile du Québec dont 2 970 323 véhicules de promenade en 1991

Tableau 4. Victimes décédées selon le type d'usagers de la route

	1990	1991	1991/1990
Occupant un véhicule de promenade	623	582	- 6,6%
Occupant un camion léger *	85	89	+ 4,7%
Occupant un camion lourd	26	14	- 46,2%
Motocyclistes	80	70	- 12,5%
Cyclistes	43	38	- 11,6%
Piétons	178	145	- 18,5%
Autres	48	62	+ 29,2%
TOTAL	**1083**	**1000**	**- 7,7%**

* pesant moins de 3000 kg

Tableau 5. Victimes ayant subi des blessures graves ou légères selon le type d'usagers de la route

	GRAVES *		LEGERES		GRAVES	LEGERES
	1990	1991	1990	1991	1990/1991	
Occupant un véhicule de promenade	4125	4098	30719	28744	- 0,7%	- 6,4%
Occupant un camion léger **	571	608	3926	3824	+ 6,5%	- 2,6%
Occupant un camion lourd	96	100	676	574	+ 4,2%	- 15,1%
Motocyclistes	540	503	1825	1777	- 6,9%	- 2,6%
Cyclistes	345	420	3368	3640	+ 21,7%	+ 8,1%
Piétons	815	868	3704	3368	+ 6,5%	- 9,1%
Autres	344	437	2116	2017	+ 27,0%	- 4,7%
TOTAL	**6836**	**7034**	**46334**	**43944**	+ 2,9%	- 5,2%

* Nécessitant l'hospitalisation

** Pesant moins de 3000 kg

Tableau 6. Victimes décédées et blessées selon le type d'usagers de la route

	1990	1991	1991/1990
Occupant un véhicule de promenade	35467	33424	- 5,8%
Occupant un camion léger *	4582	4521	- 1,3%
Occupant un camion lourd	798	688	- 13,8%
Motocyclistes	2445	2350	- 3,9%
Cyclistes	3746	4098	+ 9,1%
Piétons	4697	4381	- 6,7%
Autres	2508	2516	+ 0,3%
TOTAL	**54253**	**51978**	**- 4,2%**

* Pesant moins de 3000 kg

Tableau 7. Présence d'alcool dans le sang des conducteurs décédés dans un accident de la route au Québec et qui ont été soumis à une analyse d'alcoolémie en 1989

AGE	TAUX D'ALCOOL DANS LE SANG (mg%)										TOTAL	
	0		1 - 49		50 - 80		81 - 150		Plus de 150			
	Nombre	%	Nombre	%	Nombre	%	Nombre	%	Nombre	%	Nombre	%
Moins de 15 ans	2	50,0					1	25,0	1	25,0	4	100
15 à 19 ans	31	58,5	5	9,4	5	9,4	4	7,5	8	15,1	53	100
20 à 24 ans	36	45,6	5	6,3	1	1,3	13	16,5	24	30,4	79	100
25 à 34 ans	45	33,6			3	2,2	21	15,7	65	48,5	134	100
35 à 44 ans	31	46,3	1	1,5	3	4,5	5	7,5	27	40,3	67	100
45 à 54 ans	20	64,5	1	3,2			3	9,7	7	22,6	31	100
55 à 64 ans	17	47,2	3	8,3	1	2,8	5	13,9	10	27,8	36	100
65 ans et plus	18	75,0	3	12,5			1	4,2	2	8,3	24	100
Non précisé									1	100,0	1	100
TOTAL	**200**	**46,6**	**18**	**4,2**	**13**	**3,0**	**53**	**12,4**	**145**	**33,8**	**429**	**100**

Tableau 8. Présence d'alcool dans le sang des conducteurs décédés dans un accident de la route au Québec et qui ont été soumis à une analyse d'alcoolémie en 1990

AGE	**TAUX D'ALCOOL DANS LE SANG (mg%)**										**TOTAL**	
	0		1 - 49		50 - 80		81 - 150		Plus de 150			
	Nombre	%	Nombre	%	Nombre	%	Nombre	%	Nombre	%	Nombre	%
Moins de 15 ans	2	100,0									2	100
15 à 19 ans	14	38,9	4	11,1	4	11,1	4	11,1	10	27,8	36	100
20 à 24 ans	35	48,6	6	8,3	3	4,2	8	11,1	20	27,8	72	100
25 à 34 ans	63	45,0	3	2,1	3	2,1	18	12,9	53	37,9	140	100
35 à 44 ans	27	43,5	7	11,3	4	6,5	4	6,5	20	32,3	62	100
45 à 54 ans	18	45,0	2	5,0	1	2,5	5	12,5	14	35,0	40	100
55 à 64 ans	23	59,0	3	7,7	2	5,1	3	7,7	8	20,5	39	100
65 ans et plus	20	95,2	1	4,8							21	100
TOTAL	**202**	**49,0**	**26**	**6,3**	**17**	**4,1**	**42**	**10,2**	**125**	**30,3**	**412**	**100**

C. ENQUETE SUR LA CONDUITE AUTOMOBILE AVEC LES FACULTES AFFAIBLIES PAR L'ALCOOL MENEE AU QUEBEC EN 1991

Du 22 mai au 8 juin 1991, la Société de l'assurance automobile du Québec a mené une enquête provinciale sur la conduite automobile avec les facultés affaiblies par l'alcool. Cette enquête similaire à celles de 1981 et 1986 fut réalisée à 144 sites sélectionnés entre 21h et 3h les mercredis, jeudis, vendredis et samedis. La participation des conducteurs était volontaire et 6668 conducteurs ont accepté de fournir un échantillon d'haleine dont le taux d'alcool fut mesuré par un Alco-Sûr à lecture digitale (voir description de cet appareil dans le chapitre sur les tests d'haleine).

I **Buts de l'enquête**

L'enquête visait à évaluer la proportion des individus qui conduisent avec les facultés affaiblies ainsi qu'à déterminer certaines caractéristiques de ces derniers afin de dresser un profil et appliquer éventuellement des programmes appropriés de sécurité routière. En outre, l'enquête a permis de voir l'évolution de la situation par rapport à 1981 et 1986, alors que des enquêtes similaires avaient été effectuées.

II **Résultats**

Parmi les 144 sites retenus pour l'enquête, 121 sites ont été utlisés. L'opération a dû être annulée sur 23 sites: 4 à cause de la pluie et 19 en raison de la non disponibilité du corps policier.

Sur les 6870 véhicules interceptés, 6668 conducteurs ont accepté de donner un échantillon d'haleine, soit 97,1%. Les refus se répartissent ainsi:

Nombre de véhicules sélectionnés 6870

Absence d'échantillon d'haleine pour les raisons suivantes:

- refus de répondre au questionnaire 59
- refus de fournir un échantillon d'haleine 139
- Souffle insuffisant 4

202

Nombre de conducteurs retenus pour l'analyse 6668

97% des véhicules sélectionnés (6686/6870) étaient du Québec

L'ensemble des résultats de cette enquête démontre qu'un gain significatif a été constaté quant à la sobriété sur les routes en 1991. Les efforts déployés depuis 1986 par les différents intervenants en sécurité routière pour faire face à la conduite avec les facultés affaiblies par l'alcool ne sont certes pas étrangers à ce gain.

1. Ensemble du Québec

	Alcoolémie < 21 mg%			Alcoolémie > 80 mg%		
	1981	1986	1991	1981	1986	1991
	%	%	%	%	%	%
ENSEMBLE DES CONDUCTEURS	**79,5**	**83,0**	**87,3**	**5,9**	**3,6**	**3,2**

2. Répartition géographique

REGIONS	Alcoolémie < 21 mg%			Alcoolémie > 80mg%		
	1981	1986	1991	1981	1986	1991
	%	%	%	%	%	%
1. Centre-Est du Québec: Québec, Chaudière-Appalaches, Mauricie/Bois-Francs, Estrie	80,4	79,2	87,0	5,7	4,1	2,9
2. Centre-Ouest du Québec: Montréal, Laval, Lanaudière, Laurentides, Montérégie	80,6	84,9	87,5	5,4	3,2	3,4
3. Nord-Est du Québec: Bas-Saint-Laurent, Gaspésie, Iles-de-la-Madeleine, Saguenay/Lac Saint-Jean, Côte-Nord	71,8	78,3	84,7	8,3	5,5	2,6
4. Ouest du Québec: Outaouais, Abitibi-Témiscamingue	74,4	81,5	88,8	8,1	4,4	2,2
TOTAL	**79,5**	**83,0**	**87,3**	**5,9**	**3,6**	**3,2**

3. Répartition selon le sexe des conducteurs

SEXE	Alcoolémie < 21 mg%			Alcoolémie > 80 mg%		
	1981	1986	1991	1981	1986	1991
	%	%	%	%	%	%
Femmes	86,0	86,9	92,9	1,1	2,6	1,9
Hommes	78,1	82,2	86,1	6,9	3,8	3,5
TOTAL	**79,5**	**83,0**	**87,3**	**5,9**	**3,6**	**3,2**

4. Répartition selon l'âge des conducteurs

AGE	Alcoolémie < 21 mg%			Alcoolémie > 80 mg%		
	1981	1986	1991	1981	1986	1991
	%	%	%	%	%	%
16 - 24 ans	78,2	84,9	89,6	4,4	2,6	1,6
25 - 39 ans	77,3	80,9	86,5	7,4	3,9	3,7
40 - 59 ans	83,0	81,8	86,8	5,3	5,2	3,5
60 ans et plus	89,9	93,1	90,2	7,5	1,7	4,4
TOTAL	**79,5**	**83,0**	**87,3**	**5,9**	**3,6**	**3,2**

5. Répartition selon la nuit de l'enquête

JOURNEE	Alcoolémie < 21 mg%			Alcoolémie > 80 mg%		
	1981	1986	1991	1981	1986	1991
	%	%	%	%	%	%
Mercredi	77,5	85,0	88,0	6,3	2,1	2,8
Jeudi	82,6	85,5	85,3	5,0	3,7	4,1
Vendredi	78,9	79,4	85,8	6,3	5,2	2,9
Samedi	75,3	81,0	85,0	5,6	3,4	3,3
TOTAL	**79,5**	**83,0**	**87,3**	**5,9**	**3,6**	**3,2**

6. Répartition selon l'heure de l'enquête

HEURE DE L'ENQUETE	Alcoolémie < 21 mg%			Alcoolémie > 80 mg%		
	%	%	%	%	%	%
	1981	1986	1991	1981	1986	1991
21h00 - 22h29	92,1	88,0	94,4	2,1	2,1	1,3
22h30 - 23h59	76,9	83,6	90,7	5,2	3,2	1,3
00h00 - 01h29	71,3	80,0	83,0	10,3	5,3	4,5
01h30 - 03h00	65,2	70,4	72,5	10,3	7,0	7,8
TOTAL	**79,5**	**83,0**	**87,3**	**5,9**	**3,6**	**3,2**

7. Répartition selon le nombre de consommations hebdomadaires d'alcool

NOMBRE DE CONSOMMATION HEBDOMADAIRES	Alcoolémie < 21 mg%			Alcoolémie > 80mg%		
	1981	1986	1991	1981	1986	1991
	%	%	%	%	%	%
0 - 2	85,8	92,6	94,1	3,2	0,3	0,6
3 - 6		73,2	78,6		5,9	6,4
7 - 14	64,6	70,6	72,5	11,4	8,4	5,5
15 et plus	52,8	60,4	72,2	18,8	10,1	11,2
TOTAL	**79,5**	**83,0**	**87,3**	**5,9**	**3,6**	**3,2**

D. CONSIDERATIONS GENERALES

Le nombre d'arrestations pour conduite avec les facultés affaiblies a baissé dans les dernières années tant au Québec qu'au Canada mais il demeure élevé et représente un problème majeur de sécurité routière.

Bien que le bilan routier de 1991 s'avère le meilleur jamais enregistré au Québec, l'alcool au volant demeure la principale cause d'accidents et de décès sur nos routes: de fait, on estime que la conduite avec facultés affaiblies est responsable de 40% des accidents mortels et 15% des accidents avec blessés. Sur une base annuelle, un tel fléau cause plus de 400 décès et 7500 blessés pour des frais d'indemnisation des victimes supérieurs à 100 millions de dollars.

L'ensemble des statistiques sur l'alcool obtenues au Québec et au Canada témoigne de la nécessité de poursuivre les interventions visant à accroître la sécurité sur les routes et à sensibiliser le public aux problèmes reliés à la conduite en état d'ébriété.

CHAPITRE 3

DEVENIR DE L'ALCOOL DANS L'ORGANISME

Les étapes du cheminement de l'alcool dans l'organisme s'appellent la pharmacocinétique. On distingue 4 principales phases: l'absorption, la distribution, les biotransformations et l'élimination.

A. L'ABSORPTION

I. Rappels anatomo-physiologiques

L'appareil digestif est constitué du tube digestif et des glandes annexes. Le tube digestif comprend la bouche, le pharynx, l'oesophage, l'estomac, l'intestin grêle (divisé en duodénum, jéjunum et iléon) et le gros intestin (divisé en caecum, côlon, rectum et anus). Les glandes annexes comprennent les glandes salivaires, le foie et le pancréas.

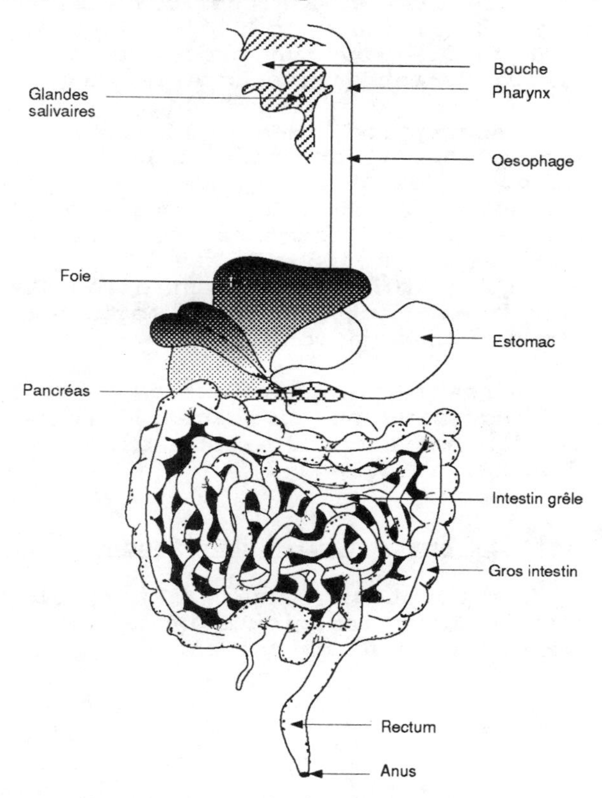

Schéma de l'appareil digestif

L'orifice d'entrée de l'estomac est le cardia et l'orifice de sortie est le pylore. La communication entre l'estomac et l'intestin grêle se fait par l'intermédiaire du pylore qui s'ouvre et se ferme pour contrôler le passage des aliments et des liquides ingérés.

II. Mécanisme de l'absorption de l'alcool

Dès son ingestion, l'alcool se retrouve dans l'appareil digestif. Le passage de l'alcool dans le sang s'effectue au niveau du tractus gastro-intestinal: une partie de l'alcool est absorbée au niveau de l'estomac et la majorité au niveau de l'intestin grêle.

Grâce à sa solubilité dans l'eau et à son faible poids moléculaire, l'alcool traverse facilement les membranes du duodénum, du jéjunum et à un degré moindre de l'estomac par un processus de diffusion passive qui lui permet d'atteindre le sang.

L'absorption de l'alcool commence immédiatement puisqu'il apparaît au bout de 5 minutes dans le sang. Cette absorption de l'alcool est généralement complétée 30 à 90 minutes après la fin de consommation avec des extrêmes dans le temps qui peuvent aller de 14 à 108 minutes. Le pic sanguin d'alcoolémie c'est à dire la concentration maximale de l'alcool dans le sang est atteint en moyenne 60 minutes après la fin de consommation.

En résumé, l'absorption de l'alcool débute lors de son ingestion et dure aussi longtemps qu'un gradient de concentration existe entre le tractus gastro-intestinal et le sang.

III. Facteurs susceptibles d'affecter l'absorption

L'absorption de l'alcool varie considérablement d'un individu à un autre. Elle est affectée par les paramètres suivants:

1. Le poids

Plus le poids est élevé, plus l'alcoolémie est faible car la distribution de l'alcool se fera dans un plus grand volume d'eau entraînant de ce fait une plus faible concentration de l'alcool. Le volume de liquide dans lequel l'alcool peut être dissout est appelé volume de distribution. Ainsi, plus le volume de distribution est élevé, plus l'alcoolémie est faible.

2. Le sexe

Pour un même poids, l'alcoolémie est plus élevée chez la femme car celle-ci a une distribution de lipides (graisses) plus importante et des compartiments d'eau plus petits.

De ce fait, le volume de distribution chez les femmes représente en moyenne 55% du poids et correspond chez les hommes à une moyenne de 68% du poids total.

D'autre part, l'estomac féminin dispose d'une quantité inférieure d'une enzyme gastrique appelée alcool deshydrogénase responsable d'une partie de la destruction de l'alcool avant son passage dans le sang. Il en résulte que l'absorption gastro-intestinale de l'alcool est plus faible chez l'homme que chez la femme se qui se traduit ultérieurement pour des consommations équivalentes par une intoxication alcoolique plus réduite chez l'homme que chez la femme.

3. Le jeûne ou la prise d'aliments

- A jeun, la plupart de l'alcool est absorbé au bout de 20 à 30 minutes après une dose unique modérée.

- La présence d'aliments dans l'estomac ralentit sa vidange et retarde donc l'absorption de l'alcool. Ainsi, la consommation d'alcool en même temps qu'un repas ou peu de temps avant ou après un repas, va se traduire par un pic d'alcoolémie plus bas (diminution pouvant aller jusqu'à 70%) et atteint plus lentement que dans le cas d'un estomac vide.

4. La nature des consommations

La présence de gaz carbonique (CO_2) dans les boissons carbonatées, les bières, les vins mousseux et le champagne facilite l'évacuation de l'estomac, ce qui augmente l'absorption de l'alcool.

5. Les quantités d'alcool consommées

L'absorption est maximale et donc des concentrations sanguines maximales sont atteintes quand l'alcool est pris en quantités modérées.

6. Les concentrations d'alcool dans les boissons ingérées

Des concentrations d'alcool qui avoisinent 20% se traduisent par une absorption importante et rapide de celui-ci. Par opposition, l'absorption de l'alcool est plus faible et plus lente en présence de boissons alcooliques diluées ou très concentrées: ceci est dû à une évacuation retardée de l'estomac et à une irritation des membranes gastro-intestinales.

7. La rapidité avec laquelle l'alcool est consommé

L'absorption d'une dose unique d'alcool est beaucoup plus rapide que celle de plusieurs consommations alcooliques prises sur un certain intervalle de temps.

En outre, quand plusieurs boissons sont consommées sur une courte période de temps, l'absorption de l'alcool est plus lente et le pic d'alcoolémie est retardé.

8. Les pathologies du tube digestif

- Une absorption rapide d'alcool a été observée chez des sujets ayant subi une gastrectomie c'est-à-dire l'ablation d'une partie ou de la totalité de l'estomac.

- Une diminution de l'absorption de l'alcool s'observe en présence du syndrome coeliaque qui est une maladie auto-immune affectant la muqueuse gastro-intestinale: ce phénomène peut résulter d'une diminution de la vidange gastrique ou d'une réduction de l'absorption intestinale.

9. Les variations biologiques

Même chez des individus sains, du fait de variations individuelles reliées à des facteurs biologiques, on constate que certaines personnes ont tendance à absorber rapidement l'alcool alors que d'autres ont une absorption lente.

* * * * *

En résumé, compte tenu du fait que l'absorption de l'alcool à travers l'estomac est lente et que cette absorption au niveau de l'intestin grêle est rapide, tout ce qui retarde la vidange de l'estomac va ralentir l'absorption de l'alcool.

B. LA DISTRIBUTION

I. Rappels anatomo-physiologiques

L'appareil circulatoire comprend le coeur et les vaisseaux sanguins. Le coeur est un muscle creux formé de 2 moitiés distinctes sans communication: le coeur droit et le coeur gauche. Chaque moitié comprend 2 cavités: en haut l'oreillette et en bas le ventricule qui communiquent par des valvules ne pouvant s'ouvrir que dans un seul sens. Il existe donc 2 oreillettes et 2 ventricules (voir figure).

Les vaisseaux comprennent les artères et les veines:

- les artères ont leur point de départ dans les ventricules et conduisent le sang aux organes. Elles se divisent en artérioles et en capillaires.
- les veines débouchent dans les oreillettes et conduisent le sang au coeur. Elles se divisent en veinules et en capillaires qui s'unissent aux capillaires artériels pour boucler le cycle de la circulation sanguine.

Le mécanisme de la circulation est le suivant: le sang est mis en mouvement par les contractions du coeur qui joue le rôle de pompe. Il aspire le sang des veines par les oreillettes et refoule le sang des ventricules dans les artères. Le sang rouge clair part du ventricule gauche par l'artère aorte. Il est réparti dans tout l'organisme et au niveau des capillaires, il distribue les matières nutritives aux cellules et leur fournit leur oxygène. En se chargeant d'impuretés (en particulier de gaz carbonique), il devient rouge foncé. Il est alors ramené à l'oreillette droite par les veines caves: c'est la grande circulation.

Par la suite, le sang passe de l'oreillette droite dans le ventricule droit d'où il est envoyé aux poumons. Là, il abandonne son gaz carbonique qui sera rejeté au cours de l'expiration. Il se charge d'oxygène provenant de l'inspiration et se trouve ramené dans l'oreillette gauche par les 4 veines pulmonaires: c'est la petite circulation.

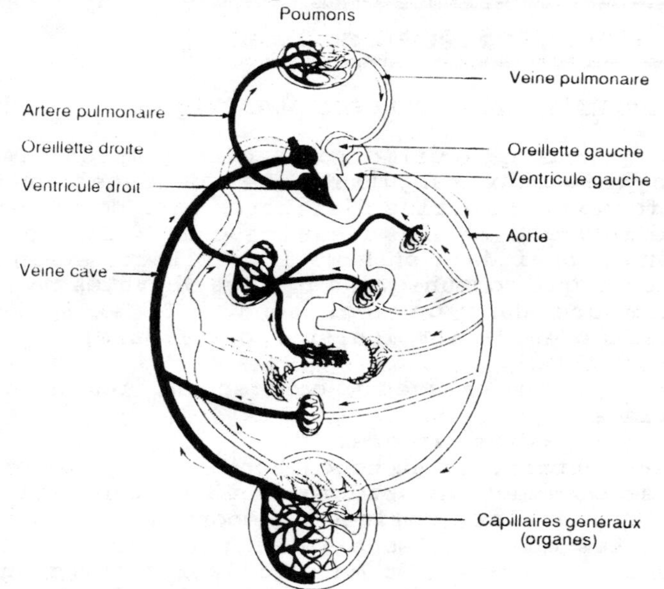

Schéma de la circulation sanguine dans les différents organes

II. Mécanisme de la distribution de l'alcool

Après son absorption, l'alcool se retrouve dans la circulation sanguine générale et diffuse dans l'ensemble de l'organisme par des mécanismes divers (loi de Schanker, loi d'action de masse, loi d'équilibre de Brodie, diffusion particulière dans le système nerveux central).

Ainsi, l'alcool se distribue dans les organes et les tissus proportionnellement à leur teneur en eau et à leur irrigation sanguine.

Quand l'absorption et la distribution de l'alcool sont complétées, l'équilibre est atteint et la concentration d'alcool dans les organes et tissus est directement reliée à leur contenu liquidien. La vitesse avec laquelle les différents organes atteignent l'équilibre dépend du débit sanguin, de la perméabilité membranaire et de la masse tissulaire.

C. LES BIOTRANSFORMATIONS

Suite à son absorption et à sa distribution, l'alcool commence à subir des biotransformations dont le but est d'accomplir sa dégradation et son élimination. Ainsi, 90 à 98% de l'alcool est transformé dans le foie par un mécanisme appelé métabolisme hépatique.

Le métabolisme de l'alcool s'effectue par l'intermédiaire de substances particulières appelées enzymes, telles que l'alcool deshydrogénase hépatique. Le résultat final est la destruction de l'alcool et la formation de dioxyde de carbone et d'eau. Ce processus complexe appelé oxydation enzymatique de l'alcool peut se résumer ainsi:

$$CH_3CH_2OH \xrightarrow{\text{Alcool deshydrogénase}} CH_3CHO \xrightarrow{\text{Acétaldéhyde deshydrogénase}} CH_3COOH \longrightarrow CO_2 + H_2O$$

Ethanol — *Acétaldéhyde* — *Acide acétique* — *Dioxyde de carbone* — *Eau*

Lors de la phase d'élimination, le taux de métabolisme de l'alcool est indépendant de la dose et de la quantité d'alcool présente dans l'organisme. Ainsi, l'élimination de l'alcool est essentiellement pseudo-linéaire c'est-à-dire relativement constante dans le temps pour un individu donné.

D'autre part, la vitesse d'élimination de l'alcool varie d'un individu à un autre: elle est souvent comprise entre 15 et 20 mg/100 ml par heure avec des extrêmes pouvant osciller généralement entre 10 et 24 mg% par heure.

De nombreux travaux ont été effectués au fil des années pour évaluer le taux d'élimination moyen de l'alcool: quand le nombre de sujets testés est suffisamment élevé pour que l'étude soit statistiquement valable et que les résultats soient significatifs, ce taux d'élimination moyen de l'alcool est voisin de 17 mg% par heure.

D. L'ELIMINATION

L'élimination de l'alcool débute après son absorption et distribution et se poursuit tant qu'il en reste dans l'organisme.

Comme nous venons de le voir, plus de 90% de l'alcool absorbé est éliminé par le foie. Seule une faible quantité échappe à l'oxydation hépatique: cette excrétion de l'alcool se fait alors directement par l'haleine (1,4 à 5,6%), l'urine (0,6 à 2,4%) et la sueur (0,2 à 0,8%).

Plusieurs facteurs ont été étudiés afin d'évaluer leur incidence sur l'élimination de l'alcool: l'ingestion de fructose (sucre voisin du glucose et contenu dans le miel et de nombreux fruits) peut provoquer une augmentation significative (14 à 80%) de l'élimination d'alcool, cet effet étant variable d'un individu à un autre et dépendant de la dose de fructose administré. Le mécanisme en cause semble impliquer la production de glycéraldéhyde, un produit de dégradation du fructose qui active le métabolisme de l'alcool.

En outre, les consommateurs chroniques d'alcool qui ne souffrent pas de lésions hépatiques peuvent avoir un taux d'élimination d'alcool plus élevé que la normale, suite à des mécanismes d'induction ou d'activation enzymatique.

Il ne faut cependant pas oublier que l'alcool est toxique pour le foie et qu'en présence de maladies hépatiques sévères (cirrhose, cancer, nécroses tissulaires de divers types), le taux d'élimination de l'alcool peut être fortement diminué.

Enfin, l'âge, la diète, l'exercice physique, le sommeil, l'inconscience, les changements de température, le diabète, les lésions cérébrales, le café, le glucose, l'aspirine, l'insuline, l'hormone thyroïdienne, l'hydrate de chloral, les barbituriques et divers autres médicaments n'ont aucun effet significatif sur l'élimination de l'alcool.

Ainsi, avant de se décider à consommer de l'alcool, les automobilistes doivent garder à l'esprit que toute tentative d'accroître l'élimination de l'alcool par des méthodes traditionnelles est futile: l'exercice physique, la douche froide, l'hyperventilation, le café noir et la plupart des médicaments sont donc inutiles à ces fins.

* * * * *

En conclusion, le devenir de l'alcool dans l'organisme conditionne l'alcoolémie et le comportement des individus. L'alcool a été quantitativement et qualitativement analysé dans les boissons alcooliques et dans les échantillons biologiques humains pendant plus de 130 ans. La quantité, la diversité et la rapidité du développement de nouvelles méthodes d'analyse de l'alcool requièrent des révisions périodiques et des distinctions entre les tests sanguins, les tables de Widmark, les tests d'haleine et les tests de salive.

CHAPITRE 4

METHODES D'EVALUATION DU TAUX D'ALCOOL D'UN INDIVIDU

CHAPITRE 4a

LES TESTS SANGUINS

A. RAPPELS HEMATOLOGIQUES

La science qui étudie le sang est l'hématologie. Le sang est un liquide rouge et visqueux qui circule à travers l'organisme sous l'influence des mouvements du coeur. Son rôle est d'apporter au corps humain les éléments nutritifs et d'en éliminer les déchets.

Le sang est constitué principalement de cellules (globules rouges, globules blancs et plaquettes) et d'une matière interstitielle appelée plasma. La centrifugation du sang total rendu incoagulable par addition d'agents anticoagulants permet la séparation des cellules et du plasma. Quant à la coagulation du sang total, elle permet la séparation du caillot et d'un liquide appelé sérum. Le sérum a donc une composition voisine du plasma mais il ne renferme pas une substance coagulante particulière appelée fibrinogène.

B. MESURE DE L'ALCOOLEMIE

L'alcoolémie se définit comme la concentration de l'alcool dans le sang. Son évaluation comporte 2 étapes:

- le prélèvement et la conservation de l'échantillon sanguin;

- le dosage proprement dit de l'alcool dans le sang.

I. Prélèvement et conservation de l'échantillon sanguin

Le sang est généralement prélevé d'une veine antécubitale (située au pli du coude) à l'aide d'une seringue et d'une aiguille stériles, à usage unique. Quand le sang n'est pas prélevé aux fins d'alcoolémie, la préparation de la peau avant la ponction veineuse ou capillaire implique parfois le nettoyage avec des détergents ou des désinfectants qui renferment de l'alcool: éthanol à 70%, isopropanol à 70%, etc...

Dans le cas d'un prélèvement sanguin aux fins d'alcoolémie, la solution utilisée pour nettoyer le site d'introduction de l'aiguille ne doit pas contenir d'alcool et la désinfection de la peau doit alors se faire avec un autre antiseptique externe (exemple: solution de peroxyde d'hydrogène à 3%).

Le sang est recueilli dans un tube de verre stérile muni d'un bouchon: ce tube collecteur peut être un "vacutainer" qui permet alors de recueillir au moins 7ml de sang. Quand du sang total ou du plasma sont analysés, un des anticoagulants suivants doit être présent dans le tube: oxalate de potassium, citrate de potassium, citrate de sodium, EDTA ou héparine.

Le sang est réfrigéré à une température variant de 0 à 6°C jusqu'à la date de son analyse.

Winek et Paul ont clairement démontré que des échantillons sanguins prélevés de façon stérile et non traités par des préservatifs n'entraînaient aucun changement significatif du contenu initial d'alcool pendant une période de 14 jours s'ils étaient conservés à la température de la pièce entre 22 et 29°C ou réfrigérés entre 0 et 3°C.

En outre, ces mêmes auteurs, et dans les mêmes conditions, n'ont noté aucun changement significatif de la teneur en alcool d'échantillons sanguins renfermant un anticoagulant (2mg d'oxalate de potassium par ml de sang) ou un préservatif (2,5ml de fluorure de sodium par ml de sang).

Par contre, à long terme, même si les contenants de sang demeurent scellés, la stabilité de l'alcool peut être affectée suite à sa dégradation.

II. Dosage de l'alcool dans le sang

La mesure de l'alcoolémie (concentration d'alcool dans le sang) doit se faire sur un échantillon total de sang et non sur du plasma ou du sérum. En effet, du fait des variations biologiques de l'hématocrite (proportion des globules rouges dans le sang), les concentrations alcooliques de sang plasmatique ou sérique sont de 10 à 18% plus élevées que celles correspondant au sang total.

Cette considération a son importance car certains hôpitaux et laboratoires analysent l'alcool sur des échantillons de plasma ou de sérum plutôt que sur le sang total.

Le dosage de l'alcool dans le sang se base parfois (exemple: analyse d'un nombre restreint d'échantillons sanguins) sur une réaction chimique appelée oxydation enzymatique, introduite pour la première fois en 1951.

Le principe de ce dosage est le suivant: une substance particulière, l'enzyme alcool deshydrogénase (ADH) catalyse la conversion de l'éthanol en acétaldéhyde et NADH selon la réaction suivante:

$$\textit{Ethanol} + \textit{NAD} \xrightarrow{ADH} \textit{Acétaldéhyde} + \textit{NADH}$$

La formation d'acétaldéhyde est favorisée quand la réaction se déroule à un pH de 9. Afin de s'assurer que la réaction est complète, l'acétaldéhyde formé est enlevé du système par sa réaction avec un agent de captage (exemple: sulfate d'hydrazine).

Comme on le voit, au cours de cette réaction, le NAD est transformé en NADH. Ce produit NADH absorbe la lumière dans le spectre de l'ultraviolet proche à une longueur d'onde de 340 nanomètres.

Un appareil appelé spectrophotomètre mesure cette absorption de lumière à 340nm: l'augmentation de l'absorption à 340nm due à la transformation du NAD en NADH est proportionnelle à la quantité d'éthanol initialement présente dans l'échantillon sanguin.

En résumé, plus le taux d'alcool dans le sang est élevé, plus sa transformation est grande, plus le produit NADH formé sera élevé et plus la lecture de l'alcoolémie sur le spectrophotomètre sera élevée.

Plusieurs méthodes sont utilisées pour le dosage de l'alcool dans le sang, certaines reposant aussi sur le principe de la chromatographie gazeuse qui sera expliquée plus loin. Cette méthode est très pratique pour analyser un nombre élevé d'échantillons sanguins.

Bien que présentant des variantes, toutes ces techniques sont généralement très valables.

Toute méthode d'évaluation de l'alcoolémie doit nécessairement inclure le dosage d'une solution standard d'éthanol dont la concentration en alcool est connue et qui sert de valeur de référence. Cette solution standard d'éthanol est donc une solution de contrôle (solution témoin) qui sert à vérifier la fiabilité et la qualité du test: elle permet de vérifier le bon fonctionnement du spectrophotomètre ou de chromatographe et le respect des étapes de manipulation.

C. EQUIPEMENT REQUIS POUR LA MESURE DE L'ALCOOLEMIE

I. L'appareil

Tout spectrophotomètre ou colorimètre capable de mesurer avec précision l'absorption de lumière à la longueur d'onde de 340 nanomètres est acceptable.

II. Les accessoires

- Cuvettes (si besoin)
- Eprouvettes
- Pipettes
- Centrifugeuse
- Minuterie
- Bain-marie (optionnel)
- Eau distillée
- Solution d'acide trichloracétique

cette verrerie ne doit jamais être nettoyée ou stérilisée à l'alcool.

III. Les réactifs spécifiques

- Réactif NAD-ADH: renferme du nicotinamide adénine dinucléotide (NAD), de l'alcool deshydrogénase (ADH) et un agent stabilisateur.

- Tampon pour éthanol: renferme de la glycine et un agent de captation de l'acétaldéhyde (exemple d'agent de captation: sulfate d'hydrazine).

- Standard d'éthanol: solution contenant une concentration déterminée d'éthanol Exemples:80 mg%, 20 mmol/L(92 mg%), etc...

Tous ces réactifs demeurent stables à 0-6°C (réfrigérés) jusqu'à la date d'expiration indiquée sur les étiquettes.

D. NORMES ET PROCEDURES DU COMITE DES ANALYSES D'ALCOOL

Le Comité des analyses d'alcool a été mis en place par le ministère fédéral de la Justice et est constitué de 11 experts canadiens en matière d'alcool dont 2 spécialistes du laboratoire de Police Scientifique de Montréal: madame Louise Dehaut et monsieur Jean Morin.

Les objectifs de ce comité sont notamment les suivants:

- faire respecter les normes minimales concernant les aspects scientifiques, techniques et d'application de la réglementation des analyses d'alcool dans l'air alvéolaire.

- maintenir et, si possible, améliorer la qualité des résultats obtenus lors d'analyses d'alcool aux fins d'application de la réglementation au Canada.

- diffuser ces normes aux juristes, policiers, scientifiques, manufacturiers et fournisseurs d'équipement.

Les directives du Comité des analyses sont contenues dans une publication de la Société canadienne des sciences judiciaires. Elle touchent à divers aspects de l'alcool incluant le dosage de l'alcool dans le sang, les alcootests (Breathalyzers modèles 900 et 900A, Intoximeter mark IV) et les appareils de détection de l'alcool dans l'haleine.

Les principales recommandations concernant les contenants de sang et la méthode de dosage de l'alcool dans le sang sont les suivantes:

- les contenants doivent pouvoir recueillir et conserver un échantillon de sang pour mesure de l'alccolémie.

- les contenants doivent être identifiés au moyen d'une marque bien visible qui indiquera, par exemple, le fabriquant et le numéro correspondant au type du contenant.

- les contenants doivent pouvoir être marqués d'une étiquette portant au minimum les renseignements suivants: nom de la personne de qui l'échantillon a été prélevé, nom de la personne qui a prélevé l'échantillon, date et heure du prélèvement, nom de l'agent de la paix recevant le contenant.

- les contenants doivent être en verre. Ils doivent être munis d'un bouchon en matière inerte et avoir une capacité d'au moins 7ml.

- les contenants utilisés doivent être stériles, conformément au règlement relatif aux instruments médicaux de la Loi sur les aliments et drogues. Ils doivent en outre porter une étiquette indiquant la date d'expiration.

- les contenants ne doivent pas être employés après leur date d'expiration.

- les contenants doivent pouvoir être scellés au moyen d'une fermeture difficile à forcer et dont la manipulation non autorisée sera apparente.

- les contenants doivent pouvoir être emballés de façon à résister aux rigueurs du transport par la poste ou les services de messageries au Canada.

- le tampon utilisé pour nettoyer le site d'introduction de l'aiguille ne doit pas contenir d'alcool.

- les échantillons de sang doivent, si possible, être conservés au froid (à environ 4°C) jusqu'au moment de l'analyse. Ne doivent y avoir accès que les personnes habilitées à les manipuler.

- une vérification d'étalonnage de la méthode, réalisée parallèlement à la mesure de l'alcoolémie doit donner un résultat qui se situe à 5mg/100ml de celui que l'on obtiendrait avec une solution étalon d'alcool dont la concentration se situerait entre 70 et 200mg/100ml.

E. PRECISION DE LA METHODE

Les méthodes de dosage de l'alcool dans le sang ne sont pas spécifiques de l'éthanol puisque d'autres alcools peuvent réagir avec l'ADH: méthanol, isopropanol, n-butanol, éthylène glycol, etc... Cependant, ces alcools interférents ne sont normalement pas présents en concentrations significatives dans le sang humain.

Dans les conditions idéales de fonctionnement et de manipulation, le dosage de l'alcool dans le sang est une excellente méthode d'évaluation de l'alcoolémie avec une marge d'erreur de ±5%.

CHAPITRE 4b

LES TABLES DE WIDMARK

Erik Matteo Prochet Widmark (1889-1945) a été un médecin suédois, pionnier des études sur l'alcool. Ses travaux représentent les fondements des applications scientifiques utilisées encore de nos jours pour l'évaluation et la quantification d'une intoxication par l'alcool.

Son nom est intimement lié, entre autres choses, à la "formule de Widmark" désignée pour calculer la quantité d'alcool dans le sang et pour évaluer l'alcoolémie d'un individu à un moment déterminé en tenant compte du taux d'élimination de l'alcool.

La concentration d'alcool dans l'organisme et la concentration d'alcool dans le sang ne signifient pas la même chose. En effet, l'alcool ne se répartit pas uniformément à travers le corps humain: il n'est pas retenu par les os et les tissus adipeux (c'est-à-dire les graisses) et se dissout surtout dans les tissus riches en eau (sang, muscles, organes).

Les travaux de Widmark, universellement reconnus, ont démontré que le volume de distribution de l'alcool, c'est-à-dire le volume de liquide corporel dans lequel l'alcool peut se dissoudre représente en moyenne 55% du poids total de l'organisme chez la femme et en moyenne 68% du poids total du corps chez l'homme.

En d'autres termes, pour un homme et une femme de caractéristiques similaires et pesant tous les deux 150lbs (68kg), 68% du poids de l'homme retient tout l'alcool consommé alors que seulement 55% du poids de la femme garde tout l'alcool absorbé, ce qui représente les valeurs suivantes:

Homme: 68%/100% = 0,68
Exemple: 0,68 X 150 lbs = 102 lbs

Femme: 55%/100% = 0,55
Exemple: 0,55 X 150 lbs = 82,5 lbs

Ces valeurs moyennes de 0,68 et 0,55 ont été appelées par Widmark facteur "r" [1]. Ce facteur n'est évidemment pas constant d'une personne à une autre: chez les hommes normaux, il varie de 0,50 à 0,90 avec une valeur moyenne de 0,68 et pour les femmes normales, il varie de 0,45 à 0,63 avec une valeur moyenne de 0,55.

Les femmes et les hommes ont des valeurs moyennes "r" différentes à cause des différences reliées au sexe et concernant la proportion de graisses dans l'organisme: les femmes ayant une plus grande proportion de tissus adipeux que les hommes, la proportion d'eau dans l'organisme sera plus faible chez les femmes que chez les hommes. Il en résulte que le volume d'eau dans lequel l'alcool se dissout est plus faible chez la femme que chez l'homme, de sorte que pour un homme et une femme de même poids et consommant la même quantité d'alcool, l'alcoolémie, c'est-à-dire la concentration d'alcool dans le sang, sera plus élevée chez la femme.

Poursuivant sa recherche d'une équation pour exprimer l'alcoolémie, Widmark s'aperçut que le volume d'alcool absorbé devait être converti en poids d'alcool absorbé. A cette fin, dans un premier temps, il multiplia le nombre total d'onces de boissons alcooliques consommées par le pourcentage d'alcool de ces boissons pour obtenir le volume d'alcool pur ingurgité.

Exemples:

- une bière de 12 onces à 5% d'alcool contient 0,6 once d'alcool pur (éthanol pur).

- un verre de 5 onces de vin de table à 12% d'alcool renferme aussi 0,6 once d'éthanol pur.

- un verre de 3 onces de vin apéritif à 20% d'alcool possède aussi 0,6 once d'éthanol pur.

---

[1] Facteur "r": abréviation anglaise de "reduced body mass" représentant la portion de l'organisme dans laquelle l'alcool se distribue.

- un verre de 1,5 once de spiritueux à 40% d'alcool représente aussi 0,6 once d'éthanol pur.

Dans un deuxième temps, en connaissant le nombre total d'onces d'éthanol pur absorbé, il est facile de calculer son poids en sachant que chaque once d'éthanol pèse 0,0514 livre.

Exemple:

Comment calculer le nombre de livres d'éthanol pur contenues dans 6 consommations de spiritueux de 1,25 once chacune à 40% d'alcool?

Pour 1 consommation: 1,25 once X 40% d'éthanol = 0,5 once d'éthanol pur par consommation.

Pour 6 consommations: 6 X 0,5 once = 3 onces d'éthanol pur total.

Comme chaque once d'éthanol pèse 0,0514 livre, la quantité d'alcool pur contenue dans les consommations et exprimée en poids est la suivante:

3 X 0,0514 = 0,1542 livres d'éthanol pur total

En suivant ces différentes étapes, Widmark aboutit à sa formule de l'alcoolémie non corrigée:

Alcoolémie non corrigée exprimée en grammes d'alcool par 100 ml de sang[1] (g%) =

$$\frac{\text{Quantité d'alcool consommé (oz) X \% d'alcool X 0,0514}}{\text{Poids de l'individu (lbs) X facteur de conversion "r"}}$$

(0,55 chez la femme,
0,68 pour l'homme)

[1] Pour obtenir l'alcoolémie non corrigée exprimée en milligrammes d'alcool par 100ml de sang (mg%), il suffit de multiplier le résultat par 1000.

Exemple:

Une femme de 147 livres prend 3 verres de vin blanc de 4 onces chacun à 11,5% d'alcool. Quelle est son alcoolémie non corrigée?

Alcoolémie non corrigée:

$$\frac{3 \text{ X } 4 \text{ X } 11{,}5 \text{ X } 0{,}0514}{147 \text{ X } 0{,}55} = 0{,}0877\text{g\%} = 87{,}7\text{mg\%}$$

Cette formule donne l'alcoolémie non corrigée c'est-à-dire la concentration d'alcool dans le sang de manière brute, sans tenir compte de la durée de consommation.

Cependant, pour déterminer l'alcoolémie réelle d'un individu à un moment précis, il faut prendre en considération l'heure du début de consommation d'alcool et l'élimination de l'alcool en fonction du temps. En fait, il faut tenir compte de la diminution du taux d'alcool dans le sang en fonction des heures écoulées depuis le début de consommation.

Chez les être humains normaux (femmes et hommes), le taux d'élimination de l'alcool, aussi appelé métabolisme de l'alcool, est variable et peut atteindre des extrêmes allant de 10 à 24 mg% d'alcool par heure, la valeur moyenne étant de 17 mg% d'alcool par heure ou l'équivalent de 0,017 g%. Cette diminution de la concentration d'alcool dans le sang par heure a été appelée par Widmark le facteur ß (facteur bêta)[1]

---

[1] Widmark utilisa le facteur α (facteur alpha) pour illustrer le taux d'élimination de la grande majorité des médicaments dont l'élimination est dépendante de leur concentration dans l'organisme. Il réserva donc le facteur ß (facteur bêta) pour représenter le taux d'élimination des quelques substances, telles que l'éthanol et le méthanol dont l'élimination est indépendante de leur concentration dans le corps humain.

Ainsi, pour calculer la quantité totale d'alcool éliminé, il suffit de multiplier le facteur ß moyen de 17 mg% par heure par le nombre d'heures écoulées depuis le début de consommation. Il est donc nécessaire de soustraire la quantité d'alcool éliminé à l'alcoolémie non corrigée pour obtenir l'alcoolémie réelle à un moment précis.

En se basant sur cette correction, la formule générale de Widmark permet d'établir l'alcoolémie corrigée d'un individu représentant son taux d'alcool dans le sang à un moment déterminé. Cette formule s'énonce comme suit:

Alcoolémie corrigée exprimée en grammes d'alcool par 100 ml de sang[1] =

$$\frac{\text{Quantité d'alcool consommé (oz)} \times \text{\% d'alcool} \times 0{,}0514}{\text{Poids de l'individu (lbs)} \times \text{facteur de conversion "r" (0,55 chez la femme, 0,68 pour l'homme)}} - (0{,}017 \times \text{nombre d'heures écoulées depuis le début de la consommation})$$

Exemple:

Un homme de 183 livres prend 4 bières Brador de 12 onces chacune à 6% d'alcool entre 22h et minuit. Il décide de conduire son véhicule à 2h30 du matin. Quelle est son alcoolémie à ce moment-là?

Alcoolémie corrigée =

$$\frac{4 \times 12 \times 6 \times 0{,}0514}{183 \times 0{,}68} - (0{,}017 \times 4{,}5) = 0{,}0425\text{g\%} = 42{,}5\text{mg\%}$$

---

[1] Pour obtenir l'alcoolémie corrigée exprimée en milligrammes d'alcool par 100 ml de sang (mg%), il suffit de multiplier le résultat par 1000.

Des exemples relativement simples ont été choisis pour illustrer l'application de la formule générale de Widmark. Cependant, en pratique, le calcul de l'alcoolémie corrigée nécessite la considération d'autres facteurs tels que la gravité spécifique de l'alcool et du sang, la diversité des boissons consommées, les pourcentages alcooliques variables, le laps de temps écoulé entre chaque consommation, l'heure de fin de consommation, l'état de jeûne ou la prise simultanée de nourriture, la phase d'absorption et d'élimination de l'alcool, etc...

En s'inspirant de la formule générale de Widmark et des derniers développements survenus en matière d'alcool, la littérature scientifique rapporte les tables de Widmark qui fournissent l'alcoolémie non corrigée en fonction du nombre de consommations ingurgitées, du poids et du sexe du consommateur.

Divers organismes dont la Régie de l'Assurance Automobile du Québec ont publié un résumé des tables de Widmark qui s'illustre comme suit:

Nombre de consommations*	Femme				
	100 lbs 45 kg	125 lbs 57 kg	150 lbs 68 kg	175 lbs 80 kg	200 lbs 91 kg
1	50 mg	40 mg	34 mg	29 mg	26 mg
2	101 mg	80 mg	68 mg	58 mg	50 mg
3	152 mg	120 mg	101 mg	87 mg	76 mg
4	203 mg	162 mg	135 mg	117 mg	101 mg
5	253 mg	202 mg	169 mg	146 mg	126 mg

Nombre de consommations*	Homme				
	125 lbs 57 kg	150 lbs 68 kg	175 lbs 80 kg	200 lbs 91 kg	250 lbs 113 kg
1	34 mg	29 mg	25 mg	22 mg	17 mg
2	69 mg	58 mg	50 mg	43 mg	35 mg
3	103 mg	87 mg	75 mg	65 mg	52 mg
4	139 mg	116 mg	100 mg	87 mg	70 mg
5	173 mg	145 mg	125 mg	108 mg	87 mg

L'organisme élimine 15 mg/heure**. Donc il faut 5h20 pour neutraliser complètement 80 mg d'alcool.

* Une consommation =
1 bière de 341 ml (12oz) à 5% d'alcool
ou
145 ml (5oz) de vin de table à 12% d'alcool
ou
85ml (3oz) de vin apéritif à 20% d'alcool
ou
43 ml (1,5oz) de spiritueux à 40% d'alcool

** Ce chiffre est conservateur par rapport à la valeur moyenne de 17 mg/heure.

Les nombreuses expériences effectuées pour évaluer l'alcoolémie par les tests sanguins, les tables de Widmark et les tests d'haleine ont démontré que parfois les résultats obtenus sont sensiblement les mêmes avec les 3 méthodes. Cependant, dans certains cas, les tables de Widmark ont une tendance à la surestimation, particulièrement chez les femmes.

Comme pour toute autre méthode d'évaluation de l'alcoolémie, les tables de Widmark présentent des avantages et des inconvénients. Bien qu'elles ne tiennent pas compte de certaines variations inter-individuelles, elles demeurent une alternative valable pour estimer l'alcoolémie moyenne d'un consommateur d'alcool.

Dans ces nombreuses publications, Widmark signalait les limites des diverses méthodes d'évaluation de l'alcoolémie. Voici une de ses remarques relatives aux tests d'haleine:

"L'usage de la méthode d'haleine à des fins médicolégales présente certains problèmes. D'un point de vue théorique, il faut souligner qu'à partir de l'analyse d'air, on calcule primairement la teneur en alcool des capillaires pulmonaires. Tant que l'absorption intestinale se poursuit, cette valeur peut être considérablement plus élevée que la concentration d'alcool dans le sang de la grande circulation et aussi dans le sang qui irrigue le cerveau. En pratique, on ne sait pas si l'absorption intestinale est terminée ou non. On fait toujours face à la possibilité que l'analyse de l'air donne des valeurs excessivement élevées, fournissant une fausse image de l'influence alcoolique et de la quantité consommée."

CHAPITRE 4c

LES TESTS D'HALEINE

L'introduction des tests d'haleine dans le Code Criminel date de 1969. Il existe deux grandes catégories d'appareils de mesure de l'alcool dans l'haleine: les alcootests et les appareils de détection.

SECTION 1: LES ALCOOTESTS

Les alcootests donnent des mesures précises du taux d'alcool: il s'agit donc d'un dosage quantitatif.

Sept appareils sont approuvés en vertu du Code Criminel Canadien: le Breathalyzer® modèle 800, le Breathalyzer® modèle 900, le Breathalyzer® modèle 900A, l'Intoximeter mark IV, l'Intoxilyser 4011AS, l'Alcometer AE-D1 et l'Alcotest 7110.

Un huitième est en voie de le devenir: l'Intoxilyzer 5000C.

Trois de ces instruments sont utilisés au Québec: le Breathalyzer modèle 900, le Breathalyzer modèle 900A et l'Intoximeter mark IV.

A. RAPPELS ANATOMO-PHYSIOLOGIQUES

Etant donné que les alcootests mesurent l'alcool dans l'haleine, il est bon de faire un rappel sur l'organisation et le fonctionnement du système respiratoire.

L'appareil respiratoire comprend les fosses nasales, le larynx, la trachée-artère, les bronches et les poumons. Le poumon droit est plus développé que le poumon gauche: il présente sur sa face externe 3 lobes tandis que le gauche n'en a que 2.

Après leur entrée dans les poumons, les bronches se ramifient en bronches moyennes, puis petites bronches et bronchioles qui se terminent par les alvéoles.

Les alvéoles pulmonaires sont donc les cavités profondes du poumon et représentent ses unités fonctionnelles.

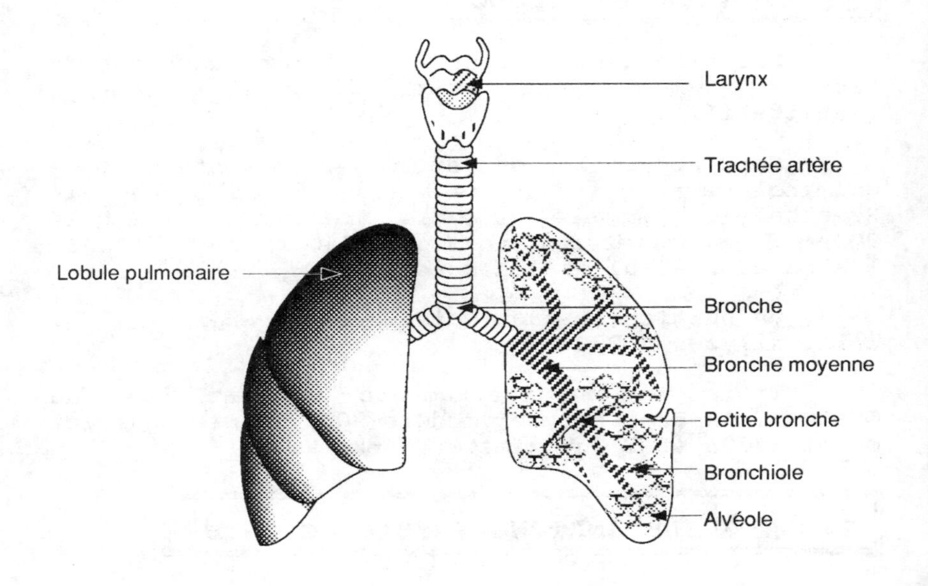

Schéma de l'appareil respiratoire

La principale fonction pulmonaire est de participer à la respiration: c'est le mécanisme par lequel tout être vivant absorbe l'oxygène de l'air et rejette le gaz carbonique provenant de la combustion lente du carbone et de l'hydrogène des aliments.

Tous les échanges gazeux se font au niveau des alvéoles pulmonaires. Ces échanges sont contrôlés par une loi physique, la loi d'Henry qui s'énonce comme suit: *"Quand une substance volatile est dissoute dans un liquide, une quantité prévisible de cette substance volatile s'échappera dans l'air qui est en contact intime avec le liquide."*

Lorsque l'alcool est présent dans le sang, il vient en contact avec l'air des alvéoles pulmonaires selon le mécanisme suivant: l'oxygène diffuse des alvéoles pulmonaires vers les capillaires sanguins alors que le dioxyde de carbone et l'alcool diffusent des capillaires sanguins vers les alvéoles pulmonaires.

Cet échange gazeux explique donc la présence d'alcool dans l'haleine d'une personne ayant consommé des boissons alcooliques.

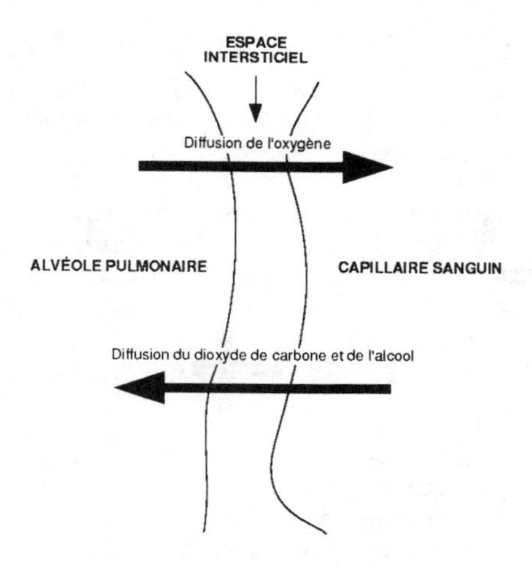

Schéma des échanges gazeux entre les alvéoles pulmonaires et les capillaires sanguins

B. PRINCIPE GENERAL DE BASE DU FONCTIONNEMENT DE TOUS LES ALCOOTESTS

L'haleine analysée par les alcootests doit provenir des alvéoles pulmonaires. Les tests d'haleine utilisés aux fins d'évaluation du taux d'alcool sont basés sur le fait que des conditions idéales existent dans les poumons afin de permettre l'évaporation de l'alcool du sang dans l'haleine. Ces conditions incluent une large surface de contact entre le sang et l'haleine (environ 55 mètres carrés ou l'équivalent de 592 pieds carrés), la présence d'un liquide volatil et l'existence d'une température relativement constante (approximativement 37 degrés Celsius ou l'équivalent de 98,6° degrés Fahrenheit).

Compte tenu de ces faits, il existe dans les poumons un équilibre entre l'alcool contenu dans l'air des alvéoles pulmonaires et l'alcool contenu dans le sang des capillaires pulmonaires. La distribution de l'alcool entre l'air et le plasma se fait donc selon un rapport alcool alvéolaire/alcool sanguin, aussi appelé coefficient de partage de l'alcool entre l'air alvéolaire et le sang.

La valeur de ce rapport dépend essentiellement des conditions biologiques de chaque individu à un moment déterminé et de la qualité de l'échantillon d'haleine prélevé, le prélèvement adéquat devant provenir de la partie profonde des poumons, c'est-à-dire des alvéoles pulmonaires.

Dans la réalité, le rapport alcool dans l'haleine/alcool dans le sang peut varier d'un individu à un autre de 1/1100 à 1/3200 avec une valeur moyenne égale à 1/2280, ce qui veut dire que pour la moyenne de la population il y a 2280 fois plus d'alcool dans le sang qu'il y en a dans les alvéoles pulmonaires.

Le rapport utilisé pour calibrer les alcootests aux fins de mesure du taux d'alcool dans l'haleine est constant et égal à 1/2100.

Par rapport à cette valeur moyenne de 1/2280 (arrondie généralement à 1/2300), le rapport de 1/2100 tend à produire des résultats conservateurs avec une sous-estimation moyenne de l'ordre de 9%.

C'est donc ce principe de base qui commande le fonctionnement des analyseurs d'haleine. Il se lit comme suit: "Dans des conditions déterminées, 2100 parties d'air alvéolaire renferment, statistiquement parlant, la même quantité d'alcool que une (1) partie de sang."

A toutes fins pratiques, les alcootests prennent donc pour hypothèse qu'au moment de l'analyse de l'échantillon d'haleine, le sang contient 2100 fois plus d'alcool que l'air provenant des alvéoles pulmonaires. Ainsi, en mesurant la quantité d'alcool présente dans un volume connu d'haleine et en multipliant par un facteur de conversion de 2100, ces appareils permettent de calculer la quantité d'alcool présente dans le sang.

Ce principe de base s'applique à tous les alcootests. Bien que ces appareils présentent ainsi des similitudes, il y a des caractéristiques qui les différencient.

C. LES BREATHALYZERS MODELES 900 ET 900A

Breathalyzer est la marque déposée d'un alcootest inventé en 1954 par le professeur Robert Borkenstein et commercialisé dès 1956. Deux types sont utilisés au Québec: le Breathalyzer modèle 900 et le Breathalyzer modèle 900A. Les différences entre les 2 modèles sont minimes et ne concernent ni la manipulation, ni le fonctionnement.

Compte tenu de leurs caractéristiques communes, le terme Breathalyzer s'adressera aussi bien au modèle 900 qu'au modèle 900A.

Le Breathalyzer mesure environ 26cm de longueur, 23 cm de largeur et 21 cm de hauteur. Son poids est approximativement de 6 kg (13,2 lbs) et son coût moyen est de 3500$. Il a été commercialisé au fil des années par les compagnies Stephenson Corporation, puis Smith & Wesson et actuellement National Draeger.

I. Principe du fonctionnement du Breathalyzer

L'échantillon d'haleine provenant des alvéoles pulmonaires transite dans un tube après que l'individu soumis au test ait soufflé à travers un embout buccal durant une période d'au moins 4 secondes. L'air expiré est recueilli dans un cylindre muni d'un piston.

Quand le cylindre est plein, le piston tombe et évacue l'air. Cet air barbotte alors dans une ampoule contenant une solution jaune composée de nitrate d'argent (agent catalyseur), de bichromate de potassium et d'acide sulfurique à 50%.

L'éthanol présent dans l'air expiré réagit avec le bichromate de potassium et forme ultimement de l'acide acétique.

Cette réaction d'oxydation de l'éthanol par la solution de bichromate de potassium peut se résumer ainsi:

$$3CH_3CH_2OH + 2K_2Cr_2O_7 + 8H_2SO_4$$

Ethanol — *Bichromate de potassium* — *Acide sulfurique*

$$\downarrow$$

$$3CH_3COOH + 2Cr_2(SO_4)_3 + 2K_2SO_4 + 11H_2O$$

Acide acétique — *Sulfate de chrome* — *Sulfate de potassium* — *Eau*

Au cours de cette réaction chimique, l'ion bichromate est transformé en ion chrome ce qui se traduit par une atténuation de la coloration jaune de la solution initiale contenue dans l'ampoule d'essai. Cette couleur est alors comparée à celle d'une ampoule témoin scellée identique à l'ampoule initiale précédente. Cette ampoule témoin ne change pas de coloration puisqu'elle ne subit aucune transformation chimique.

La différence de coloration entre les 2 ampoules (ampoule d'essai et ampoule témoin) est mesurée à l'aide d'un système à 2 cellules photoélectriques.

Plus il y a d'alcool dans l'échantillon d'haleine analysé, plus il y a de différence de voltage entre les 2 cellules photoélectriques et plus l'enregistrement du résultat est élevé. La concentration d'alcool dans l'haleine étant directement proportionnelle à la concentration d'alcool dans le sang, l'appareil fait une conversion automatique. A l'aide d'une échelle graduée de 10 mg en 10 mg, la lecture du Breathalyzer indiquera directement le taux d'alcool dans le sang exprimé en mg d'alcool par 100 ml de sang.

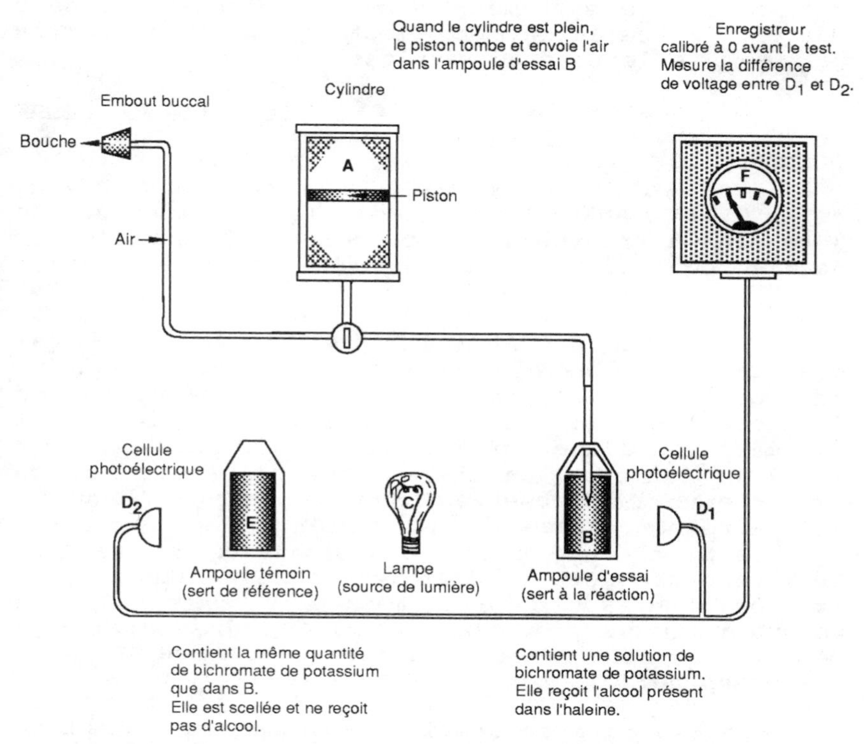

Schéma du fonctionnement du Breathalyzer

II. Description détaillée du Breathalyzer

3 unités principales forment le Breathalyzer:

- le système de recueil de l'échantillon constitué principalement d'un cylindre et de ses accessoires. Il facilite le transport de l'haleine à son site d'analyse.

- le système d'analyse constitué de 2 ampoules de bichromate de potassium. Il assure la réaction chimique avec l'alcool.

- le système photométrique constitué de 2 cellules photoélectriques. Il permet la lecture du résultat.

1. Le système de recueil de l'échantillon

Une valve de contrôle à 3 positions "OFF", "TAKE" et "ANALYSE", permet le cheminement de l'haleine à analyser. La prise de l'échantillon se fait lorsque le bouton de contrôle est à la position "TAKE".

L'individu souffle à travers un embout buccal dans un tube flexible relié à un cylindre en acier inoxydable. Ce cylindre est donc le récipient de l'appareil qui reçoit l'échantillon d'haleine et il est maintenu à une température de 50°C pour prévenir la condensation. Un thermomètre placé en haut du cylindre permet d'observer cette température, laquelle est atteinte grâce à la présence d'un manchon chauffant et d'une plaque distributrice de chaleur. Un thermostat sert à contrôler la température de ce manchon chauffant et à la maintenir constante. Le volume d'air que peut contenir le cylindre est de 56,5 ml et le Breathalyzer recueille exactement 52,5 ml d'air expiré.

Le cylindre se remplit et se vide par le tube arrivant à sa base et il possède un piston pouvant se déplacer librement à l'intérieur. Deux trous de ventilation sont percés près de la partie supérieure du cylindre. Au bas du cylindre, il y a une encoche plus haute que la largeur du piston. Cette encoche permet d'équilibrer la pression de chaque côté du piston lorsque celui-ci est au bas du cylindre. Ceci prévient le déplacement du piston lorsqu'il y a de petites variations de pression.

Des contacts pour voyants lumineux existent aux 2 extrémités du cylindre. Ces voyants lumineux (rouge et vert) indiquent la position du piston. A la partie supérieure du piston, on a une plaque mobile dont le rôle est de retenir celui-ci à des aimants lors de la position "TAKE": ainsi, le piston peut recouvrir les trous de ventilation du cylindre lorsque la pression d'entrée de l'air cesse.

Quand le sujet souffle, le bouton de contrôle est en position "TAKE" et l'air expiré transite par le tube en caoutchouc puis entre à l'intérieur du cylindre. L'autre tube qui conduit vers l'ampoule d'essai contenant le bichromate de potassium reste bloqué. En pénétrant dans le cylindre, la pression de l'air pousse le piston vers le haut. Tant que l'air continue à pénétrer, le piston reste collé à la plaque mobile et l'air sort au fur et à mesure par les trous de ventilation.

Quand le sujet arrête de souffler, l'air ne pénètre plus dans le cylindre, la plaque mobile reste collée sur les aimants mais le piston descend et recouvre les trous de ventilation. Le piston restera dans cette position tant et aussi longtemps que le bouton de contrôle demeurera à la position "TAKE". La position du piston en haut du cylindre est indiquée par le voyant vert.

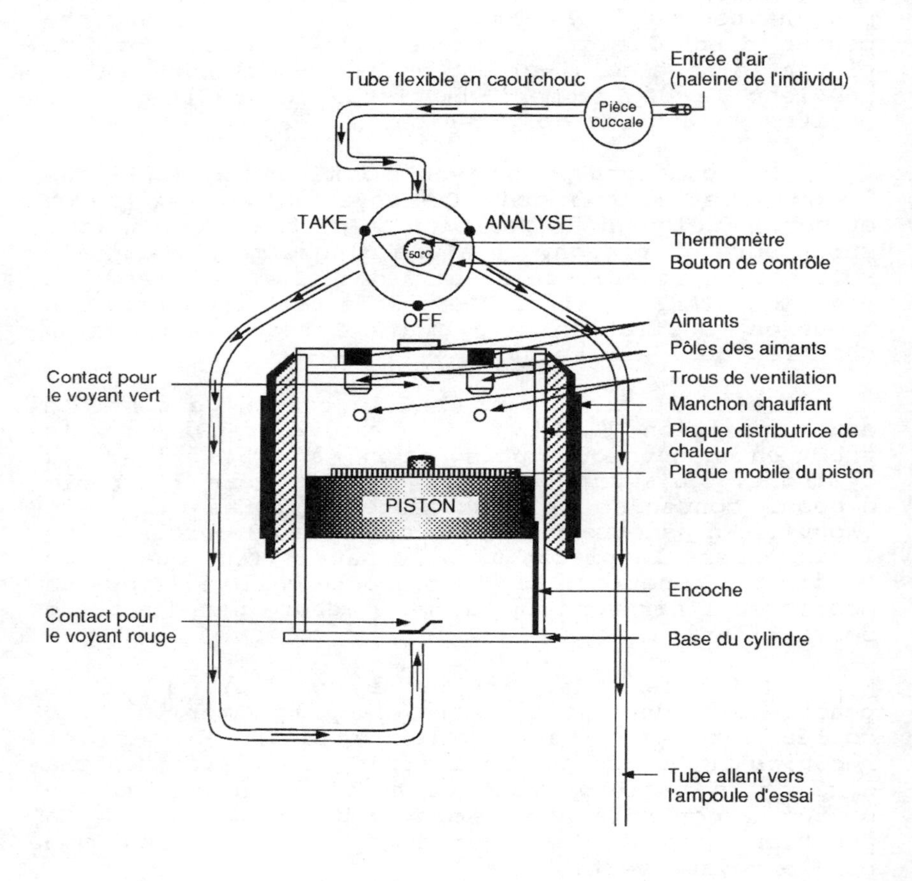

Schéma de la prise de l'échantillon d'haleine dans le Breathalyzer

2. Le système d'analyse

Deux ampoules renfermant des solutions identiques de bichromate de potassium sont utilisées: l'ampoule d'essai et l'ampoule témoin.

L'ampoule d'essai permet à l'alcool de réagir avec la solution de bichromate de potassium; elle est introduite du côté droit de l'appareil.

L'ampoule témoin sert de référence; elle demeure scellée et ne subit aucune réaction chimique; elle est placée du côté gauche de l'instrument.

L'ampoule d'essai est comparée à l'ampoule témoin avant et après la réaction.

Le passage de l'échantillon d'haleine dans l'ampoule se fait lorsque le bouton de contrôle est à la position "ANALYSE". Dans cette position, les aimants sont désalignés et le piston descend. La descente du piston prend 25 à 35 secondes et permet à l'air d'être expulsé du cylindre.

Le tube provenant du cylindre est relié à l'ampoule d'essai par un barbotteur. La solution de bichromate de potassium est initialement jaune puis l'air provenant du cylindre barbotte dans cette solution pendant environ 30 secondes. Après un temps de réaction de 90 secondes entre l'alcool et le bichromate de potassium, la coloration jaune s'attenue et peut même devenir vert pâle lorsque le réactif est complétement épuisé.

Ce changement de couleur est directement proportionnel à la quantité d'alcool présente dans l'échantillon d'haleine: plus il y a d'alcool dans l'haleine, plus il y a de bichromate de potassium utilisé et plus la couleur jaune s'atténue.

3. Le système photométique

Les principaux constituants du système photométrique sont la lampe, les filtres bleus, les cellules photo-électriques et le galvanomètre.

La lampe est la source de lumière photo-électrique. Elle est placée entre l'ampoule d'essai et l'ampoule témoin. Le trajet lumineux part de la lampe, traverse les ampoules puis les filtres bleus et arrive sur les cellules photo-électriques.

Les filtres bleus sont indispensables: ils ne laissent passer que la lumière bleue ce qui accroît la sensibilité du test.

Les cellules photo-électriques transforment la lumière en énergie électrique et le galvanomètre mesure cette énergie. Elles sont reliées entre elles par des pôles opposés afin de mesurer la différence de courant électrique provenant de chacune d'elles.

La lecture du résultat du test d'haleine se fait sur l'échelle d'alcoolémie de l'enregistreur situé au-dessus de l'appareil: le pointeur, attaché sur un charriot mobile entre les 2 ampoules, se déplace sur l'enregistreur proportionnellement au déplacement de la lumière.

Avant le test, la lumière est balancée entre les 2 ampoules pour centrer le galvanomètre à zéro. Le pointeur se place manuellement à l'endroit désiré: à la ligne de départ pour le test d'haleine et à la ligne du zéro d'alcoolémie pour le test de contrôle.

Lors de la lecture du résultat du test d'haleine, le bouton de contrôle reste à la position "ANALYSE".

En l'absence d'alcool (ou d'autres substances réductrices susceptibles de réagir avec le bichromate de potassium) dans l'haleine, les cellules photo-électriques reçoivent la même intensité lumineuse et il n'y a donc pas de différence d'énergie électrique entre les 2 cellules: l'enregistreur marque 0.

En présence d'alcool dans l'haleine, la coloration jaune de la solution de bichromate s'atténue dans l'ampoule d'essai ce qui laisse passer plus de lumière vers la cellule photo-électrique de droite et débalance le galvanomètre. La lampe est alors déplacée vers le côté gauche pour équilibrer de nouveau la quantité de lumière reçue par chaque cellule photo-électrique: ainsi,le charriot portant la lumière photo-électrique est déplacé vers la gauche et le pointeur monte sur l'échelle d'alcoolémie.

En résumé, plus il y a d'alcool dans l'haleine, plus la coloration jaune dans l'ampoule d'essai s'atténue, plus la lampe se déplace vers la gauche et plus la lecture sur l'enregistreur sera élevée.

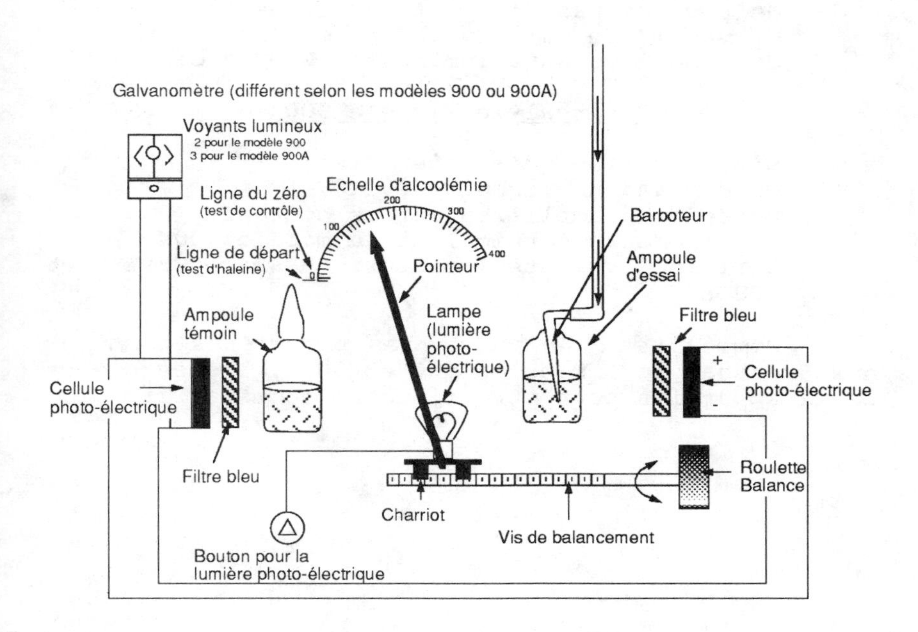

Schéma du système photo-électrique du Breathalyzer

III. Comparaison entre le Breathalyzer modèle 900 et le Breathalyzer modèle 900A

Les Breathalyzers modèles 900 et 900A sont très similaires et possèdent les mêmes caractéristiques de fonctionnement et de manipulation. Les différences entre les 2 modèles sont mineures et peuvent se résumer ainsi:

Breathalyzer modèle 900

- Peut être utilisé autrement qu'en lieu fixe
- Opère dans un circuit de 110V et 12V
- Ne possède pas d'amplificateur de courant
- Galvanomètre particulier au modèle 900
- Utilise 2 voyants lumineux: "EMPTY" et "FULL"

Breathalyzer modèle 900A

- N'est utilisé qu'en lieu fixe
- Opère dans un circuit de 110V
- Possède un amplificateur de courant
- Galvanomètre particulier au modèle 900A
- Utilise 3 voyants lumineux: "READ", "EMPTY" et "FULL"

Compte tenu de toutes les propriétés communes aux Breathalyzers modèles 900 et 900A, l'ensemble de ces 2 appareils peut être illustré comme suit:

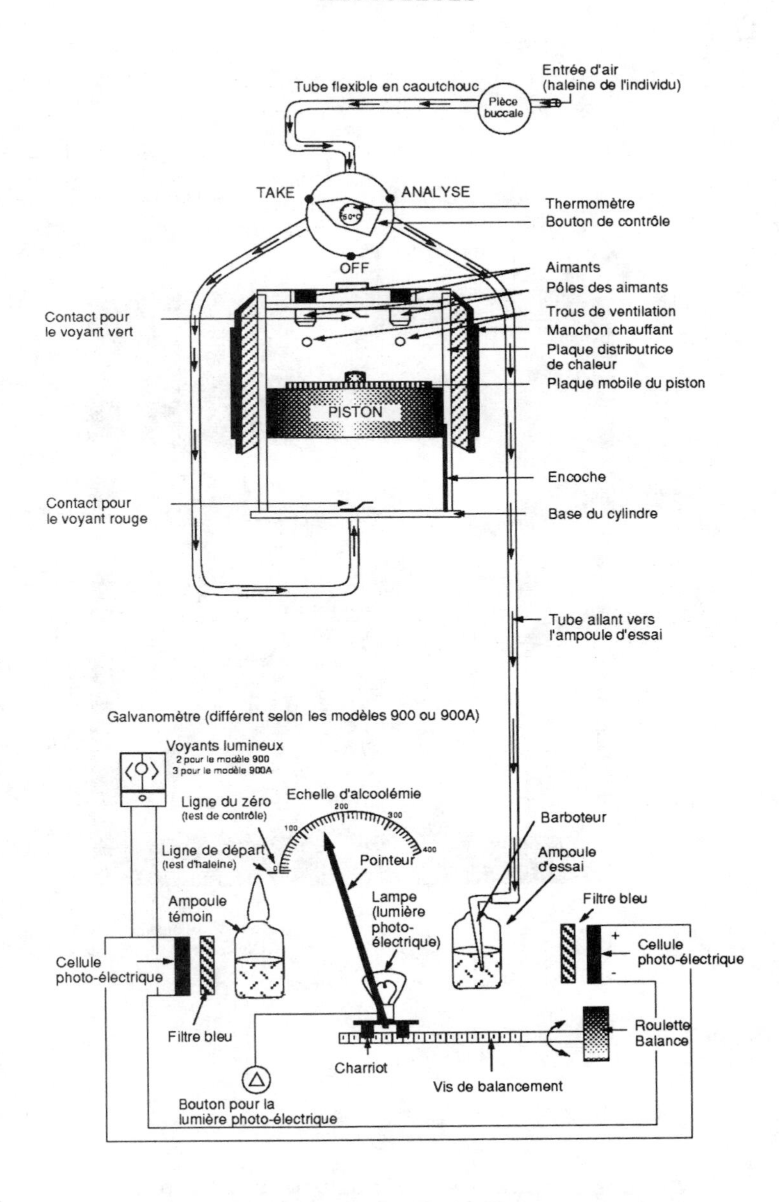

Schéma complet du Breathalyzer

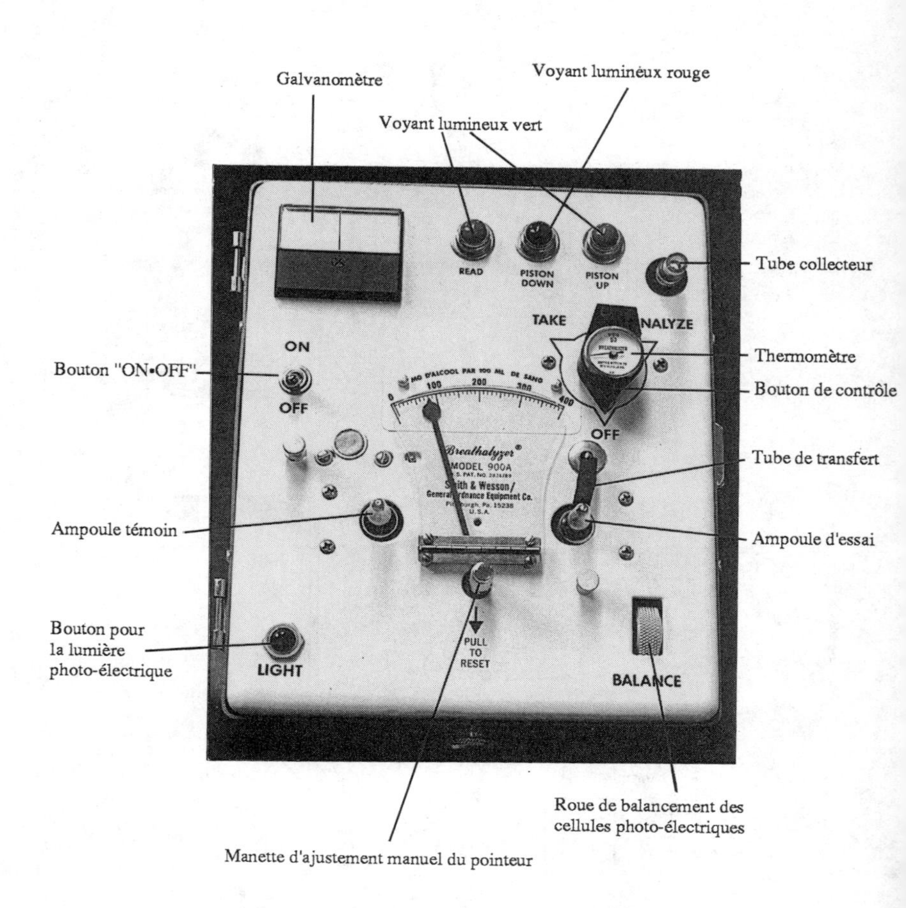

Photographie de la partie supérieure du Breathalyzer modèle 900A

IV. Equipement utilisé avec le Breathalyzer

1. La pièce buccale

a) Description

Cette pièce de plastique a une forme intérieure sinueuse qui empêche la salive et les autres substances présentes dans l'haleine de l'individu de pénétrer dans le tube flexible. L'haleine entre par la partie A et sort par la partie B. Les extrémités internes des parties A et B ne coincident pas afin que la salive et le liquide expiré demeurent à l'intérieur de la pièce buccale.

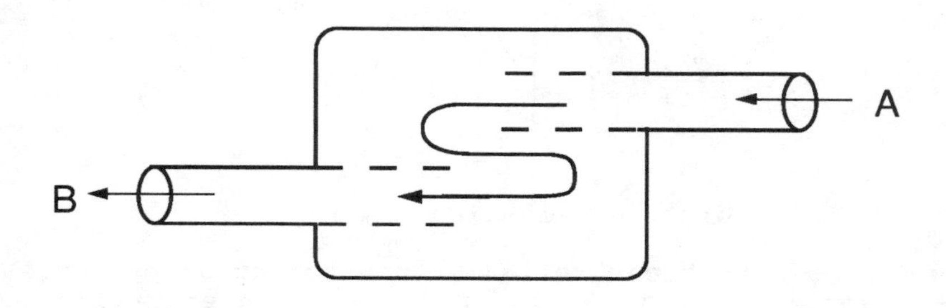

b) Utilisation

Les pièces buccales se présentent dans des enveloppes individuelles en plastique. Pour des raisons d'hygiène, elles doivent être manipulées à l'intérieur de leur contenant jusqu'à leur adaptation au tube flexible.

Une nouvelle pièce doit être utilisée à chaque test aux fins d'hygiène et pour éviter la contamination résultant du test précédent.

2. Le barbotteur

a) Description

Le barbotteur est un petit tube de verre replié à angle droit et dont une des extrémités s'amincit en fuseau.

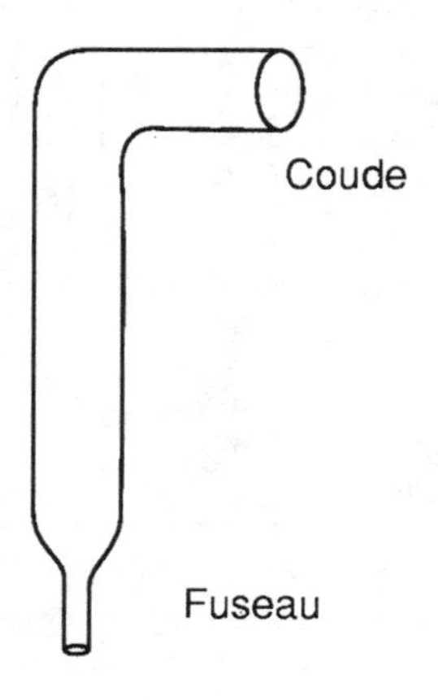

b) Utilisation

Le barbotteur relie le tube venant du cylindre à l'ampoule d'essai. Il assure le lien entre l'air venant du cylindre et le réactif contenu dans cette ampoule. Il doit être manipulé avec soin afin de ne jamais toucher l'extrémité du fuseau qui sera en contact avec la solution de l'ampoule d'essai.

Pour l'ajuster à l'ampoule, on introduit d'abord l'extrémité en fuseau dans l'ampoule d'essai puis on raccorde l'extrémité libre avec le tube venant du cylindre. Par la suite, on ajuste la hauteur du barbotteur dans l'ampoule en modifiant la position du tube. Enfin, on tourne le tube venant du cylindre sur le tube capillaire métallique afin que le barbotteur descende droit dans l'ampoule.

La position idéale du barbotteur est de 3 mm (1/8 de pouce) du fond de l'ampoule.

3. L'ampoule

a) Description

L'ampoule est un récipient de verre transparent dont la hauteur est d'environ 7cm (3 pouces) et dont l'épaisseur du verre est soigneusement contrôlée lors de la fabrication (0,60 à 0,70 mm). Ce verre particulier contenant du borosilicate a certaines propriétés optiques qui favorisent la transmission des rayons lumineux.

L'ampoule contient la solution qui réagit avec l'alcool. Le volume de cette solution doit être scrupuleusement mesuré et il doit obligatoirement être compris entre 3,00 et 3,07 ml. Le numéro du lot de la solution est inscrit sur l'ampoule et sur la boîte renfermant en général 25 ampoules.

Il n'y a pas de date limite pour l'utilisation des ampoules d'un lot donné. Cependant, il faut s'assurer que la solution est limpide, qu'elle ne contient pas de particules en suspension ni de précipités, que la couleur de la solution est uniforme dans toutes les ampoules et que celles-ci contiennent le volume requis en mesurant avec la jauge. La dernière ampoule d'un lot donné ne doit pas être utilisée avec une autre d'un nouveau lot.

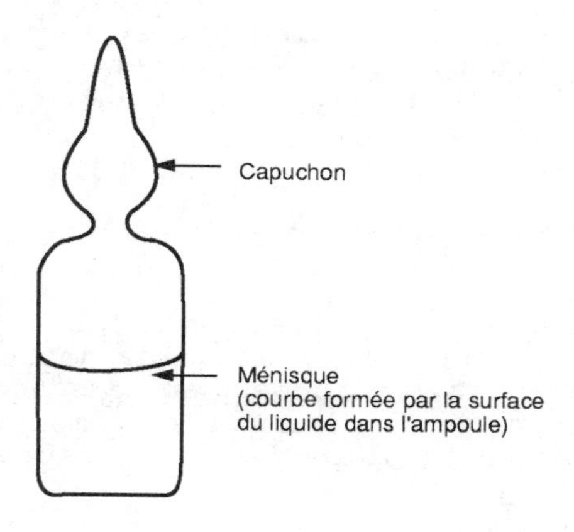

La solution de l'ampoule renferme les substances suivantes: bichromate de potassium (0,025% p/v), nitrate d'argent (0,025% p/v), acide sulfurique (50% v/v) et eau distillée.

- Le bichromate de potassium donne la coloration jaune à la solution. Il est le réactif qui réagit avec l'alcool pour former de l'acide acétique, ce qui décolore la solution en une teinte verdâtre.

- Le nitrate d'argent est un catalyseur qui accélère la vitesse de réaction de l'alcool avec le bichromate de potassium. Il demeure inchangé à la fin de la réaction.

- L'acide sulfurique sert à capter et à retenir l'alcool contenu dans l'haleine pendant le barbottage dans la solution afin de lui permettre de réagir avec le bichromate de potassium.

  Cet acide sulfurique est très corrosif et doit donc être manipulé avec soin. En cas d'accident, on peut le neutraliser en lavant abondamment avec de l'eau.

- L'eau distillée permet la dissolution des substances précédentes. La distillation élimine les impuretés contenues dans l'eau.

b) Utilisation

Il faut manipuler les ampoules avec soin et en évitant le contact direct avec les doigts pour ne pas souiller la partie exposée au passage des rayons lumineux. On jauge l'ampoule témoin (ampoule de référence) et on la place dans le réceptable de gauche du Breathalyzer.

On jauge l'ampoule d'essai (ampoule à réaction) avant de l'ouvrir en cassant le capuchon au niveau de l'anneau et on la place dans le réceptacle de droite de l'appareil. On place ensuite le barbotteur en position dans l'ampoule. Il faut s'assurer qu'il n'y a pas de solution dans le capuchon avant de le casser. Dans le cas contraire, il faut faire descendre la solution dans l'ampoule et utiliser une autre ampoule pour faire le test.

Après le test d'haleine, on fait le test de contrôle pour vérifier si le contenu des ampoules est conforme.

Lorsque le test est terminé, on enlève l'ampoule témoin qui pourra être utilisée de nouveau.

Avant de retirer l'ampoule d'essai, on détache le barbotteur du tube, on le laisse dans l'ampoule puis on retire l'ensemble (barbotteur et ampoule) en même temps.

4. La jauge

a) Description

La jauge est un instrument de précision qui permet de vérifier le diamètre et le volume des ampoules. Le diamètre de sa grande extrémité est de 16,5mm (0,650 pouce) et le diamètre de sa petite extrémité est de 15,9mm (0,625 pouce). La profondeur de la grande extrémité est de 16,8mm (0,661 pouce).

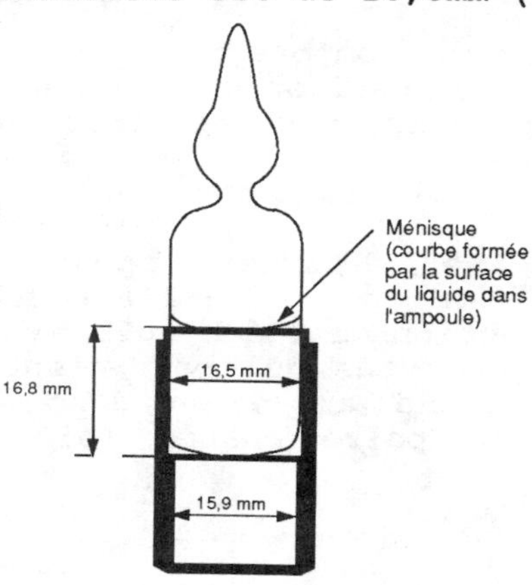

b) **Utilisation**

La jauge sert à vérifier le diamètre de l'ampoule: en placant l'ampoule dans la jauge, elle doit pénétrer dans la grande extrémité et non dans la petite. Ceci suppose que le diamètre de l'ampoule doit se situer entre 15,9mm et 16,5mm.

La jauge sert également à vérifier le volume de réactif contenu dans l'ampoule. Pour cela, on place l'ampoule dans la grande extrémité de la jauge et on regarde la position du ménisque en tenant la jauge contenant l'ampoule à la hauteur des yeux: si le ménisque est juste au-dessus de la partie supérieure de la jauge, ou légèrement au-dessus, le volume de la solution est bon. Une ampoule jugée non conforme doit être jetée.

Si le volume de l'ampoule est trop petit, la solution contient moins de bichromate de potassium: dans ce cas, une même quantité d'alcool produira une décoloration plus grande dans l'ampoule et le test donnera un résultat plus élevé que prévu.

Par opposition, si le volume de l'ampoule est trop grand, la solution contient plus de bichromate: la décoloration sera donc moins forte et le résultat plus bas que prévu.

5. **Le purgeur**

a) **Description**

Le purgeur est composé d'une poire et d'un petit tube en caoutchouc que l'on rattache au tube flexible du Breathalyzer au moyen d'une pièce buccale.

b) **Utilisation**

Le purgeur sert à purger l'appareil c'est-à-dire à le nettoyer: on envoie de l'air ambiant dans la chambre de collection de l'échantillon d'haleine afin d'enlever les impuretés qui pourraient s'y trouver. La purge s'effectue au moyen d'une quinzaine de pressions sur la poire chaque fois que cela est requis.

6. L'équilibreur

a) Description

L'équilibreur sert à effectuer les tests de contrôle. Il est constitué d'une base métallique, d'une bouteille de plastique de 420ml (8 onces), d'une poire en caoutchouc, d'une pierre ponce (pierre poreuse qui laisse passer le liquide et lui permet de ressortir à l'état de vapeur), d'un conduit qui s'adapte au tube flexible du Breathalyzer et d'un thermomètre gradué de 15 à 40°C (graduation de 0,2°C).

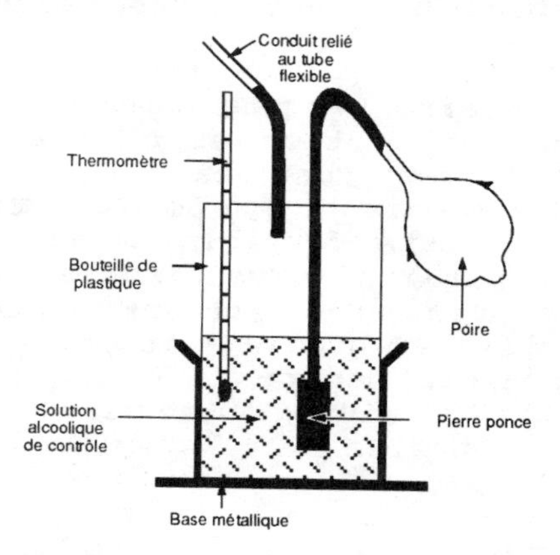

L'équilibreur fonctionne selon la loi d'Henry citée antérieurement. Comme cette loi n'est valable que si la vapeur au-dessus du liquide est saturée, il est très important de donner plusieurs coups de poire afin de bien le saturer en vapeur.

En outre, la température de la solution alcoolique de contrôle (alcool type) dans l'équilibreur doit demeurer en-deça de 2°C par rapport à la température ambiante. Ainsi, si une bouteille de solution de contrôle est sortie du réfrigérateur, il faut attendre qu'elle atteigne la température de la pièce avant de l'utiliser.

Donc, aux fins pratiques, il faut s'assurer que l'écart de température entre la pièce et la solution de contrôle ne dépasse pas 2°C, en plus ou en moins.

b) Utilisation

Avant de faire le test de contrôle, on doit vérifier si le thermomètre fonctionne bien: il faut s'assurer qu'il n'y a pas de brisure dans le mercure du thermomètre car cela donnerait des températures plus hautes.

La solution alcoolique de contrôle est vidée dans la bouteille de plastique et on referme avec soin le bouchon de l'équilibreur pour qu'il n'y ait pas de fuite d'air. Il faut aussi s'assurer que la pierre ponce et le bout du thermomètre baignent dans la solution.

Avant de faire le test, on vérifie aussi la température de la solution et on s'assure que les tubes de l'équilibreur sont secs en donnant plusieurs coups de poire (au moins 4 bon coups). On relie alors l'équilibreur au tube flexible du Breathalyzer, on presse sur la poire en surveillant attentivement le niveau de la mousse se formant au-dessus de la solution (pour éviter que la solution passe dans les tubes et l'appareil) et on fait la lecture sur le Breathalyzer du résultat obtenu avec la solution alcoolique de contrôle.

L'équilibreur est par la suite retiré et on prend immédiatement la température de la solution alcoolique de contrôle sur le thermomètre afin de déterminer le résultat attendu.

Le résultat obtenu sur le Breathalyzer est enfin comparé au résultat attendu et on s'assure que ce résultat obtenu est de l'ordre de ± 10 mg% par rapport au résultat attendu.

7. <u>La solution d'alcool type utilisée dans l'équilibreur</u>

a) Description

La solution d'alcool type contient de l'eau distillée et de l'alcool à une concentration de 3,38mg (± 0,07mg) par ml ou 338 mg%. Elle renferme du sulfate de cuivre qui prévient la formation de bactéries ou de dépôts dans la solution.

Après fabrication, les solutions d'alcool type pour équilibreur sont soumises au contrôle de la qualité, conditionnées dans des bouteilles de 120 ml (4 onces) et prêtes pour distribution. L'identification du fabriquant, le mode d'emploi, le numéro de lot, le mois et l'année de fabrication et la date d'expiration sont consignés sur les bouteilles.

Des études de stabilité de l'alcool ont permis de déterminer que les solutions sont bonnes pour 2 ans si les bouteilles demeurent fermées: dans ce cas, une solution qui par exemple a été fabriquée en mai 1990, expirera le 1er mai 1992 et sera inutilisable après la date d'expiration.

Au Québec, ces solutions standards d'alcool utilisées par les techniciens qualifiés sont généralement fabriquées par les laboratoires Analex, BDH ou Biopharm et analysées et certifiées par la Section des Alcools du Laboratoire de Police Scientifique de Montréal.

Après utilisation, et pour éviter des problèmes d'évaporation et de contamination, ces solutions d'alcool type sont bonnes pour une semaine ou 16 tests (le moindre des deux), ce qui explique la tenue d'un registre pour chaque lot d'alcool type utilisé.

Toute solution doit être utilisée à la température ambiante de la pièce où se trouve le Breathalyzer. La concentration d'alcool de la solution donne un résultat en mg% d'alcool qui varie selon la température de la solution.

b) Utilisation

La solution d'alcool type est utilisée pour le test de contrôle qui s'effectue après le test d'haleine. Il faut d'abord verser le contenu de la bouteille dans l'équilibreur: il n'est pas indispensable de tout verser mais on doit vérifier que la solution recouvre la pierre ponce et le bout du thermomètre. Il faut aussi s'assurer que l'écart entre la température de la solution d'alcool type et la température de la pièce où se fait le test du Breathalyzer ne dépasse pas 2 degrés Celcius et pour cela la lecture du thermomètre doit se faire à un chiffre après la virgule (exemple: 25,3°C).

Avant de débuter le test de contrôle, il faut placer le pointeur sur la ligne 0,00 de l'échelle d'alcoolémie du Breathalyzer. La lecture du résultat du test de contrôle doit se faire jusqu'au troisième chiffre (exemple: 138mg%). Ce résultat donné par le Breathalyzer doit demeurer dans l'ordre du ± 10mg% d'alcool par rapport à la lecture attendue.

Exemple: à 25,8°C, le résultat théorique attendu est de 159 mg%. Donc toute lecture comprise entre 149 et 169 mg% sera valable.

8. <u>Le simulateur</u>

a) Description

Le simulateur contient une solution d'alcool maintenue à une température constante de 34°C qui s'apparente à la température à l'intérieur de la bouche. Il est ainsi équipé d'un thermostat relié à un voyant lumineux qui indique si cette température de 34°C est atteinte. Tant que ce voyant est allumé, la solution continue à chauffer. Quand le voyant s'éteint, la solution est prête à être utilisée. Cette solution d'alcool est continuellement agitée afin d'y maintenir une température uniforme.

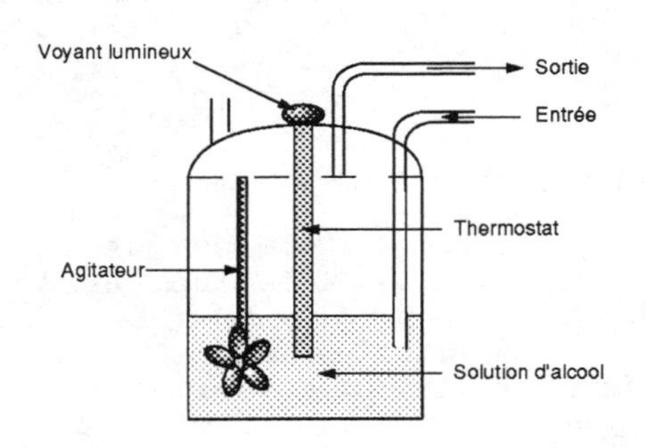

b) Utilisation

Le simulateur, comme l'équilibreur, est utilisé pour faire les tests de contrôle. Avec le simulateur, on utilise sa propre haleine pour vaporiser l'alcool dans le Breathalyzer car la solution étant à 34°C à l'intérieur du simulateur, il est important que l'air provenant de l'extérieur soit aussi à 34°C.

On peut également utiliser une poire (c'est-à-dire un atomiseur) pour injecter l'air dans le simulateur mais dans ce cas on peut s'attendre à un résultat moins juste: en effet, l'air de la pièce qui a une température voisine de 25°C refroidira l'alcool à 34°C et le résultat pourrait être plus bas.

Cependant, si l'opérateur qui manipule le simulateur a consommé de l'alcool, il est préférable d'utiliser la poire.

9. La solution d'alcool type utilisée dans le simulateur

a) Description

La solution d'alcool type pour simulateur est généralement fabriquée par la Section des Alcools du Laboratoire de Police Scientifique de Montréal ou par un laboratoire spécialisé.

b) Utilisation

La solution d'alcool type pour simulateur est aussi utilisée pour le test de contrôle. Elle doit être changée tous les jours car cette solution est chauffée et l'alcool a tendance à s'évaporer plus rapidement que l'eau.

500 ml de cette solution sont versés dans le simulateur. A 34°C, la valeur attendue pour le test de contrôle est 100 mg%. Donc tout résultat compris entre 90 et 110mg% sera valable.

V. Etapes de la manipulation du Breathalyzer

Les détails opérationnels du Breathalyzer peuvent se diviser en 5 grandes étapes: la vérification de l'appareil, la préparation de l'instrument, le test à blanc, le test d'haleine du sujet et le test de contrôle.

1. La vérification de l'appareil

- *Allumer l'appareil et le laisser se réchauffer jusqu'à ce qu'il atteigne sa température de fonctionnement de 50°C.*

L'atteinte de cette température nécessite environ 30 minutes après quoi le thermomètre doit indiquer environ 50°C c'est-à-dire que la température doit être comprise entre l'intervalle marqué par les petites lignes de chaque côté (47 à 53°C).

Lorsque le thermomètre indique cette température, on sait alors que la chambre d'échantillonnage et le système de tubes sont prêts à recevoir l'échantillon d'haleine. Ceci prévient toute condensation qui résulterait en une perte d'alcool et pourrait empêcher le glissement du piston à l'intérieur du cylindre. Dans le cas d'un blocage du piston, une simple purge à l'air ambiant pourrait le remettre en marche.

Pour ces raisons pratiques, il est préférable de maintenir le Breathalyzer constamment en marche. Les appareils branchés en permanence doivent alors être dans un espace suffisamment ventilé pour éviter le surchauffement et les bris qui pourraient survenir.

- *Vérifier l'état et le fonctionnement des voyants lumineux.*

- *Centrer le galvanomètre mécaniquement si nécessaire (seulement sur le modèle 900).*

- *Faire le test d'étanchéité afin de vérifier qu'il n'y a pas de fuites dans le système des tubes.* Ceci s'effectue de la manière suivante:

- l'opérateur tourne le bouton de contrôle à la position "TAKE".

- de l'air est envoyé dans l'appareil à l'aide du purgeur.

- l'opérateur pince le tube de sortie vers l'ampoule d'essai pour que l'air ne puisse s'échapper.

- tout en faisant cela, il tourne le bouton de contrôle à la position "ANALYSE".

- si la lumière verte demeure allumée pendant 20 secondes, cela signifie qu'il n'y a pas de fuite.

- s'il y a des fuites dans le système des tubes, la lumière verte s'éteindra indiquant la descente du piston.

2. <u>La préparation de l'instrument</u>

- *L'ampoule témoin est jaugée et insérée dans l'orifice gauche de l'appareil:* il faut s'assurer que cette ampoule entre dans la grande extrémité (16,5 mm de diamètre) de la jauge sans pénétrer dans la petite extrémité (15,9 mm de diamètre). Le ménisque formé par la solution dans l'ampoule doit être au même niveau que le dessus de la jauge.

D'autre part la solution doit être limpide, dépourvue de particules en suspension et sa coloration jaune doit être identique à celle de l'ampoule d'essai. Enfin, le verre de l'ampoule doit être propre pour donner de bons résultats.

Cette ampoule témoin reste fermée lors de son utilisation et peut être réutilisée par la suite.

- *L'ampoule d'essai est jaugée, ouverte et insérée dans l'orifice droit de l'appareil:*

Les mêmes vérifications physiques sont faites sur l'ampoule d'essai afin que le volume, la couleur et l'aspect de la solution ainsi que l'état du verre de l'ampoule soient conformes aux exigences.

L'ampoule d'essai est alors ouverte: il faut éviter de salir le verre par contact direct avec les doigts et prendre garde aux petits éclats de verre et à l'acide sulfurique présent dans la solution.

Enfin, cette ampoule est placée dans l'orifice droit de l'appareil.

- *Un barbotteur propre est inséré dans l'ampoule d'essai et relié au tube venant du cylindre.* Tel que vu précédemment, ce barbotteur doit être introduit à environ 3mm du fond de l'ampoule.

Il est important de manipuler ces pièces de verre soigneusement sans toucher aux parties situées dans la trajectoire des rayons lumineux.

- *Les cellules photo-électriques sont balancées:* cette opération a pour but de s'assurer que la même quantité de lumière parvient aux 2 cellules photo-électriques.

Ainsi, avec le bouton de contrôle en position "ANALYSE" et la lampe allumée, on tourne la roulette "BALANCE" à droite de l'appareil. Lorsque l'aiguille du galvanomètre est à zéro, les cellules photo-électriques sont balancées.

Une fois le balancement terminé, on tire vers soi la tige verticale du pivotement du pointeur et on replace le pointeur à la position zéro.

3. **Le test à blanc**

L'essai à blanc vise à s'assurer que le cylindre et les tubes sont exempts d'alcool et d'autres substances susceptibles de fausser les résultats. Il comprend les étapes suivantes:

- *Le cylindre et les tubes sont nettoyés avant chaque analyse:*

- le bouton de contrôle est tourné à la position "TAKE".

- on introduit de l'air ambiant dans l'appareil en pressant 10 à 20 fois sur le purgeur: il ne faut jamais purger l'appareil en position "OFF" car à cette position tous les tubes sont ouverts à l'intérieur du cylindre.

- le bouton de contrôle est tourné alors à la position "ANALYSE".

- l'air dans le cylindre est envoyé dans l'ampoule d'essai où il y aura réaction avec la solution s'il y a présence de substances pouvant réagir avec le bichromate.

\- *Les contaminations présentes réagissent à ce moment-ci:*

- l'air du cylindre barbotte pendant 90 secondes avec la solution de bichromate de potassium.

- la lampe est allumée.

- le galvanomètre est à nouveau centré

- on fait alors la lecture de l'essai à blanc qui ne doit pas dépasser 10 mg%: dans le cas contraire, il y a présence de substances contaminant l'air ambiant ou l'appareil lui-même et il faut alors repurger l'appareil jusqu'à ce que le tout soit redevenu normal.

- 30 secondes après la lecture de l'essai à blanc, on vérifie la stabilité du résultat et on le note.

\- *Le pointeur est dégagé et replacé à la ligne de départ ou à la ligne de zéro selon le test à effectuer:*

- pour faire un test d'haleine, le pointeur est replacé à la ligne de départ. Cette ligne est placée à environ 3 mg% au-dessus de la ligne du zéro sur l'échelle d'alcoolémie. Contrairement à la croyance populaire, ce 3 mg% retranché au résultat du test d'haleine n'a pas pour but de tenir compte de la marge d'erreur de l'appareil mais de neutraliser l'alcool endogène qui se forme lors des réactions organiques normales de l'organisme. Cet alcool endogène, pouvant être présent chez les sujets à jeun, ne provient pas des boissons alcooliques consommées par un individu donné mais des biotransformations naturelles appelées métabolismes subis à l'intérieur du corps lors de ses fonctions normales.

- pour faire un test de contrôle avec la solution standard d'alcool type, le pointeur est replacé à la ligne du zéro.

L'essai à blanc doit se faire avant chaque test, que ce soit un test d'haleine ou un test de contrôle.

4. Le test d'haleine de l'individu

- Placer une nouvelle pièce buccale à l'extrémité du tube flexible:

Cette pièce buccale a pour but de capter et de retenir toute trace de salive ou autre substance pouvant être soufflée dans l'appareil lors de la prise de l'échantillon d'haleine.

Une nouvelle pièce buccale doit être utilisée à chaque test d'haleine pour des raisons d'hygiène et pour éviter la contamination du test précédent.

- Placer le bouton de contrôle à "TAKE", recueillir l'échantillon d'haleine puis tourner ce bouton à la position "ANALYSE":

L'individu doit souffler vigoureusement dans le tube flexible pendant plusieurs secondes, soit au moins 4 secondes après que la lumière verte soit allumée. De cette manière, on obtient la partie adéquate de l'haleine provenant de l'air alvéolaire des poumons.

Si cet échantillon d'haleine n'est pas trouvé satisfaisant, l'opérateur ne devra jamais tourner le bouton de contrôle à "ANALYSE" et devra simplement demander un autre échantillon.

- *Noter l'heure à laquelle le sujet a soufflé dans l'appareil:*

Cette heure doit être notée puisque 2 tests d'haleine doivent être effectués, à plus de 15 minutes d'intervalle.

- *Faire la lecture du résultat du test d'haleine:*

  - une fois l'échantillon d'haleine recueilli, le bouton de contrôle est tourné à la position "ANALYSE".

  - l'haleine barbotte pendant environ 30 secondes dans la solution de l'ampoule d'essai et le voyant rouge s'allume. Le temps du barbottage correspond au temps de descente du piston.

  - l'alcool réagit pendant 90 secondes avec la solution de bichromate de potassium.

  - on allume alors la lumière photo-électrique.

  - on centre le galvanomètre en tournant sur la roulette "BALANCE".

  - le pointeur monte alors sur l'échelle d'alcoolémie et permet la lecture du résultat du test d'haleine.

- *Vérifier la stabilité du résultat obtenu et noter:*

30 secondes après la lecture du test d'haleine, on doit vérifier la stabilité du résultat obtenu et noter ce résultat.

Ce test de stabilité vise à s'assurer que la réaction de l'alcool est complète et que d'autres substances susceptibles de réagir avec le bichromate de potassium ne sont pas présentes.

Les substances qui ont un temps de réaction plus lent avec le bichromate continueront à réagir après 90 secondes et la lecture lors du test de stabilité sera plus élevée que lors du test d'haleine précédent.

La lecture du test de stabilité doit donc être identique à celle du test d'haleine préalablement enregistré.

N.B. Pour le test d'haleine, le résultat obtenu est ramené à la plus basse unité de 10.

Exemple: si la lecture est de 128mg%, l'opérateur inscrira 120mg% sur son rapport.

5. Le test de contrôle

Ce test de contrôle se fait avec la solution standard d'alcool type et utilise, soit l'équilibreur, soit le simulateur.

- *Préparation de l'appareil pour ce test:*

Une fois l'analyse d'haleine terminée, l'essai à blanc est refait pour s'assurer que l'appareil est complètement purgé, le galvanomètre est centré de nouveau et le pointeur est replacé à la position zéro.

- *Précautions à prendre avec l'équilibreur et le simulateur:*

La manipulation de l'équilibreur est délicate et une mauvaise utilisation peut entraîner de faux résultats. Le mouvement doit donc être modéré et continu. Il faut toujours surveiller le niveau de la mousse produite à l'intérieur de l'équilibreur pour éviter que celle-ci aille dans l'alcootest.

L'équilibreur est muni d'un thermomètre gradué en divisions de 0,2°C et la température doit être lue immédiatement après avoir introduit l'échantillon d'alcool standard.

Il est très important que la lecture de la solution standard d'alcool type dans l'équilibreur soit la même que celle de la pièce où il se trouve. La différence entre ces 2 températures ne doit pas dépasser 2°C.

Quant au simulateur, la température est toujours à 34°C: il faut donc s'assurer que cette température est atteinte au moment de s'en servir.

- *Noter l'heure à laquelle s'effectue la prise de l'échantillon d'alcool standard.*

- *Faire la lecture du résultat du test de contrôle.*

Les mêmes manipulations citées précédemment pour faire la lecture du résultat du test d'haleine sont effectuées avec la solution de contrôle.

- la lecture obtenue avec la solution standard d'alcool type et l'équilibreur dépend de la température de cette solution dans l'équilibreur.

- la lecture obtenue avec la solution standard d'alcool type et le simulateur doit être voisine de 100mg% puisque la température de cette solution dans le simulateur doit être toujours de 34°C.

- *Vérifier la stabilité du résultat obtenu, noter ce résultat et le comparer au résultat attendu:*

30 secondes après la lecture du test de contrôle, on doit vérifier la stabilité du résultat obtenu et noter ce résultat.

N.B. Pour le test de contrôle, l'opérateur écrit exactement le résultat obtenu.

Exemple: 124mg% reste 124mg% et non 120mg%.

- dans le cas de l'équilibreur, à chaque température de la solution standard d'alcool type, d'après le thermomètre sur l'équilibreur, il y a une lecture déterminée à obtenir selon une charte préétablie.

Cette lecture doit être en-dedans de + ou - 10mg% du chiffre inscrit sur la charte (voir tableau).

Exemple: à 20,3°C, le résultat attendu est 108mg%. A cette température le résultat obtenu est 117mg%. Ce résultat est conforme puisque toute lecture comprise entre 98mg% et 118mg% est valable.

Lectures à obtenir sur l'alcootest avec l'utilisation de la solution standard d'alcool type et de l'équilibreur

Température °C	Concentration théorique attendue en mg%	Température °C	Concentration théorique attendue en mg%
15,0	71	17,9	90
15,1	72	18,0	91
15,2	72	18,1	91
15,3	73	18,2	92
15,4	73	18,3	93
15,5	74	18,4	93
15,6	75	18,5	94
15,7	75	18,6	95
15,8	76	18,7	95
15,9	76	18,8	96
16,0	77	18,9	97
16,1	77	19,0	97
16,2	78	19,1	98
16,3	79	19,2	99
16,4	80	19,3	100
16,5	81	19,4	100
16,6	81	19,5	101
16,7	82	19,6	102
16,8	83	19,7	103
16,9	83	19,8	103
17,0	84	19,9	104
17,1	85	20,0	105
17,2	86	20,1	106
17,3	86	20,2	107
17,4	87	20,3	108
17,5	87	20,4	108
17,6	87	20,5	109
17,7	88	20,6	110
17,8	89	20,7	111

Température °C	Concentration théorique attendue en mg%	Température °C	Concentration théorique attendue en mg%
20,8	111	23,9	139
20,9	112	24,0	140
21,0	113	24,1	141
21,1	114	24,2	142
21,2	115	24,3	143
21,3	115	24,4	144
21,4	116	24,5	145
21,5	117	24,6	146
21,6	118	24,7	147
21,7	119	24,8	148
21,8	120	24,9	149
21,9	121	25,0	150
22,0	121	25,1	151
22,1	122	25,2	152
22,2	123	25,3	153
22,3	124	25,4	154
22,4	125	25,5	156
22,5	126	25,6	157
22,6	127	25,7	158
22,7	128	25,8	159
22,8	128	25,9	160
22,9	129	26,0	162
23,0	130	26,1	163
23,1	131	26,2	164
23,2	132	26,3	165
23,3	133	26,4	166
23,4	134	26,5	168
23,5	135	26,6	169
23,6	136	26,7	170
23,7	137	26,8	171
23,8	138	26,9	172

N.B. Cette solution standard d'alcool type utilisée contient 3,38mg/ml d'alcool

- Dans le cas du simulateur, la température de la solution standard d'alcool type dans ce simulateur est 34°C et le résultat attendu est 100mg%. Donc tout résultat obtenu compris entre 90mg% et 110mg% est valable.

Le test de contrôle, effectué avec l'équilibreur ou le simulateur permet de vérifier le bon fonctionnement de l'appareil.

- *La fin du test de contrôle*

A la fin du test de contrôle, on fait un dernier essai à blanc afin de s'assurer que la purge est complète. Cette dernière purge permet de nettoyer les tubes de l'appareil afin qu'il n'y reste aucune trace d'alcool.

Après cette dernière vérification, et à la fin du protocole complet pour un individu donné, l'ampoule d'essai et l'ampoule témoin sont retirées de l'appareil: l'ampoule d'essai est jetée et l'ampoule témoin peut être conservée pour un autre test d'haleine.

Lorsque le Breathalyzer n'est pas souvent utilisé, il est bon de le fermer complètement en plaçant le bouton de contrôle à la position "OFF" et en mettant le bouton du contact principal à "OFF".

Si le Breathalyzer doit être utilisé souvent, il peut demeurer en marche en permanence. Il doit alors être placé dans un endroit bien aéré pour éviter le surchauffement. En tout temps, cependant, lorsque l'appareil n'est pas en fonctionnement, le bouton de contrôle doit être tourné à la position "OFF": ceci permet d'éviter l'usure rapide des tubes de caoutchouc dans le système des valves du haut du cylindre.

Par mesure de sécurité, il ne faut pas laisser d'ampoules de bichromate de potassium à l'intérieur de l'appareil.

Résumé des principales étapes de manipulation du Breathalyzer (modèles 900 et 900A)

ETAPES	OPERATIONS
1. Vérification	1.1 Vérifier la température de l'appareil (environ 50°C) 1.2 Vérifier les voyants lumineux 1.3 Centrer le galvanomètre (seulement sur le modèle 900) 1.4 Faire le test d'étanchéité
2. Préparation	2.1 Jauger l'ampoule témoin et l'insérer dans l'orifice gauche de l'appareil 2.2 Jauger l'ampoule d'essai, l'ouvrir et l'insérer dans l'orifice droit de l'appareil 2.3 Installer le barbotteur 2.4 Balancer les cellules photo-électriques 2.5 Replacer le pointeur à zéro
3. Test à blanc	3.1 Purger 3.2 Effectuer l'essai à blanc 3.3 Vérifier le temps de descente du piston (environ 30 secondes) 3.4. Vérifier le temps de réaction (environ 90 secondes) 3.5 Centrer le galvanomètre 3.6 Noter la lecture du test à blanc (ne doit pas dépasser 10mg%) 3.7 Vérifier la stabilité de cette lecture
4. Test d'haleine du sujet	4.1 Replacer le pointeur à la ligne de départ 4.2 Expliquer au sujet la façon de souffler et s'assurer qu'il comprenne 4.3 Fixer une pièce buccale propre au tube de prélèvement 4.4 Faire souffler le sujet pendant au moins 4 secondes 4.5 Noter l'heure de la prise de l'échantillon d'haleine 4.6 Noter la lecture du résultat du test d'haleine 4.7 Vérifier la stabilité de cette lecture 4.8 Purger complètement l'appareil
5. Test de contrôle	5.1 Replacer le pointeur à la ligne zéro 5.2 Vérifier l'alcool type 5.3 Introduire l'échantillon d'alcool type 5.4 Noter l'heure de la prise de l'échantillon d'alcool type 5.5 Noter la température ambiante 5.6 Noter la température de l'alcool type 5.7 Vérifier que l'écart entre les 2 températures n'excède pas 2°C 5.8 Noter la lecture du résultat du test de contrôle 5.9 Vérifier la stabilité de cette lecture 5.10 Vérifier que le résultat obtenu est dans le ± 10mg% du résultat attendu 5.11 Purger complètement l'appareil

VI. Normes et procédures du Comité des analyses d'alcool

Outre le respect des règles préalablement énumérées, certaines normes et procédures doivent être suivies lors de l'utilisation des Breathalyzers modèles 900 et 900A. Ces directives émises par le Comité des analyses d'alcool mis en place par le ministère fédéral de la Justice sont développées dans une publication de la Société canadienne des sciences judiciaires. En voici les principales considérations:

- L'essai à blanc (effectué sur de l'air ambiant exempt d'alcool et d'autres substances susceptibles de fausser les résultats) est obligatoire et ne doit pas donner de résultat supérieur à 10 mg/100 ml.

- Les lectures de l'essai à blanc et de la vérification de l'étalonnage doivent être notées au milligramme près, sans être tronquées.

- Toute solution d'alcool étalon utilisée dans l'évaluation doit être conforme aux spécifications recommandées par la Société canadienne des sciences judiciaires. Les réactifs et solutions doivent être conformes aux spécifications du fabricant de l'équipement.

- La vérification de l'étalonnage du système doit donner une lecture qui se situe à 10mg/100ml de celle prévue pour une solution étalon d'alcool ayant une concentration comprise entre 100 et 200mg/100ml.

- Si la vérification de l'étalonnage du système se fait avec un équilibreur, la température de la solution étalon d'alcool doit se situer à ± 2°C de la température ambiante.

- Le sujet ne doit pas avoir consommé d'alcool (ou de substances susceptibles de fausser les résultats du test), ni en avoir mis dans sa bouche pendant le quart d'heure précédant le prélèvement de l'échantillon d'haleine.

- Le volume d'haleine à analyser doit être recueilli à température constante.

- La contribution à l'alcoolémie des substances endogènes présentes dans l'haleine ne doit pas être supérieure à 10mg%.

- Deux échantillons d'air alvéolaire, recueillis à 15 minutes d'intervalle au moins, seront soumis au test.

- Si l'écart entre les résultats de 2 tests est supérieur à 20mg/100ml, on doit recueillir un troisième échantillon et le tester.

- Si plus de 2 échantillons s'avèrent nécessaires pour que l'analyse soit convenable, le technicien qualifié devra s'abstenir de produire un certificat d'analyse.

- Le Breathalyzer modèle 900A est conçu pour être utilisé uniquement en lieu fixe. Cependant, le Breathalyzer modèle 900 peut être utilisé autrement qu'en lieu fixe et les précautions additionnelles suivantes doivent alors s'appliquer:

  - l'appareil doit être fixé à une table ou à un comptoir suffisamment spacieux pour faciliter l'accès à l'instrument, au simulateur ou à l'équilibreur ainsi qu'à la feuille de vérification.

  - le véhicule devra être assez spacieux pour accomoder le technicien, le sujet à tester et si nécessaire l'observateur.

  - durant tout transport, les ampoules devront être enlevées de l'appareil, le galvanomètre bloqué et le cylindre supporté par un bloc de mousse synthétique.

  - la température intérieure du véhicule devra être entre 19,5°C et 29°C.

  - la solution d'alcool type et les ampoules devront être entre les températures de 16,5°C et 29°C.

- une source d'alimentation auxiliaire indépendante du circuit même du véhicule devra fournir le voltage et l'ampérage nécessaire à la mise en marche de l'appareil.

- le véhicule sera stationnaire, de niveau, et le moteur à l'arrêt durant l'opération de l'appareil. L'instrument sera hors d'atteinte des rayons du soleil.

- sur l'eau, l'appareil ne sera utilisé que lorsque l'embarcation sera en eau calme, le moteur ajusté de façon à minimiser les vibrations.

VII. Précision du Breathalyzer

Le Breathalyzer (modèles 900 et 900A) est un appareil fiable qui a largement fait ses preuves au fil des années.

Les sources de variations intrinsèques à l'appareil peuvent être facilement contrôlées en respectant les diverses étapes de manipulation et en faisant les vérifications requises. Néanmoins, dans 5% des cas, et malgré toutes ces précautions, le Breathalyzer peut donner des résultats aberrants sans raisons apparentes.

Les sources de variations extrinsèques à l'appareil sont plus difficiles à contrôler car elles concernent principalement les variations biologiques d'un individu à un autre qui représentent 90% des sources d'imprécision.

On peut cependant affirmer que dans les conditions idéales de fonctionnement et de manipulation et lorsque le rapport alcool alvéolaire/alcool sanguin d'un sujet donné est de 1/2100, le Breathalyzer se comporte comme un excellent appareil avec une marge d'erreur de ± 10mg%.

Ainsi, un résultat de 90mg% signifie que le taux d'alcool se situe n'importe où entre 80mg% et 100mg%.

D. L'INTOXIMETER MARK IV

L'Intoximeter mark IV est un alcootest manufacturé par la compagnie Intoximeters Inc. de St-Louis et commercialisé depuis 1970. Il se base sur le même principe général du rapport constant alcool alvéolaire/alcool sanguin calibré à 1/2100 et décrit précédemment pour tous les alcootests. Néanmoins, son fonctionnement est totalement différent du Breathalyzer.

L'Intoximeter mark IV utilise la technique de chromatographie en phase gazeuse: cette méthode, introduite pour la première fois en 1958, permet de séparer, identifier et éventuellement quantifier les diverses substances volatiles présentes dans un mélange à analyser.

Cet appareil est automatique, ce qui facilite son maniement par le technicien qualifié. Les paramètres requis pour une analyse chromatographique convenable sont contrôlés par des circuits électroniques. La prise de l'échantillon d'haleine est automatisée et sélectionnée sur le plan qualitatif et quantitatif: ainsi, l'Intoximeter mark IV recueille un échantillon d'air alvéolaire après que le sujet ait soufflé pendant au moins 4 secondes et le volume d'air alvéolaire auto-emmagasiné est exactement de 0,25ml. Si l'échantillon d'haleine prélevé n'est pas adéquat ou suffisant, il ne sera pas analysé.

Un test complet avec l'Intoximeter mark IV prend 100 secondes. Le résultat du test se lit sur un écran numérique et sur un enregistreur graphique qui produit une charte.

L'Intoximeter mark IV mesure 48 cm de longueur, 40 cm de largeur et 26 cm de hauteur. Son poids approximatif est de 19 kg et son coût moyen est de $6000.

Contrairement au Breathalyzer, l'Intoximeter mark IV permet l'analyse spécifique de l'alcool éthylique contenu dans l'haleine sans interférence avec les autres substances volatiles susceptibles d'être présentes au moment du test.

I. Principe du fonctionnement de l'Intoximeter mark IV

L'échantillon d'haleine provenant des alvéoles pulmonaires circule dans un tuyau d'échantillonnage après que le sujet testé ait soufflé dans une pièce buccale durant une période d'au moins 4 secondes. L'air recueilli est introduit dans une colonne de chromatographie gazeuse grâce à un système de soupapes activé par la pression de l'haleine et par un flux de vapeurs de gaz constitué d'un mélange de 40% d'hydrogène et 60% d'azote (gaz mixte H_2-N_2).

Cette colonne chromatographique est constituée d'un produit appelé Porapak Q qui permet la séparation de l'alcool éthylique des autres substances qu'on pourrait y retrouver.

Les substances pouvant être présentes dans l'haleine migrent dans la colonne chromatographique à des vitesses différentes ce qui permet leur séparation: l'éthanol est ainsi identifié par le temps qu'il met à circuler d'une extrémité à l'autre de la colonne.

Après migration et séparation, l'éthanol est recueilli à sa sortie de la colonne et mesuré par un détecteur à ionisation de flamme: l'alcool est brûlé par la flamme et le détecteur produit un signal électronique. Le courant électrique produit par le détecteur est amplifié lors du passage de l'alcool, affiché sur un écran numérique et introduit dans un enregistreur graphique qui produit une charte.

L'analyse de l'alcool éthylique est donc sélective et dure 100 secondes.

Ainsi, bien que l'Intoximeter mark IV puisse identifier toutes les substances pouvant être contenues dans l'haleine, il n'est conçu par cette technique que pour mesurer l'alcool éthylique.

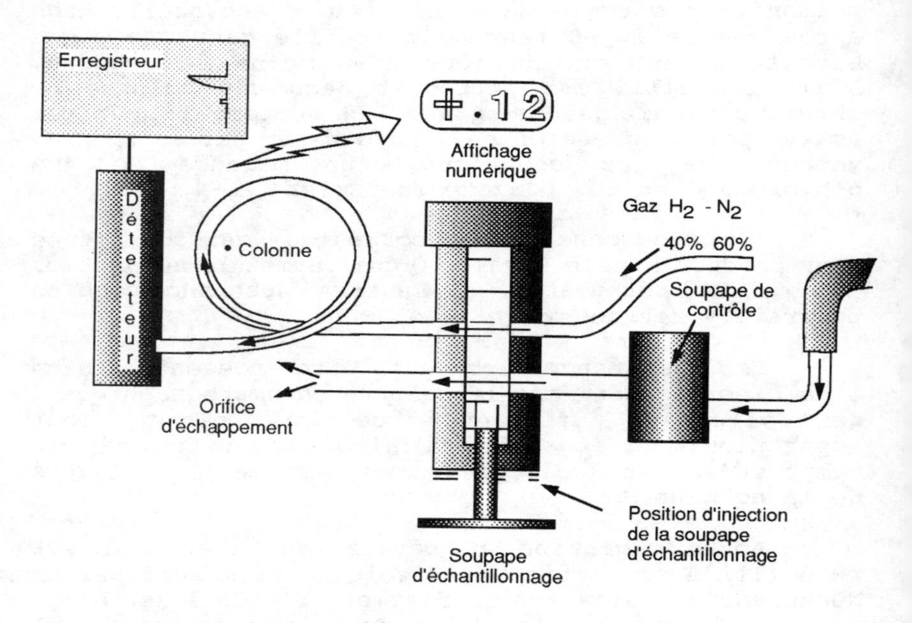

Schéma du fonctionnement de l'Intoximeter mark IV

II. Description détaillée de l'Intoximeter mark IV

3 unités principales forment l'Intoximeter mark IV:

- le système d'échantillonnage constitué d'un tube collecteur, d'une chambre d'échantillonnage, d'un système de soupapes et d'un gaz vecteur. Il facilite le transport de l'haleine à son site d'analyse.
- le système d'analyse formé d'une colonne de chromatographie en phase gazeuse. Il assure la migration, la séparation et l'identification de l'alcool.
- le système électronique constitué d'un détecteur à ionisation de flamme, d'un écran digital et d'un enregistreur graphique. Il permet la lecture du résultat.

1. Le système d'échantillonnage

Les manettes de commande sont constituées de 3 boutons situés du côté gauche de la face supérieure de l'Intoximeter mark IV: le bouton vert "OPERATE/STAND BY", le bouton rouge "RESET" et le bouton jaune "ANALYSE".

L'individu souffle à travers une pièce buccale propre dans le tube collecteur de l'Intoximeter. Il doit fournir un souffle continu d'au moins 4 secondes ce qui déclenche automatiquement la procédure d'analyse dès que le sujet aura cessé de souffler: la lampe témoin jaune située à l'intérieur de la commande "ANALYSE" est activée par l'interrupteur à pression déclenché par la pression de l'haleine du sujet soumis au test. Si l'individu souffle moins de 4 secondes, l'appareil refusera d'accepter l'échantillon d'haleine: le test sera désamorcé et la lampe témoin s'éteindra au moment où le sujet cessera de souffler.

L'obtention d'un bon échantillon d'haleine provoque l'ouverture d'une valve qui capte 0,25ml d'haleine de l'air expiré. Cet air est ensuite introduit dans la colonne du chromatographe gazeux grâce à un système de soupapes activé par la pression de l'haleine et d'un gaz mixte constitué d'un mélange de 40% d'hydrogène et 60% d'azote (gaz vecteur H_2-N_2).

L'opérateur a donc une indication claire sur le panneau frontal de l'Intoximeter à l'effet que le sujet a fourni un échantillon adéquat et le système "GO, NO GO" permet donc d'éliminer l'incertitude quant à la validité de l'échantillon analysé.

2. Le système d'analyse

Il est constitué d'une colonne analytique de chromatographie gazeuse contenant du Porapak Q et 1% de Carbowax servant comme matériel absorbant chauffé dans un four à 80-95°C. Le gaz mixte hydrogène-azote sert de gaz vecteur à la colonne d'analyse et de combustible au détecteur à ionisation de flamme.

Le Porapak Q permet la séparation de l'alcool éthylique des autres substances susceptibles d'être présentes.

La colonne chromatographique assure la migration, la séparation et l'identification de l'alcool éthylique: grâce à sa vitesse particulière de déplacement d'une extrémité à l'autre de la colonne, l'alcool émergera séparément à la sortie de la colonne.

3. Le système électronique

Lorsqu'il atteint l'extrémité de la colonne, l'alcool est capté par un détecteur à ionisation de flamme: grâce au gaz vecteur H_2-N_2 qui fait brûler l'alcool dans la flamme, le détecteur émet un signal électronique pendant le temps limité à l'émergence spécifique de l'alcool de la colonne.

Le courant électrique produit par ce détecteur est amplifié et simultamément affiché sur un écran numérique situé sur la face de l'appareil. Cet écran est constitué d'une diode émettrice de lumière à 3 digitales, de sorte que la lecture s'affichera sur l'écran numérique digital 100 secondes après le début du test.

Le résultat du test est affiché sur l'écran en pourcentage d'alcool dans le sang (grammes d'alcool par 100ml de sang), l'appareil faisant la conversion automatique alcool dans l'haleine - alcool dans le sang en utilisant le même facteur de conversion de 2100 précédemment expliqué pour le Breathalyzer.

Parallèlement à l'affichage numérique, le résultat du test est inscrit dans un enregistreur graphique qui produit une charte: la progression du test dans son entier, incluant le taux exact de l'alcool dans le sang est tracée sur cette charte qui permet de vérifier le bon déroulement de l'analyse.

III. Equipement utilisé avec l'Intoximeter mark IV

1. Le gaz vecteur

Il s'agit d'un cylindre contenant un mélange de gaz constitué de 40% d'hydrogène et 60% d'azote. Ce gaz doit être très pur (type de gaz zéro renfermant moins de 1 p.p.m. d'hydrocarbone). La quantité de gaz présente dans le cylindre doit être supérieure à $35kg/cm^2$ (équivalent à plus de $500lbs/po^2$).

Ce cylindre peut avoir une durée de 6 mois si on l'utilise en position "STAND BY". Si l'appareil est toujours maintenu en position "OPERATE", le cylindre ne dure qu'environ 2 mois.

2. Le manomètre

C'est un manomètre à 2 niveaux (haute et basse pression) servant à régulariser le débit de gaz provenant du cylindre. La pression sur le manomètre doit être ajustée à $3,16kg/cm^2$ ($45lbs/po^2$) à l'aide d'une clé anglaise.

3. L'équilibreur

Il est indiqué pour faire le test de contrôle. Il contient une solution standard d'alcool type dont la concentration dépendera de la température de la solution alcoolique. Un tableau de la lecture à obtenir donnera le résultat en fonction de la température.

La description et l'utilisation de l'équilibreur et de la solution d'alcool type utilisée dans l'équilibreur ont déjà été précisées lors de l'étude du Breathalyzer.

4. Le simulateur

Il est aussi indiqué pour faire le test de contrôle. Il contient une solution standard d'alcool type chauffée à 34°C (température de l'haleine dans la bouche) qui doit donner un résultat voisin de 100mg%.

La description et l'utilisation du simulateur et de la solution d'alcool type utilisée dans le simulateur ont déjà été énoncées dans l'étude du Breathalyzer.

IV. Etapes de la manipulation de l'Intoximeter mark IV

Les détails opérationnels de l'Intoximeter mark IV peuvent se diviser en 4 grandes étapes: la mise en marche de l'appareil, le test à blanc, le test de contrôle et le test d'haleine du sujet.

Comment doit-on procéder?

1. La mise en marche de l'appareil

- Fixer solidement au mur avec une courroie le cylindre contenant le gaz vecteur (mélange de 40% d'hydrogène et 60% d'azote).

- Installer le manomètre sur le cylindre. Bien serrer avec une clé anglaise.

- Relier le conduit de gaz au manomètre et à l'appareil: cette procédure se fait en adaptant les collets blancs du conduit de gaz au manomètre et à l'intoximètre.

- Ouvrir la valve principale sur le cylindre et ajuster le cadran de basse pression à 3,16 kg/cm^2 (45 lbs/po^2). Il est important que le débit du gaz (pression sur le cadran de basse pression du manomètre) soit de 3,16 kg/cm^2 car une variation de ce débit ou de la température du gaz aura pour effet de fausser le résultat.

- A l'aide d'une solution savonneuse, vérifier les fuites de gaz à chaque extrémité du conduit. Une fuite de gaz pourrait fausser le résultat sur l'appareil.

- Brancher l'Intoximeter mark IV sur 110 volts et laisser le bouton "OPERATE/STAND BY" en position "STAND BY". Il est important de ne jamais brancher l'Intoximeter avant que le gaz ne passe dans l'appareil: ceci aurait pour effet d'endommager sérieusement la colonne de chromatographie gazeuse.

- Laisser l'Intoximeter se réchauffer pendant 30 minutes. Après ce délai, presser le bouton "OPERATE/STAND BY" en position "OPERATE".

- Attendre le moment où la lumière verte s'allume d'une manière continue: si la lumière demeure verte sans clignoter, l'appareil a atteint la température de fonctionnement et le test peut débuter. Si la lumière verte scintille, l'appareil n'a pas encore atteint la bonne température.

- Pousser le bouton "RESET". Observer .00 sur l'écran numérique d'affichage. L'écran ne doit pas indiquer plus de + ou

- .002 (± 2mg%). Dans le cas contraire, l'appareil devra être recalibré.

- L'aiguille de l'enregistreur doit être à 0.

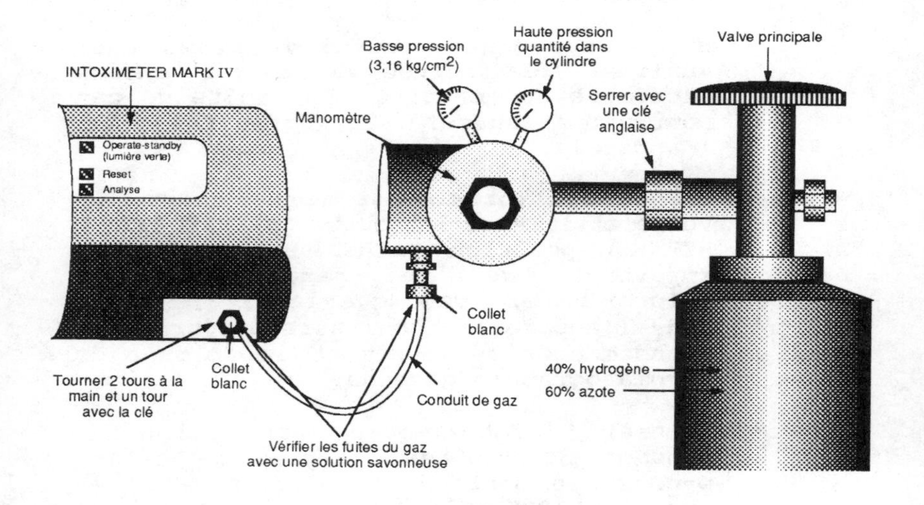

Schéma de la mise en marche de l'Intoximeter mark IV

2. Le test à blanc

- Pousser le bouton "ANALYSE" jusqu'à la mise en marche de l'Intoximeter mark IV (7 secondes).
- Relâcher le bouton "ANALYSE" dès le déclenchement de l'appareil.
- Après 100 secondes, l'écran numérique ne doit pas indiquer plus de + ou - 0.002 (± 2mg%): si l'appareil ou l'air ambiant ne sont pas contaminés par d'autres substances alcoolisées ou par des corps volatiles quelconques, l'écran devrait afficher .00 après un délai de 100 secondes (90 secondes d'analyse et 10 secondes jusqu'à l'arrêt de l'enregistrement).

Si le résultat est supérieur à ± 0.002, l'opération doit être répétée une deuxième fois. Si après ce deuxième essai à blanc, le résultat demeure supérieur à ± 0.002, l'appareil doit être recalibré.

N.B. Le résultat affiché sur l'écran est exprimé en g%: en multipliant par 1000, on obtient la valeur exprimée en mg%.

L'utilisateur ne doit pas procéder à la suite des opérations, s'il n'obtient pas un blanc dans la marge de ± 0.002 (± 2mg%).

3. Le test de contrôle

Il peut s'effectuer, soit avec le simulateur, soit avec l'équilibreur. Ces appareils ont été décrits lors de l'étude du Breathalyzer.

3.1 Le simulateur

Le simulateur contient une solution standard d'alcool type maintenue à une température de 34°C (température de l'haleine dans la bouche).

La procédure à suivre pour le test de contrôle avec le simulateur est la suivante:

- attendre que la solution d'alcool standard dans le simulateur soit à 34°C (à ce moment là, la lumière sur le simulateur s'éteint).

- bien mélanger la solution avant son utilisation.

- introduire le tube du simulateur dans le tube collecteur de l'Intoximeter mark IV.

- souffler avec la bouche dans le simulateur durant 7 secondes. L'Intoximeter se mettra seul en marche sans toucher à aucun bouton.

- après 100 secondes d'analyse, l'écran numérique doit afficher un résultat voisin de .100 c'est-à-dire 100mg%.

- la précision du résultat doit être de ± 10mg%: le résultat affiché (correspondant à la température de 34°C) doit donc être compris entre .090 et .110 c'est-à-dire compris entre 90mg% et 110mg%.

N.B. Le résultat affiché sur l'écran est exprimé en g%: en multipliant par 1000, on obtient la valeur exprimée en mg%.

3.2 L'équilibreur

L'équilibreur contient une solution standard d'alcool type dont la concentration dépendra de la température de la solution alcoolique. Un tableau de la lecture à obtenir donnera le résultat en fonction de la température. Ce tableau est identique à celui utilisé pour les tests de contrôle du Breathalyzer (voir lectures à obtenir sur l'alcootest avec l'utilisation de la solution standard d'alcool type et de l'équilibreur).

La procédure à suivre pour le test de contrôle avec l'équilibreur est la suivante:

- bien lire la température de la solution standard d'alcool type dans l'équilibreur à l'aide du thermomètre.

- prendre la température de la pièce et vérifier que l'écart entre les températures de la pièce et de l'alcool type n'excède pas 2°C.

- introduire le tube de l'équilibreur dans le tube collecteur de l'Intoximeter mark IV.

- donner 3 à 4 coups avec la poire et presser le bouton "ANALYSE".

- tout en maintenant la pression sur le bouton "ANALYSE", presser la poire le plus régulièrement possible jusqu'à la mise en marche de l'Intoximeter (7 secondes).

- relâcher le bouton "ANALYSE" dès la mise en marche de l'appareil.

- après 100 secondes d'analyse, l'écran numérique doit afficher un résultat voisin de la valeur attendue pour une température donnée de la solution standard d'alcool type.

- la précision du résultat doit être de ± 10mg%: le résultat affiché doit être en dedans de + ou - 10mg% du chiffre inscrit sur la charte préétablie (voir tableau).

N.B. Le résultat affiché sur l'écran est exprimé en g%: en multipliant par 1000, on obtient la valeur exprimée en mg%.

Exemple: à 25,8°C, le résultat attendu est 159mg%. A cette température le résultat affiché sur l'écran est 0,163 c'est-à-dire 0,163g% ou l'équivalent de 163mg%. Ce résultat est conforme puisque toute lecture comprise entre 149mg% et 169mg% est valable.

En résumé, peu importe que l'on utilise le simulateur ou l'équilibreur, la précision demandée sera toujours ± .01 c'est-à-dire ± 10mg%.

4. <u>Le test d'haleine du sujet</u>

- Installer une pièce buccale propre à l'extrémité du tube collecteur de l'Intoximeter mark IV.

- Ne toucher à aucun bouton de l'appareil: il devra se mettre en marche lui-même.

- Demander à l'individu testé, de fournir un souffle continu d'au moins 4 secondes:

  ▪ si le sujet souffle moins de 4 secondes, l'Intoximètre refusera d'accepter l'échantillon d'haleine: l'appareil ne se mettra pas en marche et l'individu devra souffler de nouveau.

  ▪ si la personne souffle plus de 4 secondes, l'Intoximètre se mettra en marche dès que celle-ci cessera de souffler.

- Après 100 secondes d'analyse, l'écran numérique affichera un résultat exprimé en pourcentage d'alcool dans le sang, l'appareil faisant la conversion automatique alcool dans l'haleine - alcool dans le sang en utilisant le même facteur de conversion de 2100 précédemment expliqué pour le Breathalyzer.

N.B. Le résultat affiché sur l'écran est exprimé en g%: en multipliant par 1000, on obtient le taux d'alcool de l'individu exprimé en mg d'alcool par 100ml de sang (mg%).

- Parallèlement à l'affichage numérique, le résultat du test est inscrit dans un enregistreur graphique qui produit une charte: la progression du test dans son entier est donc tracée sur cette charte.

- Déclencher le bouton "OPERATE/STAND BY". Le laisser en position "STAND BY". Enlever et jeter la pièce buccale.

- Couper la charte afin de conserver l'ensemble des résultats obtenus. Indiquer le nom de l'individu testé et identifier sur cette charte les différentes étapes de l'analyse: 2 tests à blanc, 2 tests de contrôle et de 2 tests d'haleine.

- Vérifier sur la charte l'allure des courbes sur le graphique I. Si le sommet du tracé est semblable à ceux des graphiques II et III, le résultat n'est pas valable. L'appareil ne devra pas être utilisé avant qu'un technicien n'ait corrigé l'anomalie.

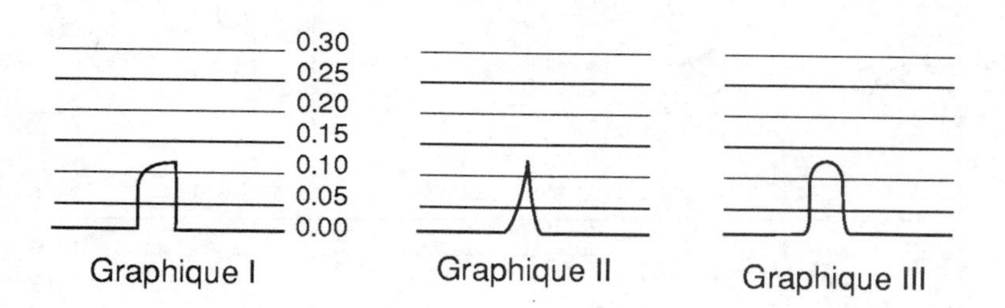

- Enregistrer le pourcentage d'alcool de l'individu testé et rattacher la charte au rapport concerné. La charte permet:

  ▪ de définir positivement la spécificité du test à l'alcool éthylique.

  ▪ de conserver un enregistrement permanent de la lecture.

  ▪ de vérifier le fonctionnement normal du chromatographe en phase gazeuse.

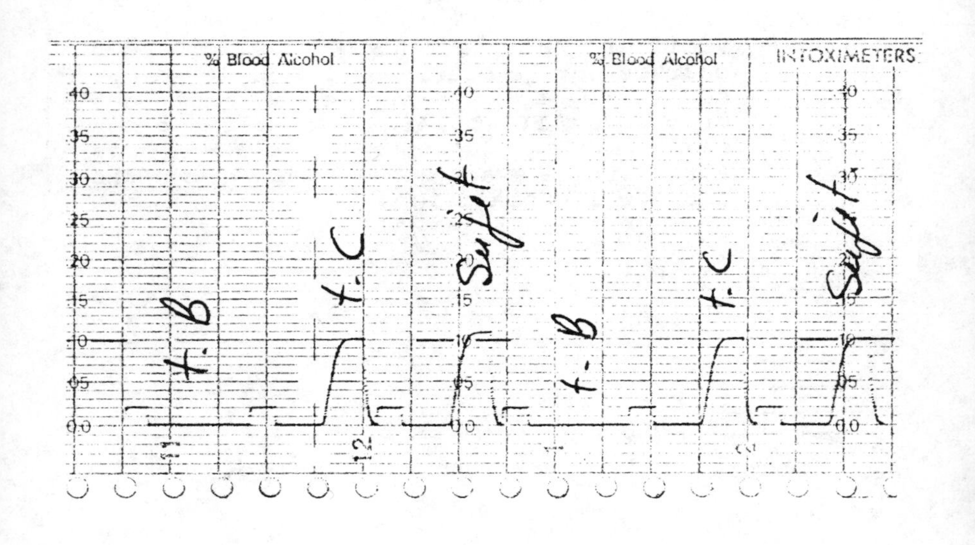

Exemple d'enregistrements à obtenir sur la charte lors d'une analyse complète d'haleine à l'aide de l'Intoximeter mark IV

Résumé des principales étapes de manipulation de l'Intoximeter mark IV

ETAPES	OPERATIONS
Mise en marche	1.1 Vérifier la haute et basse pression du manomètre (débit du gaz égal à 45lbs/po^2). 1.2 Pousser le bouton en position "OPERATE". 1.3 Vérifier la température: attendre la lumière verte fixe. 1.4 Pousser le bouton "RESET". 1.5 Vérifier que l'écran numérique n'indique pas plus de ± .002. 1.6 Vérifier que l'aiguille de l'enregistreur est à 0.
Test à blanc	2.1 Effectuer l'essai à blanc. 2.2 Pousser le bouton "ANALYSE" jusqu'au déclenchement du test (7 secondes). 2.3 Noter le résultat sur l'écran numérique après 100 secondes. 2.4 Vérifier que la lecture ne dépasse pas ± .002.
Test de contrôle	3.1 Vérifier l'alcool type. 3.2 Introduire l'échantillon d'alcool type. 3.3 Noter l'heure de la prise de l'échantillon d'alcool type. 3.4 Noter la température de la pièce dans le cas de l'équilibreur. 3.5 Noter la température de l'alcool type dans le simulateur ou l'équilibreur. 3.6 Vérifier que l'écart entre les températures de la pièce et de l'alcool type de l'équilibreur n'excède pas 2°C. 3.7 Noter le résultat du test de contrôle sur l'écran numérique. 3.8 Vérifier que le résultat obtenu est dans l'ordre de ± 10mg% du résultat attendu.
Test d'haleine du sujet	4.1 Fixer une pièce buccale propre au tube de prélèvement. 4.2 Expliquer au sujet la façon de souffler et s'assurer qu'il comprenne. 4.3 Faire souffler le sujet pendant au moins 4 secondes. 4.4 Noter l'heure de la prise de l'échantillon d'haleine. 4.5 Noter le résultat du test d'haleine sur l'écran numérique. 4.6 Couper la charte et vérifier les résultats des enregistrements graphiques. 4.7 Identifier et conserver la charte en l'annexant au dossier.

. A la fin de toutes les opérations, le bouton est poussé en position "STAND BY".

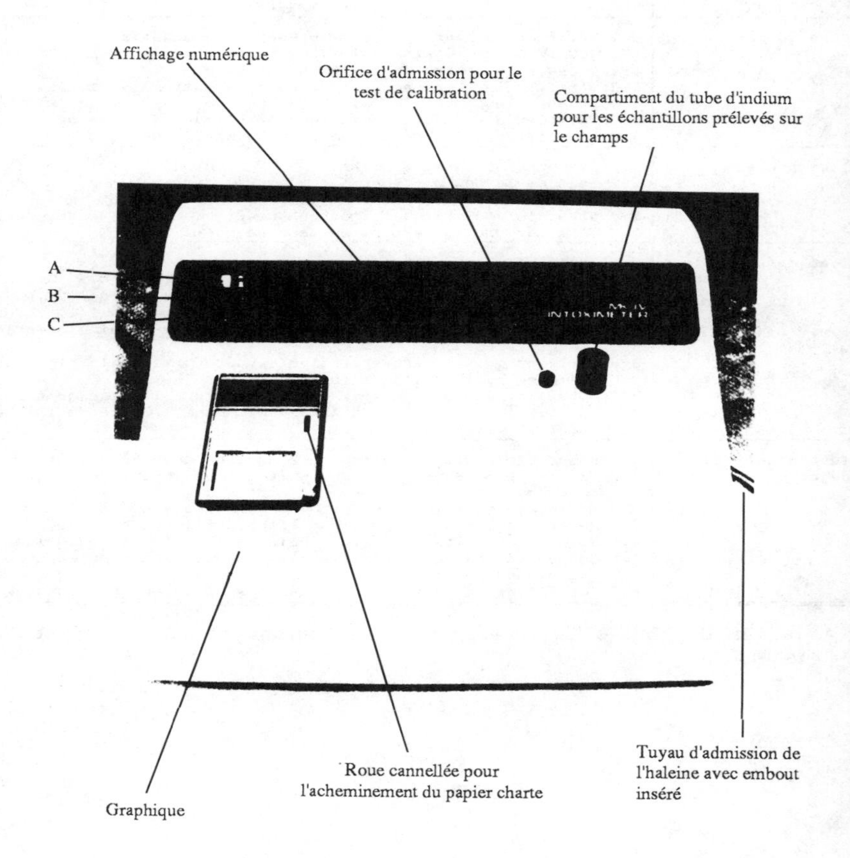

Manettes de commande:
A. Bouton "OPERATE / STAND BY"
B. Bouton "RESET" (Ramener à zéro)
C. Bouton "ANALYSE"

Photographie de la face supérieure de l'Intoximeter mark IV.

E. PRECISION DE L'INTOXIMETER MARK IV

L'Intoximeter mark IV est un appareil fiable dont le fonctionnement intrinsèque est automatique ce qui limite considérablement les erreurs de manipulation. Bien qu'ayant une légère tendance à produire des fautes intermittentes inattendues et parfois sans explication, il donne de très bons résultats lorsqu'il est bien calibré. Cependant, il perd son niveau de calibration si la pression ou la température varient. Son entretien doit donc être périodique, requiert un spécialiste et peut être assez coûteux.

Les variations biologiques d'un individu à un autre représentent la principale source de variations extrinsèques à l'appareil puisqu'elles comptent pour 90% des facteurs d'imprécision.

Néanmoins, on peut affirmer que dans les conditions idéales de fonctionnement et de manipulation et lorsque le rapport alcool alvéolaire/alcool sanguin d'un sujet donné est de 1/2100, l'Intoximeter mark IV se comporte comme un excellent appareil avec une marge d'erreur de ± 10mg%.

Ainsi un résultat de 93mg% signifie que le taux se situe n'importe où entre 83mg% et 103mg%.

+ Avantages
- Inconvénients

BREATHALYZER (modèles 900 et 900A)	**INTOXIMETER MARK IV**
+ Evite la prise de sang et tous les inconvénients qui s'y rattachent.	+ Evite la prise de sang et tous les inconvénients qui s'y rattachent.
+ Mode opératoire facile à assimiler.	+ Mode opératoire facile à assimiler.
- Ne tient pas compte des variations biologiques du rapport alcool alvéolaire/alcool sanguin.	- Ne tient pas compte des variations biologiques du rapport alcool alvéolaire/alcool sanguin.
- Fonctionnement manuel et participation importante de l'opérateur ce qui implique la possibilité d'erreurs de manipulation.	+ Fonctionnement presque automatique et implication minimale de l'opérateur ce qui limite considérablement les erreurs de manipulation.
+ Peu encombrant.	- Encombrant.
+ Possibilité d'être utilisé autrement qu'en lieu fixe (modèle 900).	- Ne peut pas être utilisé autrement qu'en lieu fixe.
+ La plupart des sujets n'ont pas de difficultés à fournir un échantillon valable d'haleine.	- Certains sujets (très ivres ou souffrant de problèmes pulmonaires) peuvent avoir des difficultés à fournir un échantillon valable d'haleine.
- N'élimine pas la possibilité d'analyse d'échantillons d'haleine non conformes.	+ Elimine l'analyse d'échantillons d'haleine non conformes.
- Non spécifique à l'éthanol.	+ Spécifique à l'éthanol.
+ Calibration facile.	- Une calibration régulière est nécessaire.
- Temps d'analyse long.	+ Temps d'analyse court.
- Ne contient pas son propre système de purge.	+ Contient son propre système de purge.
+ Entretien facile et peu coûteux.	- Entretien périodique et coûteux.
- Précautions à prendre avec les ampoules de verre et leur contenu en acide sulfurique.	- Précautions à prendre avec les gaz comprimés.
- Ne donne pas d'enregistrement graphique de l'analyse ce qui ne permet pas de conserver les résultats et ne permet pas de vérifier le bon déroulement de toutes les étapes de la manipulation.	+ Donne un enregistrement graphique de l'analyse ce qui permet de conserver les résultats et permet de vérifier le bon déroulement de toutes les étapes de la manipulation.

SECTION 2: LES APPAREILS DE DETECTION

Les appareils de détection permettent de déceler la présence d'alcool dans l'haleine d'un individu sans en donner une mesure précise. Le concept de détection de l'alcool lors de contrôles routiers a été introduit dans le Code Criminel en 1976.

On distingue les appareils de détection approuvés et les appareils de détection non approuvés.

A. LES APPAREILS DE DETECTION APPROUVES

Deux appareils de détection approuvés en vertu du Code Criminel Canadien sont généralement utilisés au Québec: l'A.L.E.R.T. J3A et l'ALCO-SÛR.

I. L'A.L.E.R.T. J3A

A.L.E.R.T. est l'abréviation anglaise de Alcohol Level Evaluation Roadside Tester. Ce petit appareil possède un détecteur de type Taguchi inventé par la compagnie Nippon-Sekei en 1967 et produit au Japon dès 1969. Il est commercialisé par la compagnie Alcohol Countermeasure Systems dont le siège social est à Mississauga. Son coût moyen est de 800$.

L'A.L.E.R.T. J3A est un appareil électronique portatif qui a été conçu pour être utilisé lors de contrôles routiers. Son poids est approximativement de 850 grammes et il mesure dans un contenant en plastique résistant environ 19,2 cm X 11,2 cm X 6,8 cm.

1. Principe du fonctionnement

L'A.L.E.R.T. J3A a été mis au point pour recueillir un échantillon d'haleine provenant de l'air alvéolaire à l'aide d'un interrupteur à pression et d'une minuterie: lorsque l'appareil indique "READY", le sujet doit souffler suffisamment fort (l'équivalent de 20 cm de pression d'eau) pendant 6 secondes afin de fournir un échantillon satisfaisant pour permettre à la machine de poursuivre ses opérations. Si ces prérequis ne sont pas atteints, le test est désamorcé et l'appareil recommence automatiquement son cycle de démarrage.

L'air de l'haleine entre en contact avec un détecteur électronique à semi-conducteur contenant une faible quantité d'oxyde d'or: l'oxydation d'alcool en acide acétique augmente la conductivité électrique proportionnellement à la concentration d'alcool (ou d'autres vapeurs combustibles) présente dans l'échantillon d'haleine. Ce changement de conductivité se traduit par une augmentation de la tension électrique qui, en atteignant la tension d'étalonnage, allume l'un des voyants "WARN" ou "FAIL". Si la tension n'atteint pas le minimum requis pour allumer le voyant "WARN", le voyant "PASS" s'allume.

L'A.L.E.R.T. J3A est étalonné, c'est-à-dire calibré avec une solution standard d'alcool type de concentration alcoolique connue de manière à ce que ses 3 voyants lumineux s'allument en fonction de la quantité approximative d'alcool ou de vapeurs combustibles présents dans l'haleine:

- voyant vert "PASS": l'alcoolémie est inférieure à 50 mg%: tout va bien.

- voyant jaune "WARN": le taux d'alcool se situe entre 50 et 99 mg%: il convient d'être prudent et il est préférable de prendre un taxi.

- voyant rouge "FAIL": l'alcoolémie est égale ou supérieure à 100 mg%: une visite au poste s'impose pour passer un test avec un appareil plus précis et conforme aux normes du Code Criminel Canadien.

L'A.L.E.R.T. J3A est alimenté par 3 piles rechargeables de type C nickel-cadmium. Il doit être calibré toutes les semaines et son niveau de calibration doit être connu: à titre d'exemple, s'il est étalonné à 50 mg%, la lumière indiquant "FAIL" s'allumera dès que le sujet fournissant l'échantillon d'haleine aura un taux d'alcool supérieur à 50 mg%. Il faut aussi connaître la charge électrique de l'appareil puisque si le voltage de la batterie est trop bas, la calibration s'en ressentira: il est donc absolument essentiel que l'appareil soit branché continuellement lorsqu'il n'est pas utilisé pour éviter d'affecter la calibration.

Le maniement de l'A.L.E.R.T. J3A dans un espace restreint comme celui d'une automobile comporte certains risques puisque la présence d'alcool en suspension dans l'air est susceptible de fausser le résultat. Enfin, l'utilisation de l'A.L.E.R.T. J3A doit être soumise aux mêmes délais que les alcootests: il faut s'assurer que le sujet n'a pas consommé d'alcool et n'a pas eu de rot ni de régurgitation dans les 15 minutes précédant le test, de même qu'il n'a pas fumé dans les 3 minutes antérieures au test.

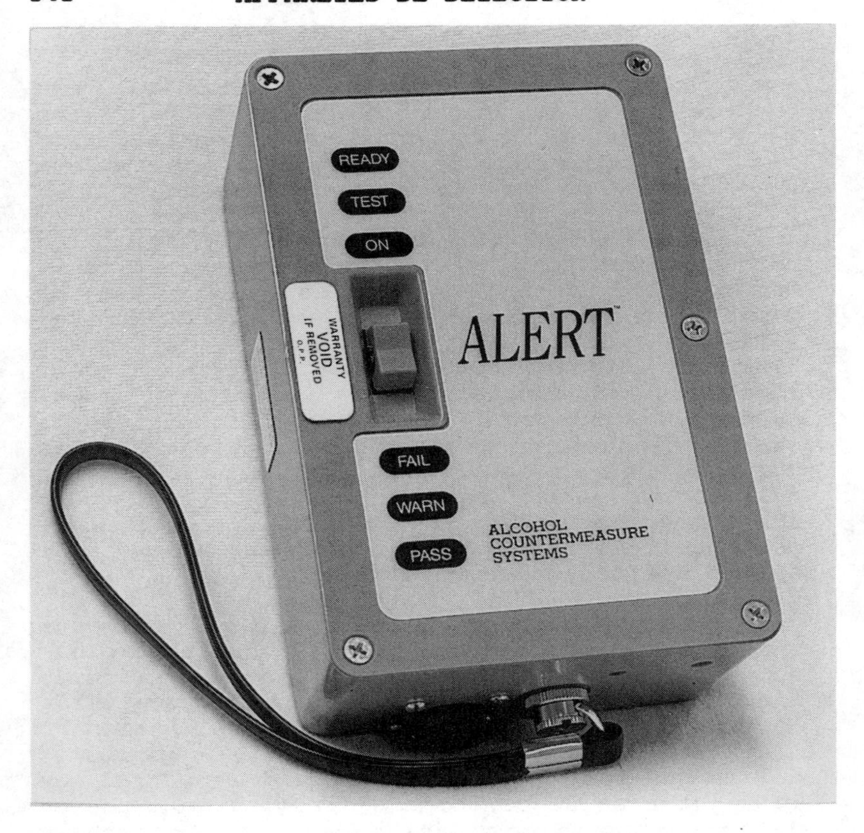

Photographie de l'appareil A.L.E.R.T. J3A

2. <u>Précision</u>

L'A.L.E.R.T. J3A est un excellent moyen rapide de détection de l'alcool dans l'haleine. Ses qualités sont la stabilité et la linéarité de réponse vis-à-vis de la concentration de divers composés dont l'alcool. Son inconvénient majeur est sa faible spécifité à l'éthanol: il y aura interférence en présence de n'importe quelle vapeur combustible (fumée de cigarette, méthanol, essence, éther, acétone, etc ...)

II L'ALCO-SÛR

ALCO-SÛR est un appareil de détection approuvé depuis l'automne 1988, bien qu'il soit déjà utilisé depuis plusieurs années aux Etats-Unis sous le nom d'ALCO-SENSOR.

Il est fabriqué par la compagnie Intoximeters Inc. de St-Louis qui produit aussi L'Intoximeter mark IV.

Ce petit appareil de poche a un coût moyen de 850$.

1. <u>Principe du fonctionnement</u>

L'ALCO-SÛR utilise un détecteur à pile électrochimique où l'alcool est oxydé en acide acétique. Le courant électrique qui en résulte est proportionnel à la teneur en alcool. Un embout en plastique jetable entre en contact avec le détecteur et on appuie sur le bouton "READ" pour vérifier l'état de la pile et ramener le réglage à zéro. Le bouton "SET" est ensuite actionné et on laisse le sujet souffler dans l'appareil pendant au moins 4 secondes avant d'appuyer encore une fois sur le bouton "READ". On continue de peser sur ce bouton jusqu'à l'obtention du résultat final, ce qui nécessite environ 40 secondes.

L'oxydation de l'alcool produit un léger voltage qui est amplifié et allume le voyant lumineux correspondant à la teneur en alcool.

Lors d'une calibration adéquate de l'ALCO-SÛR avec une solution standard d'alcool type, la couleur de la lumière indiquera les informations suivantes:

- voyant vert "PASS": l'alcoolémie est inférieure à 50mg%.
- voyant jaune "WARN": l'alcoolémie se situe entre 50 et 99mg%.
- voyant rouge "FAIL": l'alcoolémie est égale ou supérieure à 100mg%.

Le sujet doit souffler de 4 à 6 secondes dans l'appareil et son haleine doit provenir des alvéoles pulmonaires. Un sifflet incorporé à l'instrument permet de s'assurer que le suspect souffle.

Contrairement à l'A.L.E.R.T., c'est l'opérateur qui décide quand prélever l'échantillon d'haleine et, comme pour l'A.L.E.R.T., il faut s'assurer que le sujet n'a pas consommé d'alcool et n'a pas eu de rot ni de régurgitation dans les 15 minutes précédent le test.

L'ALCO-SÛR est conçu pour opérer idéalement à des températures comprises entre 20°C et 38°C. Des tests peuvent être effectués toutes les 2 minutes mais il faut éviter d'effectuer plus de 5 tests en l'espace d'une heure car l'appareil perd alors sa sensibilité.

Dans un tel cas, l'instrument retrouve sa sensibilité après une période de repos et une nouvelle calibration.

En pratique, il faut donc limiter les tests répétés sur une courte période de temps ou recalibrer l'ALCO-SÛR tous les 5 tests.

2. Précision

L'ALCO-SÛR est un excellent appareil de détection de l'alcool dans l'haleine qui s'est avéré être plus précis que l'A.L.E.R.T. J3A.

Il ne réagit pas avec l'acétone mais n'est pas spécifique à l'éthanol.

L'A.L.E.R.T. J3A et l'ALCO-SÛR doivent être uniquement considérés comme des appareils de dépistage qui ne fournissent aucun résultat précis: les valeurs données par ces instruments ne sont que des indications relatives du taux d'alcool sanguin et ne doivent jamais être prises comme mesures absolues. D'ailleurs, aucun appareil de détection n'a été approuvé comme instrument de mesure précise de l'alcoolémie en vertu du Code Criminel Canadien.

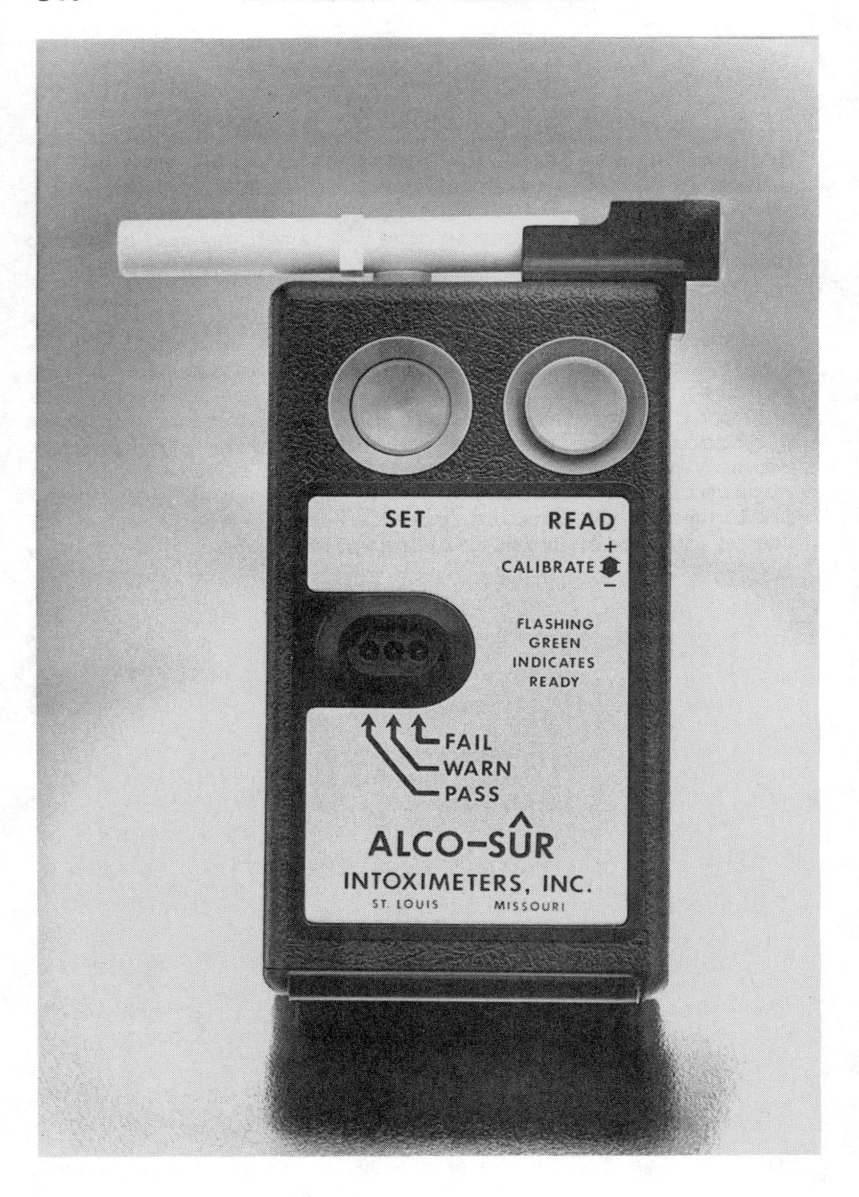

Photographie de l'appareil ALCO-SÛR

III Normes du Comité des analyses d'alcool pour les appareils de détection approuvés

Outre les considérations antérieures, le Comité des analyses d'alcool mis en place par le ministère fédéral de la Justice énonce les directives suivantes lors de l'utilisation des appareils de détection approuvés:

- les appareils de détection ne doivent pas indiquer de résultats numériques.

- les appareils de détection doivent pouvoir fonctionner convenablement à des températures ambiantes comprises entre 5°C et 35°C.

- les appareils de détection ne doivent pas être affectés par les vibrations des véhicules, la pression barométrique, l'humidité ou les conditions d'éclairage habituellement rencontrées au cours des opérations policières au Canada.

- l'étalonnage de l'appareil de détection doit être vérifié avec une solution étalon d'alcool. Cette vérification doit être faite, une fois par semaine au moins, par un technicien d'étalonnage des appareils.

- les résultats de la vérification de l'étalonnage doivent être consignés dans un registre que pourront consulter les utilisateurs des appareils de détection.

- les appareils à piles rechargeables doivent être rechargés conformément aux recommandations du fabriquant.

- dans le cas d'un appareil à fonctionnement par piles, la vérification de l'état des piles doit faire partie du mode opératoire.

- avant de faire subir un test à un sujet, on doit s'assurer que l'appareil est prêt à recevoir un échantillon.
- avant de faire subir un test à un sujet, on doit s'assurer que celui-ci n'a pas fumé depuis au moins trois minutes.
- avant de faire subir un test à un sujet, on doit s'assurer que celui-ci n'a pas consommé d'alcool depuis au moins quinze minutes

B. LES APPAREILS DE DETECTION NON APPROUVES

La conduite en état d'ébriété est un problème social qu'il convient d'éradiquer. De nombreuses campagnes d'information ont été menées pour sensibiliser l'opinion publique au danger de la conduite avec les facultés affaiblies.

Dans le cadre des mesures préventives, on trouve sur le marché plusieurs appareils d'analyse d'haleine destinés aux consommateurs.

On distingue les appareils portatifs et les appareils installés dans les lieux publics. Quelle précision et fiabilité possèdent-ils?

I. Les appareils portatifs

L'évaluation de ces appareils a été effectuée en les comparant à un alcootest approuvé en vertu du Code Criminel Canadien: l'Intoxilyzer modèle 4011 AS.

1. Alcohol Checker RK-1000

Il s'agit d'un petit appareil d'une valeur de moins de 100$ doté d'un détecteur électrochimique Taguchi semblable à celui existant dans l'A.L.E.R.T. J3A. Ce détecteur à semi-conducteur voit sa résistance électrique s'élever en présence d'air mais diminuer en présence d'alcool. Le sujet souffle dans l'appareil pendant 3 ou 4 secondes et les résultats sont composés de 3 chiffres.

L'Alcohol Checker RK-1000 est beaucoup moins fiable et précis que l'A.L.E.R.T. J3A. Comparativement à l'Intoxilyzer, il a donné des résultats médiocres et non fiables.

2. Breathalyser PMT-1

Ce petit instrument de moins de 100$ utilise aussi un détecteur électrochimique Taguchi. Le sujet souffle dans l'appareil pendant 6 à 8 secondes, les lèvres entourant l'embout buccal mais ne touchant pas celui-ci. Les résultats sont inscrits sur un cadran.

Le Breathalyser PMT-1 est encore moins précis et fiable que l'Alcohol Checker RK-1000.

Les résultats obtenus avec ces 2 appareils portatifs sont influencés par la durée du test, la force d'exhalation du sujet, la distance entre la bouche et le détecteur et la présence d'alcool résiduel dans la bouche. Ils ne doivent donc pas être utilisés lorsqu'une personne vient de terminer de consommer de l'alcool.

II Les appareils installés dans les lieux publics

Les dépisteurs installés dans les bars ne sont ni précis, ni fiables pour évaluer le taux d'alcool d'un individu ou pour se convaincre que l'on est en mesure de conduire un véhicule moteur.

Ces dépisteurs d'alcool connaissent une fin sans gloire: non seulement les usagers les utilisent parfois pour couronner le plus intoxiqué mais les tenanciers craignent les poursuites dans les cas où ils n'arrivent pas à empêcher un conducteur ivre de prendre sa voiture.

CHAPITRE 4d

LES TESTS DE SALIVE

L'alcool peut aussi être évalué dans la salive. L'alco-Scan et l'Abusa-Stick sont 2 appareils portatifs d'analyse d'alcool dans la salive: ils reposent sur le principe de l'oxydation de l'alcool par l'alcool-oxydase pour former l'acétaldéhyde et le peroxyde d'hydogène. Le peroxyde se combine alors avec un colorant en présence de la peroxydase pour former l'indamine. La seule différence entre ces 2 appareils réside dans le colorant utilisé.

I L'alco-Scan

Une bandelette avec un petit tampon est placée dans la bouche ou plongée dans un échantillon de salive puis mise à l'extrémité de la bandelette réactive pendant 5 à 10 minutes afin de la saturer. On frotte alors le bloc réactif sur le tampon absorbant pendant 3 à 5 secondes avant de le replacer dans une enveloppe en papier aluminium qu'on aplatit afin d'empêcher la pénétration de l'air. Au bout de 5 minutes, on enlève la bandelette et on la compare à l'échelle de couleurs sous une lumière appropriée.

L'alco-Scan a un certain degré de précision et de fiabilité mais il ne donne qu'une évaluation approximative du taux d'alcool.

II L'abusa-Stick

L'abusa-Stick est d'une grande simplicité: on place la bandelette dans la bouche afin de mouiller le réactif puis on l'enlève. Au bout de 2 minutes, on peut déterminer la couleur.

Cet appareil est très imprécis et peu fiable.

Les tests de salive sont généralement influencés par la quantité de salive, la durée du test et la différence de couleur des bandelettes réactives.

L'évaluation du taux d'alcool par les tests de salive n'est pas une mesure précise et fiable de l'alcoolémie d'un sujet. Elle doit être réservée à une approche qualitative de l'état d'intoxication d'un individu.

CHAPITRE 5

FACTEURS SUSCEPTIBLES OU NON D'AFFECTER L'EVALUATION DU TAUX D'ALCOOL

A. FACTEURS COMMUNS AUX TESTS SANGUINS ET AUX TESTS D'HALEINE

I Facteurs biologiques

1. Le poids

La concentration d'alcool dans le sang est fonction du poids: plus le poids est élevé, plus l'alcoolémie est faible car la distribution de l'alcool se fera dans un plus grand volume d'eau entraînant de ce fait une plus grande dissolution de l'alcool.

Ainsi, plus on est lourd, plus la quantité de sang circulant dans l'organisme est grande et plus le taux d'alcool dans le sang sera bas par rapport à celui d'une personne légère qui a bu la même quantité d'alcool.

Le volume de liquide corporel dans lequel l'alcool peut se dissoudre est appelé volume de distribution. Plus ce volume de distribution est élevé, plus l'alcoolémie est faible.

le facteur poids est commun aux femmes et aux hommes et s'applique aussi bien aux tests sanguins qu'aux tests d'haleine

2. Le sexe

Chez l'être humain, le volume de distribution a une valeur moyenne de 0,54 L/kg. Cependant, pour des poids identiques, ce volume de distribution dans lequel l'alcool se dissout dans l'organisme n'est pas le même chez les femmes que chez les hommes: il correspond à une moyenne de 55% du poids total de l'organisme chez la femme et représente une moyenne de 68% du poids total chez l'homme.

Ceci s'explique par le fait que, toutes proportions gardées, les femmes ont une plus grande distribution de tissus adipeux et un plus faible volume total d'eau par rapport aux organismes masculins.

Il en résulte que, pour un même poids, l'alcoolémie déterminée par des tests sanguins ou calculée par les tests d'haleine sera plus élevée chez la femme ce qui explique en partie sa plus grande vulnérabilité à l'alcool pour les mêmes consommations.

Un autre facteur expliquant les différences d'alcoolémie entre les femmes et les hommes est le fait que la muqueuse gastrique de l'homme est le site d'une plus grande activité d'une enzyme stomacale appelée l'alcool deshydrogénase. Cette enzyme est responsable d'une partie de la destruction de l'alcool avant son passage dans le sang: c'est le métabolisme gastrique de l'alcool, plus élevé chez l'homme que chez la femme et appelé métabolisme de premier passage.

Il en résulte que l'absorption gastro-intestinale de l'alcool est plus faible chez l'homme que chez la femme ce qui se traduit par une biodisponibilité de l'alcool plus réduite chez l'homme (que chez la femme), cette biodisponibilité se définissant comme le rapport de la quantité d'alcool arrivant dans le sang et de la quantité d'alcool ingéré:

Biodisponibilité de l'alcool:

$$\frac{\textbf{quantité d'alcool atteignant le sang}}{\textbf{quantité d'alcool initialement introduite dans l'organisme}}$$

La biodisponibilité accrue de l'éthanol chez la femme résultant d'une diminution de la destruction gastrique de l'alcool peut contribuer à une plus grande vulnérabilité aux lésions hépatiques chez les femmes que chez les hommes qui consomment des quantités similaires d'alcool de façon aigue et chronique.

Le métabolisme gastrique de l'alcool aussi appelé métabolisme de premier passage peut donc être considéré comme un mécanisme protecteur diminuant l'apport d'alcool au sang et au foie.

Il faut cependant signaler que l'activité de l'alcool deshydrogénase gastrique est aussi diminuée par le jeûne, les quantités d'alcool ingérées (cette activité est plus faible lorsque les consommations d'alcool sont élevées) et par l'état d'alcoolisme chronique.

Enfin, des études comparatives effectuées par administrations intraveineuses d'alcool qui évitent l'influence de la destruction gastrique de l'alcool ont démontré qu'il n'y a pas de différences significatives dans les taux d'élimination de l'alcool entre les femmes et les hommes.

En résumé, après avoir ingéré des quantités équivalentes d'alcool, les femmes ont des concentrations d'alcool dans le sang plus élevées que l'homme, même en tenant compte des différences de poids et sont plus susceptibles aux maladies hépatiques reliées à la consommation d'alcool.

L'activité accrue de l'alcool deshydrogénase gastrique chez l'homme, combinée au fait que le volume de distribution de l'alcool est plus élevé chez l'homme que chez la femme, explique donc que pour les mêmes quantités d'alcool ingérées et pour les mêmes poids, l'alcoolémie est plus importante chez la femme ce qui se traduit par des résultats plus élevés lors de tests sanguins ou de tests d'haleine.

Les femmes sont donc plus exposées aux effets toxiques de l'alcool: en tenant compte des différences de poids corporel, l'intoxication chez la femme se produira après avoir consommé 20 à 30% d'alcool de moins qu'un homme de même poids.

3. Le cycle menstruel

Pendant la phase prémenstruelle, l'absoption de l'alcool est plus importante et les pics sanguins d'alcool sont plus élevés que durant les menstruations ou l'ovulation. Ces variations sont reliées à des changements hormonaux qui s'opèrent chez la femme et qui peuvent affecter légèrement son alcoolémie à un moment déterminé. Ce phénomène est cependant secondaire et ne doit aucunement justifier des taux d'alcool élevés mesurés par des tests sanguins ou des tests d'haleine.

4. Les métabolismes

Quel que soit le sexe, l'organisme humain est le siège de réactions biologiques appelées métabolismes qui aboutissent à la formation d'une petite quantité d'alcool appelé alcool endogène. Ainsi, même un individu qui n'a consommé aucune boisson alcoolique fabriquera une faible quantité d'alcool.

L'alcool endogène provenant des métabolismes organiques est cependant minime et n'a pas d'influence significative sur les tests sanguins ou les tests d'haleine.

II Facteurs pathologiques

1. La gastrectomie

Nous avons vu que l'estomac agit comme une barrière protectrice contre la pénétration de l'alcool dans le sang et sa distribution dans tout l'organisme.

Le métabolisme gastrique de l'alcool par l'alcool deshydrogénase ne se produit pas après administration intraduodénale d'éthanol ou chez les personnes ayant subi une gastrectomie (ablation de l'estomac) ce qui démontre que la destruction de l'alcool a lieu au niveau de l'estomac.

D'autre part, compte tenu du fait que l'alcool est majoritairement absorbé au niveau de l'intestin grêle, son absorption générale est largement conditionnée par la vitesse et le taux de la vidange gastrique. Ainsi, la gastrectomie partielle se traduit par une vidange gastrique plus rapide et par conséquent par une absoption accélérée de l'alcool.

Ces 2 mécanismes concomitants expliquent que l'ablation partielle ou totale de l'estomac peut se traduire par une alcoolémie plus élevée que celle d'un individu ayant un estomac intact.

2. Le syndrome coeliaque

Le syndrome coeliaque est une maladie auto-immune qui affecte la muqueuse gastro-intestinale.

Une absorption plus lente et plus faible et par voie de conséquence une alcoolémie plus faible s'observent en présence du syndrome coeliaque: les mécanismes responsables sont mal connus mais pourraient impliquer une diminution de la vidange gastrique, une réduction de l'absorption intestinale ou une augmentation du métabolisme de l'alcool.

3. Les maladies hépatiques

Nous avons vu que le foie est le site majeur du métabolisme de l'alcool. Les personnes habituées à consommer de l'alcool et qui ne souffrent pas de maladies hépatiques peuvent avoir un taux d'élimination accru de l'alcool possiblement par des mécanismes d'induction ou d'activation enzymatique.

Cependant, la consommation chronique d'alcool peut se traduire par des lésions irréversibles du foie et l'intensité des lésions hépatiques est généralement reliée à la quantité et à la durée de consommation de l'alcool. Il en résulte qu'en présence de maladies hépatiques sévères (cirrhose, cancer, nécroses tissulaires de divers types), le taux d'élimination de l'alcool peut être fortement diminué: l'alcoolémie déterminée par des tests sanguins ou des tests d'haleine sera alors plus élevée.

III Facteurs pharmacologiques

1. La cimétidine et la ranitidine

La cimétidine (noms commerciaux: APO-CIMETIDINE, NOVOCIMETINE, PEPTOL, TAGAMET) et la ranitidine (noms commerciaux: APO-RANITIDINE, NOVORANIDINE, ZANTAC, ZANTAC-C) sont des médicaments anti-acides et anti-ulcéreux.

Ces substances sont des inhibiteurs de l'alcool deshydrogénase gastrique: ils provoquent donc une diminution du métabolisme de l'alcool au niveau de l'estomac et par conséquent une augmentation de l'alcoolémie.

2. Les contraceptifs oraux

Les contraceptifs oraux sont largement utilisés comme méthode de contrôle des naissances et renferment des hormones de type oestrogène et progestagène.

Certaines femmes qui sont sous anovulants atteignent des pics sanguins d'alcool plus bas que les femmes qui n'en prennent pas. D'autres manifestent l'effet contraire. Cette question n'a pas encore été clairement élucidée par la communauté scientifique.

3. Les bains de bouche et gargarismes

Les bains de bouche sont des adjuvants de l'hygiène buccale et dentaire. Ces solutions sont utilisées en gargarismes pour rafraîchir l'haleine et nettoyer la cavité buccale. Outre des aromatisants et des astringents, elles peuvent renfermer divers antiseptiques oraux dont le pouvoir germicide est très variable.

D'autre part, les bains de bouche contiennent généralement de l'alcool à des concentrations diverses (voir Annexe II).

Généralement, le gargarisme se fait pendant 30 à 60 secondes avec 5 à 10 ml de solution non diluée, matin et soir.

Sur le plan pratique, aux doses thérapeutiques, la contribution des bains de bouche à une alcoolémie élevée lors de tests sangins ou d'haleine est très faible.

4. Les médicaments renfermant de l'alcool

Plusieurs médicaments utilisés par voie orale ayant des indications thérapeutiques diverses contiennent de l'alcool à des concentrations variables (voir Annexe II).

Les consommateurs de boissons alcooliques qui prennent ces médicaments doivent être avisés des risques d'intoxication alcoolique qu'ils encourent.

Cependant, comme pour les bains de bouche, les doses thérapeutiques de ces médicaments ne contribuent pas de façon significative à une alcoolémie élevée évaluée par des tests sanguins ou des tests d'haleine.

IV Facteurs chimiques

L'alcool est très répandu comme solvant dans l'industrie et les employés peuvent être exposés par inhalation de sa vapeur. Le seuil d'exposition à l'alcool toléré en milieu de travail est 1000 p.p.m. (1900 mg/m^3).

L'alcool peut donc être ingéré accidentellement ou pénétrer dans l'organisme par inhalation en milieu de travail mais les quantités inhalées sont généralement minimes.

Ainsi, une intoxication involontaire par des solvants organiques renfermant de l'alcool et qui affecterait de manière significative les tests sanguins ou les tests d'haleine est plutôt anecdotique et d'incidence rare.

B. FACTEURS PROPRES AUX TESTS SANGUINS

La technique de prélèvement de l'échantillon de sang, son identification, sa conservation, son stockage et son transport au laboratoire d'analyse sont des facteurs importants à considérer lors de l'évaluation de l'alcoolémie par des tests sanguins.

Le sang est généralement prélevé d'une veine antécubitale située au pli du coude à l'aide d'une seringue et d'une aiguille stériles, à usage unique.

Quand le sang n'est pas prélevé aux fins d'alcoolémie, la préparation de la peau avant la ponction veineuse ou capillaire implique parfois le nettoyage avec des détergents ou des désinfectants qui renferment de l'alcool: éthanol à 70%, isopropanol à 70%, etc ...

Dans le cas d'un prélèvement sanguin aux fins d'alcoolémie, la solution utilisée pour nettoyer le site d'introduction de l'aiguille ne doit pas contenir d'alcool et la désinfection de la peau doit alors se faire avec un autre antiseptique topique (exemple: solution diluée de peroxyde d'hydrogène).

Cette procédure permet d'éliminer la possibilité de contamination de l'échantillon de sang par un apport extérieur d'alcool.

Une étude a été effectuée pour évaluer l'incidence sur l'alcoolémie d'une solution désinfectante d'éthanol à 70%: en nettoyant le site de prélèvement sanguin avec cette solution et en utilisant la même technique de recueil de l'échantillon de sang, l'augmentation moyenne notée était de 0,6mg% avec des valeurs oscillant d'un prélèvement à un autre entre 0,2 et 2 mg%.

Ainsi, l'application d'une solution topique désinfectante d'éthanol à 70% et d'une technique standard de prélèvement sanguin par un professionnel compétent n'entraîne pas d'augmentation significative de l'alcoolémie.

Le sang doit être recueilli dans un tube de verre stérile muni d'un bouchon: ce tube collecteur parfois appelé "vacutainer" permet de recueillir au moins 7 ml de sang. Quand du sang total ou du plasma sont analysés, un des anticoagulants suivants doit être présent dans le "vacutainer": oxalate de potassium, citrate de potassium, citrate de sodium, EDTA ou héparine.

Le prélèvement de l'échantillon sanguin doit être effectué par un personnel qualifié. Il faut indiquer le nom de la personne qui prélève le sang, la date et l'heure du prélèvement et l'identité de la personne testée.

Une chaîne de possession doit en outre être documentée depuis le recueil de l'échantillon sanguin jusqu'à son analyse.

Le contenant sanguin doit être bien bouché et il est recommandé de réfrigérer le sang à une température variant de 0 à 6° C jusqu'au moment de son analyse: ceci permet d'éviter d'exposer l'échantillon sanguin à l'air et d'empêcher la production d'alcool par des microorganismes présents dans le sang.

Winek et Paul ont clairement démontré que des échantillons sanguins prélevés de façon stérile et non traités par des préservatifs n'entraînaient aucun changement significatif du contenu initial d'alcool pendant une période de 14 jours s'ils étaient conservés à la température de la pièce entre 22 et 29° C ou réfrigérés entre 0 et 3° C.

En outre, ces mêmes auteurs, et dans les mêmes conditions, n'ont noté aucun changement significatif de la teneur alcoolique d'échantillons sanguins renfermant un anticoagulant (2,5 mg de fluorure de sodium par ml de sang).

Par contre, à long terme, même si les contenants de sang demeurent scellés, la stabilité de l'alcool peut être affectée suite à sa dégradation.

Le dosage de l'alcool dans le sang doit se faire sur un échantillon total de sang et non sur du plasma ou du sérum. En effet, du fait des variations biologiques de l'hématocrite (proportion des globules rouges dans le sang), les concentrations alcooliques de sang plasmatique ou sérique sont 10 à 18% plus élevées que celles correspondant au sang total.

Cette considération a son importance car certains hôpitaux et laboratoires analysent l'alcool sur des échantillons de plasma ou de sérum plutôt que sur le sang total.

Enfin, les méthodes de dosage de l'alcool dans le sang ne sont pas spécifiques de l'éthanol puisque d'autres alcools peuvent réagir avec les réactifs employés: méthanol, isopropanol, n- butanol, éthylène glycol, etc ... Cependant, ces alcools interférents ne sont généralement pas présents en concentrations significatives dans le sang humain.

C. FACTEURS PROPRES AUX TESTS D'HALEINE

La détermination du taux d'alcool dans le sang à l'aide des alcootests (incluant les Breathalyzers modèles 900 et 900A et l'Intoximeter mark IV) soulève la considération de facteurs biologiques, pathologiques, pharmacologiques, chimiques et mécaniques.

I <u>Facteurs biologiques</u>

90% de l'incertitude des tests d'haleine est reliée à des facteurs biologiques. Quels sont-ils?

1. <u>Le coefficient de partage de l'alcool entre l'haleine et le sang</u>

Lors de l'étude des alcootests, nous avons vu que la distribution de l'alcool entre l'air et le plasma se fait selon un rapport alcool dans l'haleine/alcool sanguin appelé coefficient de partage de l'alcool.

La valeur de ce rapport dépend essentiellement des conditions biologiques de chaque individu à un moment déterminé et de la nature du sang (artériel, veineux, capillaire; sérum, plasma, sang total) et de l'haleine (ordinaire, alvéolaire, de fin d'expiration) analysés.

Il a été clairement établi expérimentalement que la valeur moyenne du rapport de l'alcool entre l'haleine et le sang est de 1/2280 pour des populations de sujets sains qui sont uniquement dans la phase d'élimination de l'alcool (donc quand l'absorption et la distribution ont été complétées) et pour des analyses de sang veineux et d'haleine de fin d'expiration. Ceci veut dire que pour la moyenne de la population, dans ces conditions expérimentales, il y a 2280 fois plus d'alcool dans le sang qu'il y en a dans les alvéoles pulmonaires.

Cependant, dans la réalité biologique, ce rapport alcool dans l'haleine/alcool dans le sang varie considérablement d'une personne à une autre et change d'un moment à un autre chez la même personne: il peut se situer entre 1/1100 et 1/3200.

Le rapport qui sert à calibrer les alcootests aux fins de mesure du taux d'alcool dans l'haleine est constant, fixe et égal à 1/2100. Ceci veut dire qu'au moment de l'analyse de l'échantillon d'haleine, les alcootests prennent pour hypothèse que le sang contient 2100 fois plus d'alcool que l'air provenant des alvéoles pulmoraires. Ainsi, en mesurant la quantité d'alcool présente dans un volume connu d'haleine et en multipliant par un facteur de conversion de 2100, ces appareils permettent de calculer la quantité d'alcool présente dans le sang.

Ce principe de base s'applique à tous les alcootests.

Le professeur Kurt Dubowski est certainement l'autorité mondiale en matière d'alcool. Parmi les multiples travaux dont cet éminent pharmacologue est l'auteur, une étude comporte des mesures simultanées des taux d'alcools dans l'haleine et dans le sang des individus: il a alors démontré que 86% des sujets avaient un rapport alcool dans l'haleine/alcool dans le sang compris entre 1/2100 et 1/3200 alors que chez les 14% des sujets restants ce rapport variait entre 1/1100 et 1/2100.

En fonction de ces rapports, les différences quantitatives entre les taux d'alcool dans l'haleine et dans le sang mesurées simultanément peuvent s'illustrer comme suit:

ALCOOLEMIE MESUREE PAR UN TEST SANGUIN PRIS SIMULTANEMENT AU TEST D'HALEINE ET CORRESPONDANT A DES VARIATIONS DU COEFFICIENT DE PARTAGE ALCOOL DANS L'HALEINE/ALCOOL DANS LE SANG

	80 mg%	90 mg%	100 mg%	110 mg%	120 mg%	
1/3200	121,90	137,14	152,38	167,62	182,86	
1/3100	118,09	132,86	147,62	162,38	177,14	
1/3000	114,29	128,57	142,86	157,14	171,43	
1/2900	110,48	124,29	138,10	151,90	165,71	
1/2800	106,67	120,00	133,33	146,67	160,00	
1/2700	102,86	115,71	128,57	141,43	154,29	
1/2600	99,05	111,43	123,81	136,19	148,57	
1/2500	95,24	107,14	119,04	130,95	142,86	
1/2400	91,43	102,86	114,29	125,71	137,14	
1/2300	87,62	98,57	109,52	120,48	131,43	
1/2200	83,81	94,29	104,76	115,24	125,71	
1/2100	**80,00**	**90,00**	**100,00**	**110,00**	**120,00**	**Corrélation entre l'alcoolémie mesurée par le test sanguin et le test d'haleine**
1/2000	76,19	85,71	95,24	104,76	114,29	
1/1900	72,38	81,43	90,48	99,52	108,57	
1/1800	68,57	77,14	85,71	94,29	102,86	
1/1700	64,76	72,86	80,95	89,05	97,14	
1/1600	60,95	68,57	76,19	83,81	91,43	
1/1500	57,14	64,29	71,43	78,57	85,71	
1/1400	53,33	60,00	66,67	73,33	80,00	
1/1300	49,52	55,71	61,90	68,10	74,29	
1/1200	45,71	51,43	57,14	62,86	68,57	
1/1100	41,90	47,14	52,38	57,62	62,86	

Comment interprète-t-on l'ensemble de ces données?

1. 86% des individus ont un rapport alcool dans l'haleine/alcool dans le sang compris entre 1/2100 et 1/3200. Chez ces individus, l'alcoolémie mesurée par un test sanguin sera plus élevée que l'alcoolémie mesurée par un test d'haleine.

Dans 86% des cas, le test d'haleine sous-estime donc l'alcoolémie et favorise ainsi l'individu testé par cette méthode.

2. 14% des individus ont un rapport alcool dans l'haleine/alcool dans le sang compris entre 1/1100 et 1/2100. Chez ces individus, l'alcoolémie mesurée par un test sanguin sera plus basse que l'alcoolémie mesurée par un test d'haleine.

Dans 14% des cas, le test d'haleine surestime donc l'alcoolémie et défavorise ainsi l'individu testé par cette méthode.

3. Dans le cas extrême où le rapport alcool dans l'haleine/alcool dans le sang est de 1/3200 (ce qui représente un pourcentage infime de la population), l'individu est le plus favorisé par le test d'haleine qui sous-estime alors l'alcoolémie de 52,38%. Le résultat du test d'haleine doit donc être augmenté de 52,38% pour refléter l'alcoolémie réelle du sujet au moment du test.

4. Dans l'autre cas extrême où le rapport alcool dans l'haleine/alcool dans le sang est de 1/1100 (ce qui représente aussi un pourcentage infime de la population), l'individu est le plus défavorisé par le test d'haleine qui surestime alors l'alcoolémie de 47,62%. Le résultat du test d'haleine doit donc être diminué de 47,62% pour refléter l'alcoolémie réelle du sujet au moment du test.

5. Compte tenu du fait que les alcootests sont calibrés selon un rapport fixe de 1/2100, la personne qui au moment des tests a effectivement un coefficient de partage alcool dans l'haleine/alcool dans le sang égal à 1/2100 enregistrera la même alcoolémie lors du test sanguin et du test d'haleine.

6. Compte tenu de la calibration fixe des alcootests à 1/2100 et du fait que lorsque les individus sont uniquement en phase d'élimination (c'est-à-dire qu'ils ont complété les phases d'absorption et de distribution de l'alcool), la valeur moyenne du coefficient de partage alcool dans l'haleine/alcool dans le sang est égale à 1/2280, le test d'haleine a tendance à sous-estimer l'alcoolémie de 8,58% pour la moyenne de cette population.

Ainsi, lorsque les individus sont uniquement en phase d'élimination (absoption et distribution de l'alcool terminées), le rapport de 1/2100 qui sert à calibrer les alcootests est donc plutôt conservateur pour la moyenne de ces individus: la moyenne de cette population sera donc favorisée par ce rapport lors du test d'haleine.

7. Le problème majeur avec les alcootests réside dans le fait que lorsqu'un individu est soumis à un test d'haleine, on ne sait pas s'il fait partie de la catégorie des 86% de personnes favorisées par les alcootests ou de la catégorie des 14% de personnes défavorisées par les alcootests. En effet, le coefficient de partage alcool dans l'haleine/alcool dans le sang varie considérablement d'un individu à un autre et peut même changer d'un moment à un autre chez un même individu. La réponse à cette question ne peut donc être apportée que si un prélèvement sanguin est effectué simultanément au prélèvement d'haleine: en comparant les résultats du test sanguin et du test d'haleine, on est alors en mesure de déterminer spécifiquement le coefficient de partage alcool dans l'haleine/alcool dans le sang de cet individu au moment des tests.

Un autre facteur biologique important responsable des fluctuations du rapport alcool dans l'haleine/alcool dans le sang est relié à la pharmacocinétique de l'alcool et au moment où l'échantillon d'haleine est prélevé.

En effet, durant l'absorption de l'alcool dans l'eau des tissus de l'organisme, le sang artériel a une concentration plus élevée que le sang veineux du fait de la diffusion de l'alcool des capillaires dans les tissus. Etant donné que le test d'haleine reflète le taux d'alcool du sang artériel pulmonaire alors que l'échantillon sanguin normalement utilisé pour l'analyse de l'alcoolémie est le sang veineux, des écarts artério-veineux peuvent exister entre l'alcoolémie mesurée par un test d'haleine et l'alcoolémie mesurée par un test sanguin. Ainsi, tant que la période d'absorption de l'alcool n'est pas complétée et tant que la différence de concentration de l'alcool entre le sang artériel et le sang veineux n'est pas négligeable, le résultat du test d'haleine ne réflète pas exactement le taux d'alcoolémie obtenue par une prise de sang veineux.

Des différences d'alcoolémie mesurée simultanément par un test sanguin et test d'haleine peuvent donc exister selon la phase dans laquelle l'alcool se retrouve dans l'organisme. Ces différences d'alcoolémie peuvent se résumer ainsi:

- **phase d'absorption:** elle dure de 30 à 90 minutes après la fin de consommation selon qu'il s'agit de personnes qui absorbent rapidement ou lentement l'alcool et selon que le système digestif est vide ou qu'il y a présence d'aliments dans le tractus gastro-intestinal.

Tant que l'alcool contenu dans le système digestif est en concentration plus importante que l'alcool sanguin, le processus d'absorption se maintiendra et l'alcoolémie sera en phase ascendante.

Ainsi, durant la phase d'absorption, l'équilibre de l'alcool n'est pas atteint et la concentration alcoolique du sang artériel est plus élevée que celle du sang veineux, les différences variant de 10 à 40% habituellement.

La concentration d'alcool dans l'haleine tend à être plus élevée que la concentration d'alcool dans le sang car le coefficient de partage alcool dans l'haleine/alcool dans le sang est généralement compris entre 1/1100 et 1/2100: le test d'haleine a tendance à surestimer l'alcoolémie par rapport au test sanguin et le sujet soumis à l'alcootest est généralement défavorisé.

- **phase de distribution:** elle s'étend jusqu'à la 60e minute après la fin de consommation d'alcool dans le cas de sujets qui ont une absorption rapide et jusqu'à la 120e minute après la fin de consommation d'alcool dans le cas de sujets qui ont une absorption lente.

Le plateau est atteint lorsque le sang contient la même concentration d'alcool que le système digestif. Durant cette phase, l'alcool est généralement en équilibre avec les tissus et organes du corps humain et la concentration alcoolique du sang artériel est équivalente à celle du sang veineux: les différences d'alcoolémie entre le test d'haleine et le test sanguin ne sont pas appréciables et l'écart n'est généralement pas significatif.

- **phase d'élimination:** elle débute 60 minutes après la fin de consommation d'alcool dans le cas de sujets qui ont une absorption rapide et 120 minutes après la fin de consommation d'alcool dans le cas de sujets qui ont une absorption lente.

La phase d'élimination est atteinte lorsque la concentration d'alcool présente dans le système digestif est moins élevée que celle du sang (phase descendante).

Durant cette phase d'élimination, la concentration d'alcool dans l'haleine tend à être plus faible que la concentration d'alcool dans le sang car le coefficient de partage alcool dans l'haleine/alcool dans le sang est généralement compris entre 1/2100 et 1/3200: le test d'haleine a tendance à sous-estimer l'alcoolémie par rapport au test sanguin et le sujet soumis à l'alcootest est généralement favorisé.

Quelle incidence ont les paramètres pharmacocinétiques de l'absorption, distribution et élimination de l'alcool sur la présomption que le test d'haleine reflète l'alcoolémie au moment d'une infraction?

Compte tenu de l'intervalle de temps qui s'écoule entre la fin de consommation d'alcool, l'arrestation et la prise des échantillons d'haleine, de grosses différences artério-veineuses de la concentration d'alcool ne sont pas fréquentes mais les circonstances de certaines arrestations et leurs situations dans le temps suggèrent que si un individu donné n'est pas dans la phase postabsorptive de l'alcool (correspondant aux phases de distribution ou d'élimination), la lecture du test d'haleine peut être significativement plus élevée que son alcoolémie réelle dans le sang veineux. Ceci explique en partie pourquoi dans certains états américains, le sujet a le choix de se soumettre à un test de sang ou à un test d'haleine.

En résumé, les alcootests sont conçus pour tester des personnes ayant un rapport alcool dans l'haleine/alcool dans le sang de 1/2100. Comme ce rapport peut varier en fait d'un individu à un autre de 1/1100 à 1/3200, ces variations peuvent conduire à des résultats erronés.

2. La nature de l'échantillon d'haleine recueilli

Quand un individu fournit un échantillon d'haleine, les premières portions de l'air exhalé n'ont été en contact, qu'avec les parois de la bouche et la partie supérieure de l'appareil respiratoire: ces régions du tractus respiratoire sont relativement pauvres en vaisseaux sanguins, de sorte que peu d'alcool va diffuser dans l'air à leur contact.

Par contre, les dernières portions de l'air expiré proviennent de la partie profonde des poumons c'est-à-dire des alvéoles pulmonaires où l'alcool est le plus concentré.

Ainsi, la concentration de l'alcool dans l'haleine augmente à partir du début d'exhalation jusqu'à ce qu'elle atteigne son maximum en fin d'expiration. Ce maximum correspond à la concentration de l'air qui est en équilibre avec le sang dans les alvéoles pulmonaires.

Nous avons vu que les alcootests sont conçus pour analyser un échantillon d'haleine qui est en équilibre avec le sang et qui provient donc de l'air alvéolaire.

Pour s'assurer que cet air provient des alvéoles pulmonaires et que l'analyse de l'haleine est convenable, le sujet doit être capable de souffler vigoureusement dans l'alcootest pendant au moins 4 secondes.

Ainsi, l'analyse d'un échantillon d'haleine correspondant à un air non alvéolaire (ne provenant pas d'une fin d'expiration) donnera une lecture inférieure à la valeur réelle et donc une alcoolémie plus basse qu'un test sanguin.

3. La présence d'alcool dans la bouche

Tout alcool demeurant dans la bouche du sujet lors du prélèvement de l'échantillon d'haleine affectera l'analyse et le résultat des tests d'haleine. Pour cette raison, une période d'observation du sujet pendant 20 minutes doit être respectée avant chaque test. Cette période de vérification de 20 minutes est essentielle afin de s'assurer que l'individu n'a plus aucun alcool résiduel dans la bouche (provenant d'un rot, d'une régurgitation ou d'une substance renfermant de l'alcool) et que les poumons sont libres de fumée de cigarette ou autre substance contaminante.

La contamination de l'air alvéolaire par l'un de ces facteurs affectera à la hausse la lecture de l'alcoolémie enregistrée sur l'alcootest.

4. L'halitose

L'halitose ou mauvaise haleine peut être causée par une mauvaise digestion, une hygiène buccale déficiente, une maladie dentaire ou par la consommation de certains aliments tels que l'ail ou les oignons.

A moins d'entraîner par un rot ou une régurgitation la présence d'alcool dans la bouche, cette halitose n'a par elle-même aucune influence sur les alcootests et ne donne donc aucune lecture.

5. L'hématocrite

Le sang est principalement formé de cellules (globules rouges, globules blancs et plaquettes) et d'un liquide clair appelé plasma où baignent ces cellules.

L'hématocrite est le pourcentage de globules rouges dans le sang. Cette hématocrite qui est un peu plus élevée chez l'homme que chez la femme peut varier d'une personne à une autre de 41% à 54%. Le sang normal d'un organisme humain renferme une hématocrite moyenne de 47% ce qui veut dire que sur 100 ml de sang, il y a 47 ml de globules rouges et 53 ml de plasma.

Comme l'alcool se distribue dans l'eau du sang et que la teneur sanguine en eau diffère d'une personne à une autre, les variations de l'hématocrite peuvent contribuer à des différences dans les résultats d'analyses d'alcool lors de la prise simultanée d'échantillons de sang et d'haleine. Ces différences peuvent exister quelque soit le coefficient de partage alcool dans l'haleine/alcool dans le sang existant chez un même individu puisque le rapport constant de 1/2100 servant à calibrer les alcootests est basé sur des études utilisant un sang normal ayant une hématocrite moyenne voisine de 47%.

En pratique, l'erreur potentielle reliée aux variations de l'hématocrite chez les conducteurs ambulants n'est pas importante et excède rarement - 2%

à + 5% de la valeur de l'alcoolémie calculée par les tests d'haleine.

6. Les variations de la température corporelle

La température de l'air alvéolaire est sensée être celle de la température du sang perfusant les poumons qui à son tour est très voisine de la température corporelle mesurée par un thermomètre placé dans la bouche ou le rectum.

La température normale d'un organisme humain est voisine de 37° Celsius ou l'équivalent de 98,6° Fahrenheit. Cette température peut cependant varier d'une personne à une autre: quand elle est inférieure à la normale, le sujet est en hypothermie et quand elle est supérieure à la normale, le sujet fait de l'hyperthermie ou fièvre.

Les variations de la température corporelle affectent la valeur du coefficient de partage alcool alvéolaire/alcool sanguin. Quelles sont les incidences d'une hypothermie et d'une hyperthermie sur l'alcoolémie?

a) L'hypothermie

Les basses températures n'influencent pas la vitesse d'élimination de l'alcool. Néanmoins, l'hypothermie peut provoquer une diminution de 6,8 à 7,3% du taux d'alcool dans l'haleine par rapport au taux d'alcool dans le sang pour chaque degré de diminution de la température corporelle.

b) L'hyperthermie

Les hautes températures n'affectent pas non plus la vitesse d'élimination de l'alcool. Cependant, l'hyperthermie peut induire une augmentation de 6,5 à 8,6% du taux d'alcool dans l'haleine par rapport au taux d'alcool dans le sang pour chaque degré d'augmentation de la température corporelle.

Les variations de la température corporelle et l'incidence de ces variations sur les tests d'alcoolémie suggèrent la recommandation que la température de la bouche soit prise avant le recueil d'un échantillon d'haleine afin de rechercher une température corporelle anormale et permettre le cas échéant l'application d'un facteur de correction de la température.

7. L'âge

La capacité pulmonaire vitale, le volume d'expiration forcée et le coefficient de partage alcool alvéolaire/alcool sanguin peuvent diminuer avec l'âge, entraînant de ce fait une sous-estimation du taux d'alcool évalué par des tests d'haleine.

8. L'état nutritionnel

Le jeûne prolongé ou la diète faible en calories peuvent entraîner la présence de certaines quantités d'acétone dans l'haleine mais cette présence n'affecte pas de manière significative la mesure du taux d'alcoolémie par les tests d'haleine.

II Facteurs pathologiques

1. Les maladies pulmonaires obstructives chroniques

Les principales maladies pulmonaires obstructives chroniques sont l'asthme, la bronchite chronique, l'emphysème et le cancer du poumon.

Ces maladies peuvent entraîner des modifications de la ventilation pulmonaire et des autres fonctions essentielles des poumons.

Haas et Morris ont démontré chez des patients atteints de maladies pulmonaires obstructives chroniques, une diminution du coefficient de partage alcool alvéolaire/alcool sanguin entraînant une sous-estimation d'environ 15% du taux d'alcoolémie évalué par un test d'haleine.

Russell et Jones ont étudié 10 sujets souffrant de maladies pulmonaires obstructives chroniques: 9 d'entre eux manifestèrent une diminution de la concentration d'alcool dans l'haleine à la fin d'expiration qui s'est traduite par une sous-estimation du taux d'alcool par l'alcootest.

Par contre, le 10e sujet montra une augmentation abrupte et marquée de la concentration d'alcool dans l'haleine en fin d'expiration suggérant chez ce patient que les variations de la perfusion et de la ventilation pulmonaires de certaines régions du poumon fournissant l'air expiré contribuèrent progressivement à une plus grande quantité d'air exhalé à la fin de l'expiration: ce phénomène se manifesta alors chez ce sujet par une surestimation du taux d'alcoolémie par un test d'haleine.

2. Le diabète

Chez un sujet sain, le métabolisme des glucides (c'est-à-dire la formation et la dégradation des sucres) et la régulation de la glycémie (c'est-à-dire la régulation du taux de sucre dans le sang) sont essentiellement hépatiques et sont contrôlés par un certain nombre d'hormones produites par divers organes:

- l'insuline est une hormone hypoglycémiante, c'est-à-dire qu'elle abaisse le taux de sucre dans le sang.

- le glucagon, l'adrénaline, l'A.C.T.H., l'hormone thyroïdienne et l'hormone de croissance sont des hormones hyperglycémiantes, c'est-à-dire qu'elles augmentent le taux de sucre dans le sang.

Le diabète sucré (aussi appelé diabète mellitus) est une maladie chronique due à un trouble du métabolisme des glucides causé par une insuffisance absolue ou relative en insuline qui est une hormone fabriquée par le pancréas.

Cette insuffisance en insuline se traduit par une augmentation des corps cétoniques selon la cascade de réactions suivantes:

↘insuline ----→ ↗glycémie ----→↘glucose cellulaire ----→ ↘ apport énergétique aux cellules ----→ mobilisation des acides gras libres qui sont transformés en corps cétoniques ----→ ↗corps cétoniques (acétone, acide acétoacétique, acide ß hydroxybutyrique)

En bref, le diabète sucré se traduit par une augmentation des taux sanguins d'acétone, d'acide acétoacétique et d'acide ß hydroxybutyrique.

Ces corps cétoniques peuvent se retrouver dans l'haleine des sujets diabétiques mais cette présence est généralement en quantités faibles car autrement il y aurait manifestation de symptômes toxiques qui nécessiteraient habituellement une hospitalisation.

Il a été clairement établi que l'interférence possible de l'acétone et d'autres corps cétoniques présents dans l'haleine des diabétiques n'a pas d'influence significative sur l'évaluation du taux d'alcool par des tests d'haleine.

D'un point de vue pratique, les études scientifiques démontrent que les taux d'acétone présents chez les personnes capables de conduire un véhicule moteur sont très bas, de l'ordre de moins de 2 mg par 100 ml de sang et avec seulement 1 à 2% des sujets ayant des taux d'acétone atteignant une maximum de 5 mg par 100 ml de sang.

III Facteurs pharmacologiques et chimiques

Plusieurs rince-bouches et rafraîchisseurs d'haleine, certains médicaments énumérés dans un autre chapitre et quelques solvants organiques renferment de l'alcool à des concentrations variées.

La présence volontaire ou accidentelle de ces substances dans la bouche d'un individu au moment du prélèvement de l'échantillon d'haleine affectera à la hausse les résultats de l'alcoolémie enregistrés sur l'alcootest.

D'autre part, le menthol présent dans certaines cigarettes et pastilles (Clorets, Certs, etc ...) peut être présent dans la bouche d'un sujet et donner une lecture sur l'alcootest si la période d'attente de 20 minutes n'est pas respectée.

IV Facteurs mécaniques

Les facteurs inhérents aux alcootests utilisés doivent aussi être pris en considération lors de l'évaluation de l'alcoolémie par des tests d'haleine.

L'ensemble des facteurs susceptibles d'affecter les tests d'haleine implique la nécessité de procéder à 2 tests à au moins 15 minutes d'intervalle et de prendre la valeur la plus basse des 2 lectures obtenues afin de s'assurer de la reproductibilité du résultat.

En outre, compte tenu de la marge d'erreur de tous les alcootests, un écart de 20 mg% ou moins entre les 2 tests d'haleine est tout à fait acceptable.

Cependant, si cet écart est supérieur à 20 mg%, il n'y a pas corrobation des 2 résultats indiquant qu'une anomalie s'est produite quelque part. Il faudra alors procéder à un 3e test qui doit être compatible avec l'un des 2 résultats antérieurs.

Si plus de 2 échantillons d'haleine s'avèrent nécessaires pour que l'analyse soit convenable, le Comité des analyses d'alcool mis en place par le ministre fédéral de la Justice recommande alors que le technicien qualifié s'abstienne de produire un certificat d'analyse.

Cette procédure vise probablement à lui permettre d'expliquer *viva voce* les tests effectués et les anomalies éventuelles constatées.

D. FACTEURS PROPRES AUX BREATHALYZERS MODELES 900 ET 900A

I Facteurs mécaniques

1. La température de la chambre d'échantillonnage

La température de la chambre d'échantillonnage du Breathalyzer modèle 900 et du Breathalyzer modèle 900A doit être voisine de 50°C.

Si la température indiquée sur le thermomètre de l'appareil se situe entre les limites des petites marques (47° à 53°C), le volume d'air contenu dans le cylindre sera exact et les mesures seront bonnes.

En effet, cette température peut varier de plus ou moins 3° Celsius sans avoir un effet supérieur à 1% sur le résultat du test d'haleine.

Une température plus basse que 47°C donnera de faux résultats à la baisse et peut aussi causer de la condensation entraînant une perte d'alcool et le blocage du piston dans le cylindre.

Une température plus haute que 53°C va au contraire donner de fausses lectures à la hausse lors de l'analyse.

2. <u>La propreté du barbotteur et des ampoules</u>

Le barbotteur et les ampoules de bichromate de potassium doivent être propres et il faut éviter le contact direct des doigts avec le verre du barbotteur et des ampoules qui sera parcouru par les rayons lumineux.

En outre, il ne faut pas bouger les ampoules une fois installées dans l'appareil car le moindre déplacement peut causer un débalancement des rayons lumineux atteignant les cellules photo-électriques.

3. <u>La concentration de bichromate de potassium dans les ampoules</u>

Cette concentration doit toujours donner une teinte jaune identique pour l'ampoule d'essai et l'ampoule témoin. Si cette couleur n'est pas jaune, la concentration du réactif est trop faible et les résultats peuvent être faussés.

4. <u>L'aspect et le volume de solution dans les ampoules</u>

La solution contenue dans les ampoules doit être limpide et ne renfermer aucune particule en suspension.

D'autre part, il faut que le volume de solution dans les ampoules soit exactement compris entre 3 et 3,07 ml.

Si ce volume est inférieur à 3 ml, les résultats obtenus seront plus élevés et si ce volume est supérieur à 3,07 ml, les résultats seront plus bas.

5. La présence de fumée de cigarette ou d'alcool dans l'appareil

La présence de fumée de cigarette, d'alcool ou d'une autre substance contaminante dans le Breathalyzer, peu avant que le sujet souffle dans l'appareil affectera les résultats à la hausse.

Pour cette raison, avant le recueil de l'échantillon d'haleine, l'opérateur doit purger adéquatement l'appareil et s'assurer que l'essai à blanc ne donne pas de lecture supérieure à 10 mg%.

6. Les écarts de température

La température de la solution étalon d'alcool type doit être similaire à la température ambiante: la lecture des 2 thermomètres doit se faire à un chiffre après la virgule (exemple: 23,8°C) et l'écart entre la température de la solution d'alcool dans l'équilibreur et la température de la pièce ne doit pas dépasser 2°C.

Cet écart de température permet de s'assurer de l'obtention de bon résultats.

7. Les tests de contrôle défectueux

Les tests de contrôle avec une solution standard d'alcool type doivent donner un résultat qui demeure dans l'ordre de ± 10 mg% d'alcool par rapport à la valeur attendue.

Un test de contrôle qui donne un résultat défectueux indique une anomalie au niveau de l'appareil ou de ses accessoires ou encore une erreur de manipulation.

II <u>Facteurs chimiques</u>

Plusieurs substances chimiques autres que l'éthanol peuvent être présentes dans l'haleine d'un individu.

Lorsqu'un test d'haleine est effectué à l'aide d'un alcootest, ces substances peuvent être décelées par les anomalies suivantes:

- une odeur étrange d'haleine qui ne ressemble pas à celle de l'alcool;
- une lecture très basse par rapport au comportement d'un individu qui semble très affecté;
- une augmentation de la lecture après le test d'haleine;
- des purges importantes nécessaires après le test d'haleine;
- une lecture plus élevée sur le test de contrôle;

Un certain nombre de substances peuvent interférer avec les Breathalyzers modèles 900 et 900A. Cependant, pour que ces substances interfèrent avec ces alcootests, elles doivent remplir les critères suivants:

a) elles doivent être capables de réagir avec le bichromate de potassium;

b) le temps de réaction doit être assez court (90 secondes ou moins);

c) la substance doit être absorbée en quantité suffisante par l'individu;

d) l'air expiré doit être une des voies d'élimination de la substance;

e) la concentration dans l'air expiré doit être suffisante pour donner une lecture;

f) la substance doit être peu toxique.

Les principales substances susceptibles de réagir avec le bichromate de potassium sont les suivantes:

- **l'acétone:** elle peut être présente chez les diabétiques ou après un jeûne prolongé. Sa réaction avec le bichromate est très lente (plus de 20 minutes) et la quantité présente dans l'haleine est trop petite: elle ne donne donc pas de lecture appréciable.

- **l'éther:** cet anesthésique général d'odeur caractéristique réagit rapidement avec le bichromate et donne des lectures très élevées.

- **le méthanol:** la réaction de cet alcool avec le bichromate prend environ 20 minutes à se compléter et il donne une lecture appréciable. Il est très toxique et une faible quantité peut induire des symptômes très graves (perte de la vue, coma et mort);

- **l'isopropanol:** cet alcool à friction réagit en 90 secondes avec le bichromate. Comme le méthanol, il est très toxique pour l'être humain.

- **le paraldéhyde:** ce médicament est employé pour le traitement de l'alcoolisme et des maladies mentales. Sa réaction avec le bichromate dure 90 secondes et il est facilement discernable dans l'haleine de l'individu grâce à son odeur caractéristique.

- **les colles, les peintures, les vernis, l'essence, le pétrole, l'huile, le méthane, l'halothane, l'ammoniaque, l'acétaldéhyde, le toluène, certains nettoyeurs et solvants organiques** peuvent interférer avec l'alcootest mais ils sont généralement très toxiques ou n'induisent pas de lecture appréciable sur le Breathalyzer.

En pratique, dans les conditions normales d'opération de l'appareil, les substances que nous venons de décrire peuvent être décelées par leurs propriétés physiques particulières ou sont en trop faibles concentrations dans l'haleine pour influencer la lecture de l'alcoolémie. Néanmoins, pour éliminer tout doute quant à ces interférences, l'opérateur doit effectuer un test de stabilité 30 secondes après chaque test d'haleine: si des produits autres que l'éthanol ont continué à réagir avec le bichromate de potassium après le temps de réaction de 90 secondes, le second résultat différera de la première lecture et indiquera alors une anomalie.

En résumé, du fait de leurs caractéristiques propres, les substances chimiques réductrices autres que l'éthanol susceptibles de réagir avec le bichromate de potassium et donc d'interférer avec l'alcootest ne donnent pas de lectures significatives sur les Breathalyzers modèles 900 et 900A si le protocole opératoire est respecté.

III <u>Facteurs pharmacologiques</u>

L'insuline est un médicament antidiabétique qui pourrait éventuellement interférer avec le Breathalyzer: le 22 octobre 1987, à Sainte-Jeanne-D'Arc, un premier résultat de l'alcoolémie d'un sujet soumis au Breathalyzer avait révélé une teneur de 140 mg% à 18h00. Après ce premier test, le sujet diabétique, se sentant indisposé, s'était injecté de l'insuline à 18h07 mn puis soumis au 2e test à 18h20 mn qui enregistra un résultat de 280 mg%. Devant la disparité de ces résultats, le technicien qualifié fit subir un 3e test à l'accusé à 18h30 mn qui révéla une teneur de 290 mg%. Le technicien qualifié témoigna à l'effet que l'appareil était en bon état de fonctionnement lors des 3 tests et que l'accusé n'avait rien consommé depuis son interception à 16h15: il ne pouvait s'expliquer cet écart que par l'interférence de l'insuline.

Cette situation anecdotique n'a cependant pas été confirmée dans un cadre expérimental rigoureux et avec un effectif élargi de volontaires diabétiques sous insuline.

E. FACTEURS PROPRES AU BREATHALYZER MODELE 900A

L'interférence de fréquences radiophoniques sur les tests d'haleine effectués par le Breathalyzer a été avancée dans le passé. Suite à ces allégations, le 26 novembre 1982 le ministre fédéral de la Justice, l'Honorable Mark MacGuigan, émettait le rapport et les recommandations du Comité des analyses d'haleine (qui deviendra le Comité des analyses d'alcool à partir de 1986) de la Société Canadienne des Sciences Judiciaires relatifs à l'interférence des fréquences radio et les Breathalyzers.

Ce rapport, signé par son président, le distingué expert D. M. Lucas, disait:

"Le Comité des analyses d'haleine de la Société Canadienne des Sciences Judiciaires est au courant et a examiné le phénomène connu comme interférence de fréquence radio (IFR) tel qu'il s'applique aux Breathalyzers.

Deux modèles de Breathalyzer sont actuellement utilisés au Canada, le modèle 900 et le modèle 900A. Le modèle 900 n'a démontré aucune susceptibilité à ce phénomène. Le Breathalyzer 900A dans certaines conditions limitées est susceptible aux IFR, particulièrement des transmissions dans la fréquence médiane VHF utilisées par les corps policiers. Cependant, dans l'état actuel où les tests d'haleine sont conduits, la probabilité d'un tel événement est faible. Dans tous les cas, une interférence qui pourrait affecter la validité d'un test d'haleine avec le Breathalyzer modèle 900A sera détectable par un technicien qualifié suite au protocole rigide appliqué au Canada.

Néanmoins, à la lumière des récentes publications sur ce phénomène et afin de réassurer les Autorités de l'Administration de la Justice de l'intégrité des programmes d'analyse au Canada, le Comité des analyses d'haleine recommande que, sous la supervision d'un laboratoire de sciences judiciaires, tous les points d'analyse d'haleine au Canada soient vérifiés pour une possibilité d'interférence de fréquence radio et que des mesures appropriées soient adoptées si nécessaires.

Pendant que ces vérifications sont effectuées, il n'y a pas de nécessité d'altérer le protocole actuel d'analyse d'haleine".

Depuis 1984, des modifications au Breathalyzer modèle 900A ont été apportées par les manufacturiers. Ces modifications ont rendu les interférences de fréquences radiophoniques pratiquement inexistantes.

F. FACTEURS PROPRES A L'INTOXIMETER MARK IV

L'Intoximeter mark IV ne démontre normalement aucune interférence avec les substances volatiles susceptibles d'être présentes dans l'haleine d'un individu: c'est un appareil spécifique à l'alcool éthylique (éthanol).

En conclusion, les mesures quantitatives par des tests sanguins ou des tests d'haleine sont des méthodes valables pour évaluer l'alcoolémie d'un individu.

Les spectrophotomètres et colorimètres reconnus utilisés pour le dosage de l'alcool dans le sang ainsi que les alcootests approuvés utilisés pour le dosage de l'alcool dans l'haleine sont des appareils fiables qui dans les conditions idéales de fonctionnement et d'opération ont des marges de précision très acceptables.

Les facteurs biologiques susceptibles d'affecter l'alcoolémie mesurée par un test sanguin se réflètent généralement dans la lecture obtenue lors d'un dosage de l'alcool dans le sang.

Par contre, les variations biologiques comptent pour 90% de l'incertitude totale des tests d'haleine. En effet, tous les alcootests utilisés au Canada sont basés sur l'équilibre existant entre l'alcool alvéolaire et l'alcool sanguin et sont calibrés selon un rapport fixe de 1/2100 au lieu d'un rapport moyen alcool alvéolaire/alcool sanguin égal à 1/2280. L'utilisation du rapport 1/2100 occasionne pour la moyenne de la population une sous-estimation de 8,58% de l'alcool sanguin. Cependant, les études scientifiques démontrent que le rapport moyen alcool dans l'haleine/alcool dans le sang d'une population donnée, même s'il a été scrupuleusement et correctement déterminé, ne s'applique pas nécessairement à un individu donné, à un moment déterminé et sous certaines conditions au degré de précision requis pour certaines applications.

CHAPITRE 6

EFFETS DE L'ALCOOL SUR L'ORGANISME
ET
EVALUATION D'UNE INTOXICATION PAR L'ALCOOL

A. EFFETS DE L'ALCOOL SUR L'ORGANISME

Les effets de l'alcool sur l'organisme sont bien documentés et dépendent essentiellement de sa concentration dans le sang (relation dose-effet), du phénomène de tolérance acquise, de l'état du sujet, de la phase pharmacocinétique de l'alcool et des interactions médicamenteuses.

I La relation dose-effet

Nous avons vu que l'alcool est un médicament et plus particulièrement un psychotrope, psycholeptique, hypnotique, non barbiturique.

Quand on administre tout médicament à doses croissantes, on voit apparaître graduellement les réponses suivantes:

1. Aux faibles doses, il n'y a aucun effet.
2. A partir d'une certaine dose appelée dose liminaire apparaît l'effet pharmacologique recherché.
3. Si on continue à augmenter la dose, l'effet pharmacologique augmente et atteint un maximum d'intensité.
4. Si on augmente davantage la dose, l'effet pharmacologique s'accompagne d'effets toxiques.

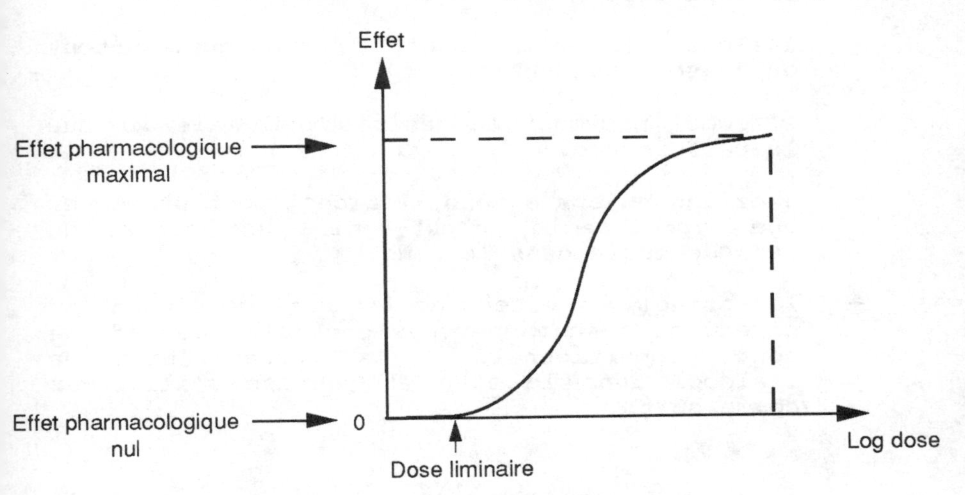

Exemple d'une courbe dose-effet

L'activité d'un médicament s'exprime en termes d'efficacité et de toxicité.

Tout médicament peut être toxique puisque ses principes actifs sont généralement nocifs à partir d'une certaine dose.

La toxicité d'un médicament se traduit par des effets secondaires qui apparaissent après une seule administration (toxicité aigüe) ou après plusieurs administrations (toxicité chronique).

Ces considérations générales s'appliquent à tout médicament et donc en particulier à l'alcool.

Les principales propriétés pharmacologiques de l'alcool sont les suivantes:

- peu d'effets s'observent sur le système cardio-vasculaire après une consommation modérée d'alcool.
- des quantités modérées d'alcool peuvent stimuler ou déprimer la respiration alors que des quantités élevées provoquent une dépression respiratoire.
- l'alcool peut avoir un effet diurétique, surtout en phase d'absorption.
- l'alcool provoque le désir sexuel mais diminue la performance.
- chez les sujets à jeun, l'alcool peut provoquer une hypoglycémie, c'est-à-dire une baisse du taux de sucre dans le sang.
- les principaux effets de l'alcool se situent au niveau du système nerveux central. Ces effets sont proportionnels à la concentration de l'alcool dans le sang et peuvent s'illustrer comme suit:

Alcoolémie	**Description**	**Effets**
0 à 50 mg%	**Comportement normal**	**Pas d'influence apparente ou euphorie modérée**
50 à 100 mg%	**Intoxication légère**	**Euphorie; moins d'inhibitions; diminution de l'attention et du jugement**
100 à 200 mg%	**Sous influence** **Intoxication modérée**	**Réponse sensorielle altérée; acuité visuelle diminuée; vision périphérique réduite; dilatation des pupilles (mydriase); réaction à la lumière plus lente; face rouge; élocution difficile; réflexes lents; incoordination des mouvements; perte des retenues; jugement altéré**
200 à 300 mg%	**Intoxication sévère**	**Dépression sensorielle marquée; élocution bredouillante; incoordination importante des mouvements; vomissements; apathie; confusion mentale; désorientation**
300 à 400 mg%	**Intoxication très grave**	**Sommeil et stupeur; incoordination très marquée des mouvements; diminution de la réponse aux stimuli**
Plus de 400 mg%	**Coma ou mort**	**Anesthésie; inconscience; absence de réflexes; perte du contrôle sur les sphincters; état comateux; décès**

N.B. Ce tableau n'est qu'indicatif et ne doit pas être interprété comme les caractéristiques absolues d'un individu particulier avec une alcoolémie déterminée.

En effet, toutes ces manifestations ne sont pas nécessairement présentes chez un même sujet car les signes et symptômes associés à un taux spécifique d'alcool dans le sang sont très variables d'une personne à une autre.

II Le phénomène de tolérance acquise

Toutes les personnes ne sont pas affectées de la même manière par une même dose d'alcool car elles développent le phénomène de tolérance.

La tolérance se définit comme un état d'hyposensibilité de l'organisme se traduisant par la capacité de supporter de plus fortes doses d'alcool sans manifester de symptômes d'intoxication généralement attendus à ces doses.

Ainsi, un sujet qui consomme de l'alcool pour la première fois de sa vie manifestera une intoxication avec une très faible quantité d'alcool.

La deuxième fois, il faudra légèrement augmenter la dose d'alcool pour provoquer la même réaction et progressivement il faudra augmenter les quantités d'alcool pour obtenir les mêmes effets, de sorte que l'individu qui a l'habitude de consommer de l'alcool depuis quelque temps développera le phénomène de tolérance acquise à l'alcool.

Le phénomène de tolérance acquise n'est pas propre à l'alcool et s'observe avec la plupart des médicaments psychotropes. Cette tolérance acquise n'est pas sans danger puisqu'elle peut se traduire à la longue par une intoxication irréversible qui peut même être fatale.

III L'état du sujet

Les effets de l'alcool sur l'organisme peuvent être aussi reliés à une mauvaise alimentation, une santé déficiente et un état de fatigue: plus ces facteurs sont prononcés, plus l'état d'intoxication par l'alcool sera marqué.

IV La phase pharmacocinétique de l'alcool

Pour une même alcoolémie, les effets de l'alcool sur le système nerveux central sont plus marqués en phase d'absorption qu'en phase d'élimination. Ceci s'explique par le fait que durant l'absorption, on assiste à une phase ascendante abrupte: l'effet de l'alcool est maximal car les cellules cérébrales cibles ont une concentration plus élevée et nécessitent une période d'adaptation à l'alcool.

V Les interactions médicamenteuses

L'alcool est parfois mélangé à d'autres médicaments et ces associations médicamenteuses peuvent conduire à des interactions qui aboutissent à des synergies d'effets ou potentialisations, à des antagonismes ou très rarement à des inversions d'action.

Les principales associations médicamenteuses à considérer lors de la prise de l'alcool sont les suivantes:

- alcool et autres dépresseurs du système nerveux central (sédatifs, tranquillisants, hypnotiques, narcotiques, antihistaminiques, etc ...): il y a potentialisation de la dépression centrale.

- alcool et stimulants du système nerveux central (amphétamines, caféine, éphédrine, etc ...): malgré la neutralisation partielle de certains effets dépresseurs de l'alcool, le danger persiste.

- alcool et médicaments irritants sur le tube digestif (aspirine et dérivés, certains anti-inflammatoires, anticancéreux et antileucémiques): il peut y avoir augmentation des saignements gastro-intestinaux.

- alcool et médicaments antidiabétiques: il peut y avoir potentialisation de l'effet hypoglycémiant (baisse du taux de sucre dans le sang) de ces médicaments qui dans les cas les plus sévères peut conduire au coma. L'administration de substances renfermant du glucose peut corriger ce problème.

- alcool et phénytoïne (médicament anti-épileptique): il y a diminution de l'élimination de la phénytoïne du fait d'une compétition pour les mêmes systèmes de dégradation hépatique; les doses doivent donc être diminuées.

- alcool et contraceptifs oraux: certaines femmes sous anovulants atteignent des pics sanguins d'alcool plus bas que les femmes qui n'en prennent pas. D'autres assistent à une diminution de l'élimination de l'alcool par un effet inhibiteur partiel des oestrogènes. Des études plus poussées sont nécessaires pour clarifier ces variations inter-individuelles.

- alcool et cigarettes: chez les fumeurs, l'élimination de l'alcool peut être augmentée jusqu'à une proportion de 25%.

En bref, la combinaison de l'alcool avec certains médicaments doit être évitée. Une attention particulière doit être portée au mélange de l'alcool et des autres dépresseurs du système nerveux central: les opérateurs de certaines machines et les conducteurs de véhicules moteurs doivent s'abstenir de faire cette association qui conduit inévitablement à une intoxication plus sévère.

La toxicité de l'alcool est donc proportionnelle à la quantité ingérée, aux habitudes de consommation de l'individu, à l'état général du sujet, à la cinétique de l'alcool dans l'organisme et aux interactions de l'alcool avec d'autres médicaments. Outre les accidents avec les véhicules moteurs, l'intoxication par l'alcool est fréquemment un facteur contributeur à des crimes violents et à divers incidents reliés à des troubles du comportement.

1. Toxicité aigüe

Une étude scientifique réalisée en Alberta et rapportée par D. M. Lucas, président du Comité des analyses d'alcool mis en place par le ministre fédéral de la Justice illustre que chez les conducteurs dont l'alcoolémie se situe entre 80 et 120 mg%, seulement 8% d'entre eux manifestent des symptômes visibles d'ébriété. Ceci ne veut pas dire qu'ils ne sont pas intoxiqués par l'alcool puisque le risque de causer un accident avec cette alcoolémie est de 4 à 12 fois plus élevé que celui d'un conducteur sobre: c'est pour ces raisons que les appareils de détection de l'alcool ont été introduits lors des contrôles routiers à partir de 1976.

On considère que pour une alcoolémie inférieure à 50 mg%, on n'est généralement pas sous l'influence de l'alcool; entre 50 à 100 mg%, cela dépend de l'individu et pour une alcoolémie supérieure à 100 mg%, tous les individus sont sous l'influence de l'alcool, même s'ils n'ont pas de symptômes apparents d'intoxication.

De 8 à 12 heures après la consommation d'une quantité excessive d'alcool, une personne peut éprouver des maux de tête, des tremblements, des nausées et des vomissements (gueule de bois).

Le traitement d'une intoxication aigüe par l'alcool se fait dans un milieu où le patient est gardé au chaud et comporte le lavage d'estomac, l'assistance respiratoire si nécessaire et l'élimination de l'alcool par hémodialyse dans les cas très sévères d'intoxication.

2. <u>Toxicité chronique</u>

Comme nous l'avons vu, tous les individus ne sont pas affectés de la même manière par une même quantité d'alcool car ils développent le phénomène de tolérance acquise.

Les buveurs chroniques sont aussi susceptibles d'acquérir une dépendance physique et psychologique à l'alcool.

La dépendance physique se manifeste chez les consommateurs réguliers d'alcool: quand le sujet arrête d'en prendre, il se produit une perturbation du fonctionnement du système nerveux qui va se traduire par toute une symptômatologie dénommée syndrome de privation (aussi appelé syndrome de retrait ou d'abstinence).

La dépendance psychologique est la pulsion à prendre l'alcool de façon continue ou périodique afin de retrouver ses effets psychiques.

En outre, la consommation régulière de 4 à 7 verres par jour d'alcool (consommations standards) peut graduellement provoquer des lésions hépatiques, des ulcères, des lésions cérébrales, une perte de mémoire, une cardiopathie, l'impuissance et des troubles pancréatiques.

Enfin, l'alcool est tératogène, c'est-à-dire qu'il est toxique sur le foetus: les enfants peuvent alors souffrir de microcéphalie, de faible quotient intellectuel, de troubles du sommeil, de troubles de la croissance, de malformation diverses, de déficience mentale et d'une plus grande susceptibilité aux infections. Les lésions foetales sont généralement irréversibles et la tératogénicité de l'alcool est plus importante pendant les 3 premiers mois de la grossesse.

L'alcool est donc contre-indiqué dans les maladies hépatiques, les ulcères gastro-intestinaux, la toxicomanie à l'alcool et chez les femmes enceintes.

L'intoxication chronique par l'alcool est appelée alcoolisme et touche environ 7% de la population nord-américaine. Son traitement peut nécessiter une cure de désintoxication et un soutien psychologique pour éviter les récidives.

B. EVALUATION D'UNE INTOXICATION PAR L'ALCOOL

L'évaluation d'une intoxication par l'alcool comporte des méthodes quantitatives et des méthodes qualitatives.

I Evaluation quantitative d'une intoxication par l'alcool

Il est bien établi et universellement accepté que la concentration d'alcool dans le sang ou l'haleine, proprement déterminée et interprétée, constitue un bon indicateur pour déterminer un degré d'intoxication par l'alcool et pour évaluer les capacités d'une personne à conduire un véhicule moteur.

Les mesures quantitatives de l'alcoolémie effectuées par les tests sanguins ou les tests d'haleine décrits précédemment représentent donc des méthodes adéquates pour évaluer le niveau d'intoxication alcoolique d'un individu.

II Evaluation qualitative d'une intoxication par l'alcool

Plusieurs signes et symtômes peuvent accompagner une intoxication par l'alcool: ils sont reliés à l'alcoolémie, à la tolérance acquise, à l'état général du sujet, à la parmacocinétique de l'alcool et aux interactions médicamenteuses.

La conduite d'un véhicule moteur est une tâche complexe qui implique notamment la perception (acuité visuelle et auditive), l'attention (réagir rapidement et adéquatement à des situations variées et imprévisibles), le jugement (assimiler promptement l'information et prendre les bonnes décisions pour chaque événement) et la coordination des mouvements (freiner, diriger le volant pour éviter des collisions et effectuer des manoeuvres de conduite satisfaisantes).

Les habiletés de conduite peuvent donc fournir une bonne indication sur l'état d'un sujet dans des circonstances déterminées.

Néanmoins, afin de minimiser la possibilité d'erreurs d'interprétation, la méthode objective pour évaluer qualitativement une intoxication par l'alcool repose sur les tests de sobriété encore appelés épreuves symptômatiques.

Les tests symptômatiques principalement utilisés sont les suivants:

1. **Test d'équilibre:** marcher sur une ligne droite sur une distance de 2 à 3 mètres en posant un pied devant l'autre et en s'assurant qu'un pied est collé à l'autre lors des déplacements. A la fin de la ligne droit, tourner et recommencer dans l'autre sens.

2. **Toucher le nez:** coller les pieds, se mettre droit, bras horizontaux. Incliner la tête en arrière et fermer les yeux. Toucher alternativement le bout du nez avec l'index droit et l'index gauche. Répéter cette procédure 3 fois avec chaque index.

3. **Ramasser des pièces de monnaie:** s'abaisser et sans toucher le sol ni avec les genoux, ni avec les jambes, ni avec les mains ramasser des pièces de monnaie dans un ordre croissant ou décroissant de leur valeur monétaire.

4. **Test du crayon:** un crayon est tenu à 38 cm (15 pouces) du visage. Il faut suivre les déplacements horizontaux du crayon de droite à gauche et de gauche à droite en bougeant les yeux mais sans bouger la tête ni le corps.

5. **Ouvrir le coffre:** sans utiliser aucun support, introduire la clé dans la serrure du coffre de l'automobile et avec une main ouvrir et refermer le coffre.

Certaines modifications peuvent être apportées à ces tests pour diminuer ou augmenter le degré de difficulté. L'évaluateur peut utiliser une grille pour inscrire le nombre d'erreurs pour chaque test et doit noter objectivement les réponses obtenues.

	Hres des tests	**Paramètres évalués**	**Résultats**
Test d'équilibre		Réflexes d'équilibration et coordination des mouvements	
Toucher le nez		Coordination des mouvements et capacité de jugement	
Ramasser des pièces de monnaie		Capacité de jugement, réflexes d'équilibration et coordination des mouvements	
Test du crayon		Réflexes d'attention et coordination des mouvements oculaires	
Ouvrir le coffre		Réflexes d'équilibration et coordination des mouvements	

Les tests doivent donc être proprement administrés et évalués: il faut d'abord montrer au sujet comment il doit procéder puis interpréter convenablement le résultat de chaque test sans exagérer ni minimiser les réactions observées.

Un test difficile à réaliser est le test d'équilibre préalablement décrit: il peut être échoué même par des personnes qui n'ont pas pris d'alcool mais qui pour des raisons biologiques ou pathologiques présentent des problèmes d'équilibre. Dans les conditions idéales de laboratoire, les résultats des tests symptomatiques sont comparés avant et après consommation d'alcool.

Plusieurs facteurs autres que l'alcool peuvent induire des troubles du comportement. Ainsi, par exemple, les signes et symptômes d'une intoxication alcoolique peuvent s'apparenter à un diabète mal contrôlé entraînant une hyperglycémie (augmentation du taux de sucre dans le sang) ou l'administration excessive d'un médicament antidiabétique (insuline, hypoglycémiant oral) qui provoque une chute importante du taux de sucre dans le sang.

Des intoxications médicamenteuses, des accidents cardio-vasculaires et des traumatismes crâniens sont d'autres causes d'interprétations erronées d'une intoxication par l'alcool.

C. CONCLUSION

Cette analyse de l'alcool a été entreprise dans l'espoir de fournir une idée générale et globale sur les diverses facettes reliées à cette substance et de prévenir les problèmes reliés à sa consommation. Toute étude sur l'alcool doit être faite de manière rigoureuse et objective. Comme le disait le professeur Kurt M. Dubowski: "*Il ne peut y avoir aucune justification à l'usage d'une mauvaise science pour supporter la loi, même si c'est une bonne loi*".

Pascal Élie

CHAPITRE 7

LA PREUVE CONTRAIRE

A. INTRODUCTION

Face au fléau engendré par la conduite en état d'ébriété, nos législateurs ont, dans un but de dissuasion, augmenté les peines rattachées aux infractions commises dans ce contexte. En retranchant aux juges une partie importante du pouvoir discrétionnaire qu'ils avaient antérieurement d'imposer une sentence juste et raisonnable aux contrevenants, on a pu assister depuis quelques années à une augmentation substantielle des contestations devant les tribunaux du mérite de ce type d'accusation.

Le présent texte n'a pas pour objet de faire la synthèse de tous les moyens de défense offerts à un accusé face à une accusation d'avoir conduit un véhicule (ou en avoir eu la garde ou le contrôle) lorsque son alcoolémie dépassait 80 mg d'alcool par 100 ml de sang.

La partie scientifique du présent volume traite abondamment des prérequis exigés dans la manipulation des alcootests; il serait dans ce contexte inutile de reprendre ces arrêts qui les ont adoptés ou rejetés à ce titre.

Nous nous limiterons à tenter de dégager ces principes applicables à la détermination de l'existence d'une "preuve contraire".

La Cour d'appel du Québec a maintenant eu l'occasion de se pencher à plusieurs reprises sur la question; malheureusement, bien peu de ces décisions sur le sujet sont rapportées; il semble donc utile d'en citer les extraits importants qui ont été colligés chronologiquement. Les situations factuelles à la source des litiges aident à en saisir la portée.

B. DISPOSITIONS LEGISLATIVES

Ce qui est pertinent à l'examen est l'alcoolémie de l'accusé au moment où l'infraction est alléguée avoir été commise, ainsi le texte incriminant énonce:

> **253.** Commet une infraction quiconque conduit un véhicule à moteur, un bateau, un aéronef ou du matériel ferroviaire, ou aide à conduire un aéronef ou du matériel ferroviaire, ou a la garde ou le contrôle d'un véhicule à moteur, d'un bateau, d'un aéronef ou de matériel ferroviaire, que ceux-ci soient en mouvement ou non, dans les cas suivants:
>
> (...)
>
> **b)** lorsqu'il a consommé une quantité d'alcool telle que son alcoolémie dépasse quatre-vingts milligrammes d'alcool par cent millilitres de sang.

Deux moyens sont généralement utilisés par les forces de l'ordre pour faire cette preuve qui ne peut l'être en définitive que par inférence: l'analyse du sang ou de l'haleine. Celle-ci intervenant toujours à un moment postérieur à celui où l'infraction était commise, le législateur a donc dû avoir recours à un système de présomptions pour rendre efficace l'utilisation des résultats obtenus; ainsi l'alinéa 258(1)c) C.Cr. prévoit:

> **258. (1)** Dans des poursuites engagées en vertu du paragraphe 255(1) à l'égard d'une infraction prévue à l'article 253 ou dans des poursuites engagées en vertu des paragraphes 255(2) ou (3):
>
> (...)
>
> **c)** lorsque des échantillons de l'haleine de l'accusé ont été prélevés

> conformément à un ordre donné en vertu du paragraphe 254(3), <u>la preuve des résultats des analyses fait foi, en l'absence de toute preuve contraire, de l'alcoolémie de l'accusé au moment où l'infraction aurait été commise</u>, ce taux correspondant aux résultats de ces analyses, lorsqu'ils sont identiques, ou au plus faible d'entre eux s'ils sont différents, si les conditions suivantes sont réunies:
>
> (...)
>
> **(ii)** chaque échantillon a été prélevé dès qu'il a été matériellement possible de le faire après le moment où l'infraction aurait été commise et, dans le cas du premier échantillon, pas plus de deux heures après ce moment, les autres l'ayant été à des intervalles d'au moins quinze minutes,
>
> **(iii)** chaque échantillon a été reçu de l'accusé directement dans un contenant approuvé ou dans un alcootest approuvé, manipulé par un technicien qualifié,
>
> **(iv)** une analyse de chaque échantillon a été faite à l'aide d'un alcootest approuvé, manipulé par un technicien qualifié; (soulignés rajoutés)

L'alinéa d) du même article comporte une présomption similaire pour ce qui touche aux résultats des analyses d'échantillons de sang. Il va sans dire que si les conditions énumérées aux sous-alinéas ii) à iv) ne sont pas respectées, la présomption ne pourra servir et on ne parle pas alors de "preuve contraire".

Il importe donc de prouver le résultat de l'analyse au moment où elle est faite et non pas le taux d'alcool précis au moment où l'infraction aurait été commise. Pour ce faire, la poursuite jouit d'une alternative:

le témoignage du technicien qualifié qui a procédé à l'opération ou le dépôt du certificat qu'il a pu préparer à la suite de celle-ci, ainsi l'alinéa 258(1)g) prévoit:

> (...)
>
> **g)** lorsque des échantillons de l'haleine de l'accusé ont été prélevés conformément à une demande faite en vertu du paragraphe 254(3), <u>le certificat d'un technicien qualifié fait preuve des faits allégués dans le certificat</u> sans qu'il soit nécessaire de prouver la signature ou la qualité officielle du signataire, si le certificat du technicien qualifié contient:
>
> **(i)** la mention que l'analyse de chacun des échantillons a été faite à l'aide d'un alcootest approuvé, manipulé par lui et dont il s'est assuré du bon fonctionnement au moyen d'un alcool type identifié dans le certificat, comme se prêtant bien à l'utilisation avec cet alcootest approuvé,
>
> **(ii)** la mention des résultats des analyses ainsi faites,
>
> **(iii)** la mention, dans le cas où il a lui-même prélevé les échantillons:
>
> (...)
>
> **(B)** du temps et du lieu où chaque échantillon et un spécimen quelconque mentionné dans la division (A) ont été prélevés,

(C) que chaque échantillon a été reçu directement de l'accusé dans un contenant approuvé ou dans un alcootest approuvé, manipulé par lui; (soulignés rajoutés)

Que le certificat ne contienne pas les différentes mentions contenues à la disposition ne touche pas encore une fois à la notion de preuve contraire mais plutôt à une question d'admissibilité hors de notre propos et la poursuite aura toujours alors le loisir de faire entendre le technicien qualifié pour parfaire sa preuve: voir Lightfoot v. R., (1981) 1 R.C.S. 566.

C. FARDEAU DE LA PREUVE

Le régime présomptif établi par l'article 258 C.Cr. ne déroge pas à la règle générale applicable en matière criminelle de la preuve hors de tout doute raisonnable. Il n'est donc pas contesté que l'accusé n'a pas à soulever plus qu'un doute raisonnable quant à sa culpabilité: R. v. Noble, (1978) 1 R.C.S. 632.

La problématique pratique s'adresse aux différentes formes d'attaque qu'une défense peut viser dans une instance. En bref, la poursuite doit-elle présenter une preuve hors de tout doute raisonnable du résultat enregistré par l'appareil? Lorsqu'on oppose cette question à la prohibition que constitue le paragraphe 253(b) C.Cr., l'on devinera qu'il sera bien peu utile à un accusé de faire la preuve que son alcoolémie réelle était moindre que celle indiquée à l'alcootest mais supérieure à la limite légale.[1]

Mais qu'en est-il des causes où la seule preuve au dossier est celle de la poursuite? Le témoignage du technicien qualifié pourra laisser paraître des erreurs dans la manipulation de l'appareil ou bien, certaines omissions de sa part laisseront le scientifique perplexe quant à la valeur des résultats obtenus. Quelle est alors la portée des termes péremptoires retrouvés aux alinéas 258(1)(c) et(g) C.Cr.?

1

Voir par analogie R. v. Blondin, (1970) 2 C.C.C. (2d) 118, (C.A.C.-B.). Dans R. v. Kizan, (1981) 58 C.C.C. (2d) 444, (C.A.C.-B.) on retrouve l'extrait suivant dans les notes du juge McFarlane J.A.:

> "(...) it is evidence which might tend to show that the proportion of alcohol to blood at the time of the alleged offence was not that shown by the certificate. If that be so, it might be either more or less, and the question then would be for the trier of fact to decide whether the evidence did or did not, on the whole, satisfy him (a) that the Crown had proved the offence beyond a reasonable doubt or (b) that upon the whole of the evidence, including the certificates, the Crown had failed to prove the commission of the offence to that degree." (soulignés rajoutés)

Face à ce qui a été dit subséquemment par différentes Cours (voir la discussion ci-dessous sous "la preuve d'une consommation ultérieure à la conduite") cette approche semble douteuse.

D. QUESTIONS TRANCHEES PAR LA COUR SUPREME DU CANADA

I) <u>LA MARGE D'ERREUR DE L'ALCOOTEST</u>

° **<u>R. V. MOREAU</u>**, (1979) 1 R.C.S. 261
Les juges Martland, Ritchie, Pigeon, <u>Beetz</u> et Pratte; les juges <u>Laskin</u> (juge en chef), Spence, Dickson et Estey étant dissidents.

La seule preuve au dossier était constituée d'un certificat d'analyse témoignant d'un taux d'alcoolémie de 90 mg d'alcool par 100 ml de sang.

L'argumentation de la défense portait sur le fait que l'appareil utilisé (un ivressomètre Borkenstein) présentait une marge d'erreur inhérente de plus ou moins 10 mg. En d'autres termes, l'alcoolémie de Moreau pouvait fort bien avoir été de 80 mg d'alcool par 100 ml de sang auquel cas il y avait doute raisonnable quant à sa culpabilité.

La Cour à la majorité[2] rejette cette prétention:

2

La minorité était d'avis de maintenir la décision de la majorité en Cour d'appel du Québec (les juges Kaufman et Tremblay, le juge Bernier étant dissident) qui confirmait la décision rendue en Cour supérieure par le juge Fournier suite à un procès de novo annulant la condamnation prononcée par le juge Cossette en Cour municipale. La question de la preuve contraire ne s'étant soulevée qu'en Cour supérieure, c'est une bien piètre consolation pour Moreau de constater que dans l'historique de son dossier 7 juges (contre 6) se sont prononcés en sa faveur.

"Aux termes du Code, la "preuve contraire" doit être une preuve tendant à démontrer que le taux d'alcoolémie de l'accusé au moment de l'infraction alléguée ne correspondait pas au résultat de l'analyse chimique. Il n'existe aucune preuve de ce genre en l'espèce. Exception faite des certificats, aucune preuve n'a été présentée pour établir le taux d'alcoolémie de l'accusé au moment de l'infraction alléguée. La seule preuve soumise au nom de l'accusé sur ce point est le témoignage d'un expert sur lequel on se fonde pour demander aux tribunaux de conclure, en contradiction avec les dispositions expresses du Code, que le résultat de l'analyse chimique ne fait pas, ni ne devrait faire, preuve du taux d'alcoolémie de l'accusé au moment de l'infraction alléguée. A mon avis, cette preuve ne vise pas à réfuter la présomption établie par l'article du Code, elle veut en nier l'existence même. La "preuve contraire" ne peut être une preuve dont le seul but est de contourner le système établi par le Parlement aux art. 236 et 237. (soulignés rajoutés)

Le système complexe établi par ces dispositions envisage et prévoit des éléments certains, comme l'approbation officielle de certains types d'instruments, la désignation d'analystes et de techniciens qualifiés, un délai maximum pour prélever un échantillon d'haleine après l'infraction alléguée et la mesure, par un technicien qualifié utilisant un instrument approuvé, d'un taux d'alcoolémie excédant un chiffre donné. Le fait de satisfaire aux conditions fixées par ce système fait naître une présomption contre le prévenu, qu'il peut réfuter par une "preuve contraire". Mais, à mon avis, une preuve dont le seul effet est de démontrer en termes généraux l'imprécision possible des

> éléments du système ou la faillibilité inhérente d'instruments approuvés par la loi, n'est pas une "preuve contraire". Ainsi, la preuve d'expert que, pour des raisons physiologiques générales, le délai maximum de deux heures entre l'infraction et le prélèvement d'un échantillon d'haleine est trop long, ne constituerait pas une "preuve contraire". (Jugement pages 271 et 272)

La preuve présentée par un accusé semble devoir viser à établir un doute raisonnable sur la légalité de son alcoolémie au moment de la commission de l'infraction. L'approbation de l'extrait suivant de la décision de la Cour d'appel de la Colombie-Britannique: R. v. Davis, (1973) 14 C.C.C. (2d) 513 militerait en faveur de cette interprétation:

> *"A mon avis, l'intention du Parlement, bien qu'exprimée peu clairement, devient manifeste si l'on se souvient que le fait à prouver est la proportion d'alcool dans le sang au moment de l'infraction. Le résultat de l'analyse chimique est un des moyens de prouver ce fait et les certificats constituent une preuve, parmi d'autres, de ce résultat. Il s'ensuit donc, à mon avis, que la fin du paragraphe signifie que le résultat de l'analyse chimique fait preuve de la proportion d'alcool dans le sang du prévenu au moment de l'infraction en l'absence de toute preuve que le taux d'alcoolémie à ce moment n'excédait pas 80 pour 100.*[3] *En*

3

La version anglaise de cette dernière phrase se lit comme suit: "It follows, in my opinion, that the concluding part of the subsection means that the result of the chemical analysis is proof of the proportion of alcohol to blood at the time of the offence in the absence of evidence that the proportion at that time did not exceed 80 to 100."

> *conséquence, toute preuve tendant à montrer qu'au moment de l'infraction, le taux d'alcoolémie était dans les limites permises constitue une "preuve contraire" au sens de ce paragraphe. (C'est moi qui souligne)"* (Jugement page 271)

La décision ne veut pas dire qu'un juge ne peut considérer la marge d'erreur de l'appareil lorsqu'il est appelé à trancher cette question, ce qui était admis par l'appelante en l'espèce comme pertinent au mérite (cf. jugement page 264).

Enfin pour la Cour, est ouverte au débat la preuve, dans une instance spécifique, d'un défaut particulier à l'appareil utilisé:

> "Il se peut qu'un instrument donné soit sujet à certains défauts autres que les défauts inhérents aux instruments de ce type. La question de savoir si un tel instrument continue de faire partie d'une catégorie approuvée d'instruments et si la preuve de tels défauts est admissible n'est pas soulevée en l'espèce et n'appelle aucun commentaire." (Jugement pages 273 et 274)

En se référant à l'intention du législateur comme ayant considéré la marge d'erreur des appareils utilisés lorsqu'il a choisi de les approuver (cf. jugement page 273), la Cour lui reconnaît le pouvoir de fixer implicitement la limite légale de l'alcoolémie à 70 mg d'alcool par 100 ml de sang.

Compte tenu que celle-ci est fixée de façon non-équivoque à 80 mg d'alcool par 100 ml de sang, la validité constitutionnelle de ce processus est un débat qui n'a pas été amorcé mais qui est possiblement compensé par la balance des inconvénients et la possibilité qui est toujours offerte à l'accusé de soulever un doute raisonnable sur la légalité de son alcoolémie au moment de l'infraction alléguée. (Voir R. v. Sturge, (1988) 2 M.V.R. (3d) 189)

II) L'ABSENCE DE PREUVE COMPLETE SUR LES PREREQUIS EXIGES POUR L'UTILISATION DE L'ALCOOTEST

° **R. V. CROSTHWAIT**, (1980) 1 R.C.S. 1089, Les juges Martland, Ritchie, Pigeon, Beetz, Estey, McIntyre et Chouinard.

Dans cette affaire, la poursuite avait procédé à faire sa preuve tant par l'audition du technicien qualifié que par le dépôt du certificat d'analyse qui indiquait un taux d'alcoolémie de 150 mg d'alcool par 100 ml de sang.

Dans le processus de manipulation de l'appareil, le technicien, contrairement aux prescriptions du fabricant, s'était servi d'un alcool type sans en vérifier la température, alors qu'un écart de plus de 1°C avec celui de la pièce pouvait, selon l'expert cité en défense, "fausser l'exactitude des résultats du test de vérification", et était chose possible dans les circonstances décrites par le technicien.

Le jugement de la Cour est donc fondé sur l'analyse de la preuve suivante:

1. la poursuite n'a pas établi le respect de toutes les conditions prescrites par le fabricant dans la manipulation de l'appareil par le technicien;

2. il y a une possibilité que les résultats révélés par l'appareil soient inexacts.

a) Impact du témoignage du technicien sur la validité du certificat et de sa force probante.

Pour la Cour, le témoignage du technicien qualifié n'affecte en rien l'admissibilité et la force probante du certificat:

> "En l'espèce, le certificat déposé au procès respecte entièrement les conditions énoncées à l'al. f). En lui-même il faisait donc preuve des résultats des analyses. Avec égards, je ne peux

accepter qu'il existe une autre condition implicite savoir, qu'il faut démontrer que l'instrument utilisé fonctionnait bien et que le technicien avait suivi les directives du fabricant pour en vérifier l'exactitude. Il ressort clairement du texte du Code que les énoncés du certificat font naître par eux-mêmes la présomption simple. La présomption peut sans doute être réfutée par la preuve du mauvais fonctionnement de l'instrument utilisé , mais le certificat ne peut être rejeté pour ce motif. Il se peut fort bien qu'un homme de science refuserait de signer un certificat d'analyse fondé sur les tests effectués par le technicien, mais cela n'est pas pertinent. Le Parlement a établi les conditions auxquelles un certificat fait preuve des résultats des analyses d'haleine et n'a pas jugé bon d'exiger la preuve que l'instrument approuvé fonctionnait bien. Le Parlement n'a pas jugé bon d'exiger qu'un test de vérification soit effectué avec une solution type d'alcool; il n'a parlé que de la solution utilisée pour le test de l'haleine. On recommande bien aux techniciens d'effectuer un test de vérification, mais ce test ou ses résultats n'ont jamais été exigés comme condition de la validité du certificat et il n'a pas été prévu que le certificat serait invalide si l'on ne prouvait pas que l'instrument avait été entretenu et utilisé conformément aux directives du fabricant." (Jugement page 1099, soulignés rajoutés)

b) Analyse de la preuve en l'instance

"Ayant examiné tout le témoignage de M. Newlands, je conclus qu'il ne fournit aucune preuve de la probabilité d'un écart de plus de 1°C et aucune preuve de l'importance que l'écart possible a eu ou aurait pu avoir sur les résultats du test.

A cet égard, il importe de souligner qu'il ne s'agit pas d'un cas limite concernant l'excès d'alcool dans le sang au-delà du maximum permis de 80 milligrammes. Le résultat des deux analyses d'haleine est 150 milligrammes, c'est-à-dire 87 pour cent de plus. Rien dans la preuve n'indique qu'il ait pu exister entre la température de la pièce et celle de la solution type d'alcool un écart tel qu'il ait pu fausser le test de vérification au point de dissimuler un mauvais fonctionnement de cette importance." (Jugement page 1101) (soulignés rajoutés)

c) La preuve contraire

"Cela ne signifie pas que le prévenu est à la merci du technicien: bien que le certificat constitue par lui-même une preuve, les faits qu'il établit sont "réputé(s) établi(s) seulement en l'absence de toute preuve contraire". Ainsi, toute preuve qui tend à invalider le résultat des tests peut être produite au nom de l'accusé afin de contester l'acquisition (sic)[4] portée contre lui. Comme on l'a dit dans R. c. Proudlock, il n'est pas nécessaire en pareil cas que la preuve contraire soulève plus qu'un doute raisonnable et, bien sûr, cette preuve peut être puisée autant dans les dépositions des témoins du ministère public que dans celles des témoins de la défense. A mon avis, en l'espèce le

---

4

"acquisition" devrait se lire "accusation" dans la version officielle. Le texte anglais se lit comme suit: "Thus, any evidence tending to invalidate the result of the tests may be adduced on behalf of the accused in order to dispute the charge against him."

> certificat faisant (sic)[5] preuve des résultats des analyses en vertu des dispositions expresses du Code criminel (...)" (Jugement page 1100)

et la Cour de poursuivre:

> "La simple possibilité d'une inexactitude n'est d'aucun secours à l'accusé. Ce qui est nécessaire pour constituer une preuve contraire est une preuve qui tend à démontrer une inexactitude de l'éthylomètre, ou de son fonctionnement à cette occasion, d'un degré et d'une nature tels qu'elle pourrait modifier le résultat des analyses au point de rendre douteux que la concentration d'alcool dans le sang du prévenu ait été supérieure au maximum permis. Il n'y a pas de preuve semblable en l'espèce devant la Cour. Le témoignage de M. Newlands ne le démontre pas. Il ne fournit la preuve que d'une possibilité d'inexactitude dans le test de vérification, sans aucune indication de l'étendue de cette inexactitude en l'espèce ou de l'effet possible ou probable de cette inexactitude sur les résultats de l'analyse d'haleine. Le certificat demeure donc non contredit. (Jugement page 1101) (soulignés rajoutés)

Le critère de "l'effet possible ou probable" de l'inexactitude est à retenir:

> "A mon avis, pour conclure qu'il n'y avait aucune preuve devant le magistrat pour réfuter le certificat, il suffit de constater que la seule preuve consistait

---

5

"faisant" devrait se lire "faisait" dans la version officielle. Le texte anglais se lit comme suit: "Therefore, in my view, the situation here is that the certificate was evidence of the results of the analyses ..."

> en la possibilité d'un écart de température, sans aucune indication que cela aurait pu modifier les résultats d'une façon notable". (Jugement page 1102)

E. DECISIONS RENDUES PAR LA COUR D'APPEL DU QUEBEC

° **P.G. QC c. LESSARD**, 27 mai 1985, 200-10-128-848
Les juges L'Heureux-Dubé, Vallerand, Chouinard

Le technicien avait témoigné du résultat des taux (110 mg d'alcool par 100 ml de sang) sans déposer les certificats du technicien ou de l'analyste dont copie avait été signifiée à l'accusé suite à son arrestation.

Le premier relatait que l'échantillon avait été tiré du lot 10118 et qu'il s'agissait de "bichromate de potassium" alors que l'autre référait au lot 10108 d'Analex comme du "bichromate de potassium dans l'acide sulfurique".

Le policier a reconnu s'être reposé sur le certificat de l'analyste quant au caractère approprié de la solution utilisée.

La Cour concède dans un premier temps que le témoignage du technicien était suffisant pour donner effet à la présomption cependant:

> "(...) le caractère différent de la solution utilisée dans l'alcootest, la distinction des lots numérotés de ladite solution constituaient des éléments de preuve qui repoussent la présomption de l'article 237(1)(c) C.Cr. relative à la validité et à l'exactitude des résultats d'alcootest". (Jugement page 4)

La Cour affirme que "dès la production des certificats, la preuve contraire existait" (pp. 4 et 5) et d'ajouter:

> "La poursuite pouvait combattre cette preuve contraire par des témoignages d'experts aux fins d'en démontrer l'erreur quant aux numéros de lots ou encore quant à l'identité de la solution en dépit des dissemblances de description. Elle ne l'a pas fait." (Jugement page 5)

Il ne faut pas oublier, selon la Cour, l'obligation fondamentale de la poursuite relativement au caractère <u>hors de tout doute</u> de sa preuve" (id).

> "Dans l'espèce sous étude, c'est à tort que l'appelant a proposé qu'il ne s'agissait que de conjectures puisque la preuve contraire présentée par l'intimé n'avait rien de questions théoriques reliées au fonctionnement général de l'appareil ou encore au contenu plus ou moins approprié de la solution utilisée ou même à d'autres facteurs généraux non reliés à la preuve faite contre l'intimé. (Jugement pages 6 et 7)

° **<u>PIUZE c. P.G. QC</u>**, 28 mars 1988, 200-10-43-872
Les juges <u>Vallerand</u>, <u>LeBel</u>, <u>Gendreau</u>

Le certificat d'analyse faisait état d'un taux de 100 mg d'alcool par 100 ml de sang aux deux tests subis par l'accusé 55 et 60 minutes après son interception:

> "En défense, l'accusé se fit entendre et détailla ce qu'il avait pris, et le moment de sa consommation. Il a aussi appelé un expert chimiste du laboratoire médico-légal de la police. Le témoin, s'appuyant sur les résultats obtenus par l'analyste et les faits révélés par l'accusé lui-même, a conclu que s'il était impossible

> de déterminer avec précision le taux d'alcoolémie de l'accusé au moment même où il conduisait son véhicule, il y avait "de fortes chances" qu'au moment de son arrestation "qu'y soit à quatre-vingts (80), ou en deça de quatre-vingts (80), au moment de l'interception." (Jugement page 2)

Pour la Cour, l'accusé doit bénéficier du doute raisonnable:

> "En l'espèce, les résultats des analyses ne sont pas contestés non plus que le bon fonctionnement de l'instrument utilisé, les qualifications du technicien et la procédure qu'il a suivie. En somme, l'accusé admet qu'au moment du test, le taux d'alcool dans son sang était au-delà de la limite légale mais il a, par ailleurs, démontré qu'au moment de son interception, près d'une heure plus tôt, il était probable qu'il n'avait pas encore atteint ce niveau et que ce taux d'alcoolémie se situait alors à l'intérieur de la limite permise." (Jugement page 4)

° **R. c. DESROSIERS**, 20 juillet 1989,
200-10-162-870
Les juges Beauregard, LeBel et Toth ad hoc

Dans cette affaire, l'accusé qui a été cru par le juge de première instance, avait affirmé avoir consommé quatre bières régulières entre 16:00 hres et 22:00 hres; vers 22:15 hres il était intercepté et un taux de 150 mg d'alcool par 100 ml de sang allait être révélé; la preuve n'a pas révélé de faille dans la manipulation de l'appareil.

L'expert entendu en défense affirmait que pour enregistrer un tel taux, "il aurait fallu que l'accusé boive les quatre bières en un espace de 5 minutes et qu'il n'ait éliminé aucune quantité de bière", après avoir considéré la grandeur, le poids et l'âge de l'accusé. En se fondant sur le témoignage de l'accusé, son taux aurait dû être de 6 mg d'alcool par 100 ml de sang:

> ""La preuve contraire" étant un moyen de défense, il faut l'interpréter pour permettre à l'accusé d'avoir une défense pleine et entière et de ne pas être irrémédiablement à la merci d'un appareil faillible. Prenons le cas d'une personne qui durant la semaine précédant un alcootest n'a pris et n'a pu prendre aucun alcool mais dont l'échantillon d'haleine soumis à l'analyse par l'appareil approuvé indique un taux d'alcoolémie qui dépasse 80 milligrammes d'alcool par 100 millilitres de sang. Une telle personne, quoique innocente, serait irrémédiablement déclarée coupable s'il fallait adopter l'interprétation proposée par l'appelante." (Jugement pages 9 et 10)

En bref, il ne sera même pas nécessaire, pour constituer une preuve contraire, de faire entendre un expert au soutien de sa défense. L'extrait de la décision de la Cour d'appel d'Ontario R. v. Carter, (1985) 19 C.C.C. (3d) 174 cité avec approbation au jugement est éloquent à ce sujet:

> *"If, for example, an accused person faced with evidence of a breathalyzer reading well in excess of the permissible maximum, testified that he did not drink on any occasion and had nothing to drink prior to being tested, then the trial judge must either disbelieve the accused or accept that for some reason or other the breathalyzer reading is wrong.*
>
> *In the case at bar, the reading came from a blood sample, not a breath sample, but once again, if the appellant's evidence is accepted, the blood-sample reading must be wrong, and the appellant is not obliged to speculate where the error might have*

> *occurred; in the taking of the sample, the labelling, the testing or whatever. It is perhaps for this reason that the trial judge in his reasons made reference to the "continuity in this matter". When the blood-sample reading does not reflect the consumption of alcohol testified to by the appellant, then the appellant (if he is believed) has raised a doubt as to the accuracy of the reading and it follows that there must have been a breakdown somewhere in the procedures followed in sampling and analysing the appellant's blood."* (Jugement pages 10 et 11)

° **LAVOIE c. R.**, 10 janvier 1990, 200-10-217-880
Les juges Rothman, Tourigny et Proulx.

Alors que l'alcootest avait révélé des taux de 120 et 130 mg d'alcool par 100 ml de sang, l'accusé a témoigné à l'effet qu'il n'avait préalablement consommé que deux bières.

En première instance, le juge avait déclaré l'accusé coupable en affirmant:

> *"... il y a une présomption selon laquelle les résultats indiqués au certificat correspondent au taux d'alcool dans le sang au moment de l'arrestation. Pour contredire cette présomption, la preuve doit démontrer une déficience dans l'appareil ou dans la manière de l'actionner suffisamment importante qu'elle affecte le résultat de l'analyse et peut ainsi créer un doute."* (Jugement page 3)

En appel en Cour supérieure, la Cour avait maintenu le verdict même si le juge n'avait pas expressément tenu compte de la version de l'accusé en raisonnant que:

> *"Il y a donc une déduction qui a été faite par le juge de première instance à l'effet qu'il n'a pas cru le témoignage de l'accusé"* (Jugement page 4)

Pour la Cour d'appel il y avait lieu non seulement d'intervenir mais d'acquitter l'appelant même en l'absence d'une preuve d'expert sur l'effet de la consommation.

Le juge de première instance n'ayant pas traité de la crédibilité de l'appelant, il n'était pas possible de faire la déduction proposée par la Cour supérieure.

Il est intéressant de noter que la Cour a considéré les autres symptômes observés chez l'accusé au moment de l'infraction alléguée (apparence, démarche, langage, regard, conduite du véhicule) qui "ne rendent pas impossibles ses prétentions". En d'autres termes, la Cour prend connaissance judiciaire des effets de deux bières sur l'alcoolémie d'un individu qu'elle considère incompatible avec la lecture de l'alcootest et suffisante pour constituer une preuve contraire.

° **GUAY-BERTRAND c. R.**,16 août 1990,
500-10-75-885
Les juges McCarthy, Brossard et Proulx

L'accusée avait témoigné à l'effet qu'elle n'avait consommé que deux verres de vin avant son arrestation suite à laquelle des taux de 90 et 100 mg d'alcool par 100 ml de sang avaient été enregistrés.

L'expert présenté en défense "a conclu à un taux d'alcoolémie de 70 mg d'alcool par 100 ml de sang en procédant à une extrapolation à partir des deux résultats obtenus en fonction de l'heure de l'arrestation et de l'heure du test, en concédant que cette conclusion demeurait sujette à la marge d'erreur de 10% reconnue pour ce genre de test ..."(jugement pp. 4 et 5) D'aucune façon n'avait-il considéré la quantité d'alcool avouée avoir été consommée et autres éléments particuliers à l'accusée qui favorisent ou éliminent l'absorption de l'alcool.

Pour la Cour, cette preuve est insuffisante n'ayant qu'une "valeur théorique".

Si d'une part cette affaire illustre bien le degré de pertinence que doit présenter le témoignage d'un expert, elle confirme que la marge d'erreur inhérente à un ivressomètre est un aspect pertinent des faits susceptibles d'être considérés pour réfuter la présomption.

° **DUBOIS c. R.**, 22 octobre 1990, 500-10-38-891
Les juges Bernier, Vallerand et Fish

L'accusé, cru par le juge de première instance, affirmait qu'il avait consommé trois verres de cognac ayant chacun de 1 1/2 à 1 3/4 oz. L'ivressomètre enregistrait une lecture de 140 et 150 mg d'alcool par 100 ml de sang qui était incompatible avec le taux réel qu'aurait dû enregistrer l'appareil selon l'expert qui avait procédé à une simulation en laboratoire des circonstances telles que formulées par l'appelant. Selon lui, le taux d'alcool réel était en-deça du maximum permis par la loi. L'Honorable juge Fish rappelle les principes applicables en l'espèce:

> " (...) s. 258(1)(c) of the Code does not impose an "ultimate" or "persuasive" burden of proof on the accused. The "evidence to the contrary" to which it refers must tend to show -- but it need not prove -- that the blood-alcohol level of the accused did not exceed the statutory limit at the relevant time. The exculpatory evidence, in other words, must have probative value, but it need not be so cogent as to persuade the court.
>
> If the trier of fact considers that the "evidence to the contrary" raises a reasonable doubt or, as is sometimes said,

reasonable doubt or, as is sometimes said, that it might reasonably be true, then the incriminating breathalyzer result will no longer support a conviction: see R. v. Proudlock (1978), 43 C.C.C. (2d) 321 (S.C.C.) at pp. 325-26, where Pigeon J., for the majority, equates the effect of a presumption of fact of the kind that arises from possession of recently stolen goods with the effect of a statutory presumption of the kind created by s. 258(1)(c) of the Code. See, as well, Cross on Evidence, 6th ed., particularly at pp. 135 and 140, concerning the discharge of an evidential burden by evidence which suggest a "reasonable possibility" of innocence.

Delivering the unanimous reasons of the Privy Council in Javasena v. The Queen, (1970) A.C. 618 at p. 624, Lord Devlin discusses the evidential burden in terms of "enough evidence to suggest a reasonable possibility" (my emphasis). In the same case, his Lordship reiterates that it is "sufficient [for the accused] to raise a doubt as to his guilt" or "to collect from the evidence enough material to make it possible for a reasonable jury to acquit" (at p. 623). Finally, see R. v. Oakes (1986), 24 C.C.C. (3d) 321 (S.C.C.), particularly at p. 330, where Chief Justice Dickson discusses the nature and rebuttal of presumptions.

In my respectful view, then, a breathalyzer result cannot support a conviction under s. 253 if there is contrary evidence which raises a reasonable doubt or suggests a reasonable possibility of innocence or might reasonably be true.

"Evidence to the contrary" that is disbelieved will, of course, fail to neutralize, or to render inoperative, the

> presumption created by s. 258(1)(c) of the Code." (Jugement pages 2, 3 et 4)(...) [6]
>
> "In a case of this kind, the appellant is not obliged to speculate where the error might have occurred; in the taking of the sample, the labelling, the testing of whatever": R. v. Carter (1985), 19 C.C.C. (3d) 174 (Ont. C.A.), at p. 179, per Finlayson J.A., for the Court. Even so, appellant's expert did furnish an uncontradicted explanation of the incompatibility of his conclusion with the breathalyzer evidence adduced by the Crown." (Jugement page 7)

La Cour accepte en outre comme suffisantes, les affirmations de l'accusé sur sa consommation, même s'il ne peut l'établir avec une précision absolue:

> "It may not have been precise to the last half-ounce, but there was no legal and proper basis for the trial judge to find -- bearing in mind his conclusion as to the veracity of the witnesses -- that their evidence failed to provide a proper foundation for the expert's analysis and opinion." (Jugement page 6)[7]

---

[6] Voir également:

Au même effet R. v. Brown, 16 mai 1991, 200-10-147-897, Les Honorables juges Tyndale, Brossard et Rousseau-Houle dans lequel on réitère que si l'accusé n'est pas cru il n'y a pas de fondement à la preuve contraire et que cette question est de la juridiction du juge du procès.

[7] Voir au même effet:

Belley c. R. , 5 novembre 1990, 200-10-82-888, C.A. Qc et d'une façon plus générale Poirier c. R., 23 janvier 1992, 500-10-300-895, C.A. QC. et Jones c. R., 27 mars 1992, 200-10-213-897, C.A. QC.

° **RIOUX c. R.**, 12 décembre 1990, 200-10-92-887
Les juges Dubé, Tyndale et Beaudoin.

Dans cette affaire, comme dans l'arrêt Crosthwait (supra) le technicien n'avait pas enregistré la température de la pièce où s'était déroulée la prise des échantillons d'haleine de l'accusé qui a cependant témoigné au procès en affirmant avoir consommé quatre bières "pendant la soirée". Il a rapporté également qu'au moment de subir le test, le technicien a manifesté certaines hésitations en manipulant la solution ...

En prenant pour acquis les dires de l'accusé sur sa consommation et la période au cours de laquelle elle s'est déroulée, l'expert présenté en défense affirme que le taux d'alcoolémie n'aurait pas dû être supérieur à 40 mg d'alcool par 100 ml de sang:

> "Il est à noter, ce qui en l'espèce me paraît important, que le premier juge ne s'est pas prononcé sur la crédibilité du témoignage de l'appelant et de son beau-père. Il se contente de les analyser sans dire qu'il ne les croit pas.
>
> L'intimé n'avait pas à prouver son innocence, ni même à aller jusqu'à démontrer l'irrégularité ou la déficience de l'administration du test. Il n'avait qu'à soulever un doute raisonnable à cet égard. Même si, j'aurai (sic) probablement pu conclure, comme juge de première instance, de la même façon que le juge Marc Gagnon l'a fait, la Couronne ne m'a pas convaincu qu'en accordant le bénéfice du doute à l'intimé et en appliquant les principes de notre jurisprudence, notamment dans Dubois c. La Reine, précité et dans Procureur général de la Province de Québec c. Lessard, C.A.Q. 200-10-000128-848, du 25 mai 1985, l'honorable juge Trotier a fait une erreur de droit qui mérite l'intervention de cette Cour." (Jugement page 7)

F. AIDE-MEMOIRE

La lecture de ces décisions cristallise l'application pratique des grands principes pour une bonne part des situations qui sont soumises à l'attention de nos tribunaux. On peut sans doute en dégager le sommaire suivant:

1. Le fardeau de la preuve qui repose sur la poursuite en matière de conduite avec un taux supérieur à la limite permise est le même que dans toute instance criminelle (Noble).

2. La lecture enregistrée à l'alcootest constitue une preuve *prima facie* des résultats; la marge d'erreur inhérente à un appareil approuvé ne peut contrecarrer l'effet de la présomption (Moreau).

3. La preuve contraire n'a qu'à soulever un doute raisonnable dans l'esprit du juge (Crosthwait).

4. Une preuve qui n'est pas crue ne peut servir d'assise au doute raisonnable (Belley).

5. La preuve faite par un accusé de ses consommations n'a pas à être absolument précise (Dubois).

6. La Cour peut prendre connaissance judiciaire de l'effet d'un certain nombre de consommations sur le taux d'alcool (Lavoie).

7. L'accusé n'a pas à démontrer que l'appareil a mal fonctionné (Desrosiers).

8. L'accusé n'a pas nécessairement besoin d'avoir recours à un expert pour établir sa preuve contraire (Lavoie).

9. La "preuve contraire" doit être une preuve tendant à démontrer que le taux d'alcoolémie de l'accusé au moment de l'infraction alléguée ne correspondait pas au résultat de l'analyse chimique (Moreau).

10. Une preuve qui tend à démontrer que le taux d'alcoolémie au moment de l'infraction est inférieur au maximum permis constitue une preuve contraire (Moreau).

11. La présomption peut être réfutée par la preuve du mauvais fonctionnement de l'appareil (Crosthwait).

12. Cette preuve doit tendre à invalider le résultat des tests au point de rendre douteux que le taux de l'accusé ait été supérieur au maximum permis (Crosthwait).

13. La seule considération des résultats enregistrés, sans les appliquer à l'accusé, ne permet pas de tirer des inférences contraires aux résultats présumés (Guay-Bertrand).

14. L'accusé peut avoir été hors limite au moment des tests mais avoir été à l'intérieur de celle-ci au moment de l'infraction (Piuze).

15. L'écart entre les résultats des tests et celui prétendu en défense, n'est pas un élément suffisant à lui seul pour discréditer le témoignage de l'accusé (Desrosiers).[8]

8

voir également:

Payne v. R., (1986) 72 A.R. 396 (C.A. Alta)

G. SITUATIONS LITIGIEUSES

Même si la présence d'un expert en défense n'apparaît pas essentielle, elle est souvent utile et la portée de son témoignage vise généralement les aspects suivants:

1. il peut détecter des anomalies dans la manipulation de l'appareil, et

2. pourra conclure de leur impact sur la lecture enregistrée par l'alcootest;

3. il pourra également donner son opinion sur les résultats qu'auraient dû enregistrer l'appareil, sur la foi de la preuve de consommation par l'accusé présentée en défense, en procédant à une simulation ou autrement et en se basant sur ses caractéristiques personnelles.

Certaines situations créent encore problème; ainsi, la force probante d'une **SIMULATION** n'est pas tranchée de façon définitive en jurisprudence bien qu'acceptée de façon majoritaire; le raisonnement de l'Honorable juge Belzil (dissident) dans R. Hugues, (1982) 30 C.R. (3d) 2 70 C.C.C. (2d) 42, (C.A. Alta), illustre bien la chose:

> "There are other deficiencies in the evidence of Kirkwood which precluded it from being valid "evidence to the contrary". If the Kirkwood tests were to have any claim at all to validity as comparative tests, they had to be founded on the premise or assumption of fact, to be proved at trial, that the level of alcohol in the blood of the accused was the same on both occasions. That was the launching pad of the so-called "simulation" evidence. If the thing measured, i.e., blood-alcohol level, were shown to be the same on both occasions and two measuring instruments gave

> inconsistent readings, then an inference might properly be drawn that one or the other or both instruments were inaccurate. But that was not the situation here.
>
> (...)
>
> The accused seeks to prove that fundamental premise or assumption of fact by evidence of similar consumption of food and alcohol on both occasions. But the mere duplication of eating and drinking patterns will not suffice. What is required to establish the basic premise is expert evidence that all factors which may regulate or affect the rate of absorption or elimination of alcohol by or from the human body, and particularly that of the appellant, were identical on the two occasions 18 months apart. As already stated, Kirkwood was not qualified to give that evidence nor did he purport to do so. In the absence of this definitive evidence, it was not open to the jury to find that a similar pattern of consumption on two separate occasions would produce the same blood-alcohol level at equivalent times on both occasions. The learned trial judge correctly instructed the jury to this effect. (Jugement pages 15 et 16)

Pour la majorité (les juges Pickerman, Prowse, Moir et McChlung) l'admissibilité ne faisait aucun doute et la force probante de cette preuve est du domaine du juge des faits. Lorsqu'on considère cependant le fondement de l'opinion de l'expert dans la décision de Piuze (supra, méthode de calcul théorique selon Widmark), il apparaît étrange d'apporter de telles réserves à une simulation dont le mérite, pour la communauté scientifique, ne fait pas de doute puisqu'elle s'avère supérieure à l'autre méthode.

L'argument est d'autant plus discutable qu'il est impossible pour un accusé d'établir son rapport alcool alvéolaire/alcool sanguin au moment de la prise de son échantillon d'haleine (sans parler de celui existant au moment de l'infraction) à moins qu'une prise de sang soit effectuée simultanément. Est-il juste alors de se fier à un test d'haleine effectué sur un alcootest calibré à un rapport constant de 1/2100 quand ce rapport varie considérablement d'un individu à un autre et à différents moments chez le même individu? Une telle exigence serait pour le moins discutable sur le plan constitutionnel.

Un problème similaire de force probante est illustré dans les situations où **L'ACCUSE AFFIRME AVOIR CONSOMME DE L'ALCOOL APRES LE MOMENT DE L'INFRACTION ALLEGUEE.** Dans R. v. Kays, (1988) 62 C.R. (3d) 193 (C.A.N.-E.), on retrouve l'énoncé du principe suivant:

> "(...) evidence capable of being "evidence to the contrary" within the meaning of s. 241(1)(c) of the Criminal Code must be evidence which raises a reasonable doubt that the accused's blood-alcohol concentration, at the time of the alleged offence, exceeded 80mg of alcohol in 100 ml of blood. It is not enough that the evidence offered merely shows that the accused's blood-alcohol concentration may have been either higher or lower than the readings set out in the certificate."
>
> (...)
>
> The difficulty with the evidence tendered in the case at bar is that it does not tend to show that the respondent's blood-alcohol level was within the permitted limits. It is at most evidence from which a court might conclude that that level could at the time of the alleged offence

> have been different from the level in the certificate." (Jugement pp. 202 et 203) [9]

Le professeur Don Stuart règle ce genre de controverse d'une façon lapidaire dans son bref commentaire publié à (1982) 30 CR (3d) 3:

> "(...) Surely it would be a clarification if we reverted to the language of adducing sufficient evidence to put the matter in issue. Under s. 237(1)(c), the accused is called upon to adduce such evidence; otherwise the presumption is available to the Crown. Once the evidence has "passed the judge", we should be content to trust the trier of fact."

Lorsqu'il est possible de détecter des erreurs de manipulation chez le technicien qui, si elles n'avaient pas été faites, auraient amené une lecture en-deça de la limite légale, la preuve contraire est satisfaite. Tel que vu précédemment, l'accusé n'a pas l'obligation

---

9

Voir également:

R. v. Gallagher, (1981) 14 M.V.R. 181, (C.A.N.B.)
Parent v. R., (1982) 16 M.V.R. 73, (C.A. Sask.)
Batley v. R., (1985) 19 C.C.C. (3d) 282, (C.A. Sask.)
R. v. White, (1986) 41 M.V.R. 82, (C.A.T.-N.)
Creed v. R., (1987) 7 M.V.R. 2d 184
R. v. Andrews, (1988) 3 M.V.R. 2d 203, (C.A.N-E)

et comparer:

Kizan v. R., supra

d'aller jusque là; les anomalies qui peuvent être détectées dans la manipulation de l'appareil aident la défense dans ce contexte en ajoutant au doute raisonnable qui peut par ailleurs être soulevé par le reste de sa preuve "contraire", incluant la marge d'erreur de l'appareil ou les variations possibles chez l'individu du rapport alcool alvéolaire vs alcool sanguin (voir à ce sujet Rafuse v. R., (1981) 59 C.C.C. (2d) 242, (C.A.N.-E.); R. v. Star, (1984) 10 C.C.C. (3d) 363, (C.A.N.-E); State of New Jersey v. McGinley, C.Sup. N.J. 550 A. 2d 1305(N.J. Super. L 1988).

Les difficultés que présente l'application des principes dans les causes de conduite avec une alcoolémie supérieure à la limite permise proviennent sans doute de la complexité à juxtaposer les règles générales reliées au fardeau de la preuve avec celles relatives à l'effet de la présomption.

La question encore litigieuse qui semble perdurer porte sur le fardeau reposant sur la défense: doit-il viser spécifiquement à faire la preuve de son alcoolémie véritable au moment de l'infraction reprochée ou peut-il se satisfaire de laisser planer un doute sur la valeur présumée des résultats?

Prenons l'exemple suivant: Un technicien qualifié témoigne à l'effet que la lecture à l'alcootest donnait un résultat de 150 mg d'alcool par 100 ml de sang. La présomption entre en jeu! Son collègue affirme que le technicien lui a avoué que devant la conduite de l'accusé, il a falsifié les résultats sans lui dire de combien. Le juge peut-il acquitter l'accusé sans que celui-ci ne témoigne de sa consommation ou ne doit-il pas plutôt entretenir un doute raisonnable de sa culpabilité?

N'en serait-il pas de même quant aux erreurs dans la manipulation de l'appareil qui laissent le juge perplexe quant à la valeur des résultats?

H. CONCLUSION

La preuve *prima facie* est celle qui, non contredite, entraîne la culpabilité. A l'article 258 C.Cr., le législateur a érigé un "système" dans le cadre duquel une présomption de faits est créée.

Si l'effet de cette présomption exige qu'un accusé fasse la preuve de son alcoolémie véritable au moment de l'infraction reprochée, il semble trop étroit, engendre des situations inéquitables et peut être perçu comme une violation de la présomption d'innocence. Un juge pourrait en effet se retrouver dans la situation où l'accusé n'aurait pas jeté de doute sur la légalité de son alcoolémie réelle au moment de l'infraction reprochée et où il ne serait pas convaincu hors de tout doute raisonnable par la preuve de la poursuite.

Là n'est sans doute pas la réalité cependant, l'arrêt Lessard (supra) de la Cour d'Appel du Québec plaidant en cette faveur.

CHAPITRE 8

LES FACULTES AFFAIBLIES

A. INTRODUCTION

Nous traiterons ici de la notion de facultés affaiblies, étant donné la fréquence de sa mention dans les parties précédentes du présent recueil. Dans plusieurs affaires judiciarisées, alors que des individus sont confrontés à des accusations d'avoir conduit avec les facultés affaiblies, les résultats d'alcootests sont, la plupart du temps, appréciés par les tribunaux, au moment de déterminer la culpabilité. Nous verrons, un peu plus loin, comment la Cour peut établir un lien entre les résultats de tests, ou encore le refus de les subir, et les symptômes qui sont démontrés par un individu, à un moment précis.

En vertu du sens commun, on pourrait définir l'expression "facultés affaiblies" comme voulant dire aptitudes, capacités ou fonctions diminuées ou amoindries.

Cette notion, qui se veut d'abord et avant tout purement juridique, puisque se retrouvant à l'intérieur d'une loi d'application générale, a été cernée par plusieurs décisions rendues par les tribunaux.

De façon générale, la notion d'affaiblissement des capacités de conduire d'une personne a été abordée sous deux aspects: l'altération du jugement et la diminution de l'habilité physique.[1]

Celle-ci ne doit pas être confondue avec l'ivresse ou l'état d'ébriété qui reflète plutôt l'état de stupeur occasionné chez un individu intoxiqué au

---

1 R. v. Carlson, (1956) 25 C.R. 230, (C.D. Alta, Appel)

point de perdre totalement ou partiellement l'usage de ses facultés mentales ou nerveuses.[2]

Pour ce qui est des capacités affaiblies, le processus mental quoique affecté fonctionne quand même alors que la notion d'ivresse ou d'état d'ébriété implique l'anéantissement général ou partiel de ce processus.

Il existe plusieurs façons de faire la preuve de l'existence de facultés affaiblies. Ainsi, on pourra prouver par des témoins les détails de la conduite de l'accusé ou ses symptômes physiques.

Elle peut se déduire aussi du résultat de tests symptômatiques tels que: la capacité de marcher sur une ligne continue, de ramasser des pièces de monnaie, d'ouvrir le coffre arrière d'un véhicule ou de se toucher le bout du nez.

La jurisprudence en cette matière est très abondante et la revue de celle-ci nous permet de mettre en relief une série de critères servant à délimiter d'une façon plus précise la notion juridique de facultés affaiblies.

Il n'est certes pas possible de la définir de manière certaine et définitive, étant donné qu'elle évolue au rythme où nos tribunaux l'analysent en fonction des faits rapportés dans des cas d'espèces.

Le texte qui suit se limite donc à ressortir et à analyser les différents critères qui ont été établis par les tribunaux au cours des années, pour lui donner la portée qu'elle présente actuellement.

2

R. v. Desbiens, (1952) 3 C.C.C. 36 (C.S.Q.)

B. DISPOSITION LEGISLATIVE

L'article 253a) du Code Criminel Canadien s'énonce comme suit:

> "Commet une infraction quiconque conduit un véhicule à moteur, un bateau, un aéronef ou du matériel ferroviaire, ou aide à conduire un aéronef ou du matériel ferroviaire, ou a la garde ou le contrôle d'un véhicule à moteur, d'un bateau, d'un aéronef ou du matériel ferroviaire, que ceux-ci soient en mouvement ou non, dans les cas suivants:
>
> a) lorsque sa capacité de conduire ce véhicule, ce bateau, cet aéronef ou ce matériel ferroviaire est affaiblie par l'effet de l'alcool ou d'une drogue;"

C. CRITERES PERTINENTS A LA NOTION DE FACULTES AFFAIBLIES

1) COMPARAISON AVEC L'ETAT "NORMAL" D'UN INDIVIDU

L'accusé ne doit être déclaré coupable de l'infraction prévue à l'article 253 a) du Code Criminel que s'il est établi hors de tout doute raisonnable que son état déviait d'une façon marquée de ce que l'on considère habituellement comme un état normal.

° R. v. McKenzie, (1955) 111 C.C.C. 317 (C.D. Alta, Appel)

"If a combination of several tests and observations shows a marked departure from what it is usually considered as the normal, it seems a reasonable conclusion that the driver is intoxicated with consequent impairment of control of faculties and therefore that his ability to drive is impaired.

I do not think such a finding should be made on a slight variation from the normal." (p. 319)[3]

° R. v. Arnold, (1961) 133 C.C.C. 218, (C.D. Sask., Appel).

"In this case we have before us the evidence of Constable Vaughn whose evidence indicated that he didn't think this man was normal. He smelled alcohol on his breath, he seemed to stagger, he seemed to be unsure on his feet when he

---

3

Cet arrêt est maintenant un classique en matière de facultés affaiblies. Il a été entériné par la Cour d'Appel du Québec dans R. v. Morin, 11 novembre 1991, 500-10-386-886 (C.A.QC).

Au Québec, la décision R. v. Bélanger, 1990, R.J.P.Q., 90-322 (C.M. Mtl), rendue par monsieur le Juge Bessette est celle qui contient l'analyse la plus complète des critères détaillés à l'intérieur de ce chapitre; tous et chacun des critères ressortant de l'ensemble de la jurisprudence ne s'y retrouvent cependant pas.

got out of the car. He said that he tried the heel and toe test with him and that he didn't pass on that, and he tried the hand to nose and he was uncertain on that, and he gave it as his opinion that the man was not fit to drive, and so he arrested him.

His evidence is lacking in giving details of the degree of change, that is, from what is normal and what would not be normal. I think it is absolutely essential in these cases, particularly in view of the decisions, that we have had, that there be given not that he 'just didn't seem to pass' - and that is about all that was said in this evidence - that he just didn't pass the test. How didn't he pass the test? How much was he out? Any slight variation should not be definite evidence of impairment, that is impairment of ability to drive a motor vehicle as contemplated by the Criminal Code.

The toe and heel test, I think, is a very vicious type of test and I think that you will find that many people who are absolutely normal cannot do that test. I know I can't do it myself. I tried and I can't do it. I suppose I shouldn't have tried it. I suppose that it is bad for me to try to demonstrate to myself, but I think it is a test that has to be carefully demonstrated, and I think there are a great many people that can't do that test, and pass it satisfactorily in the opinion of those giving the test." (p.221 et 222)

- R. v. Boucher, 26 octobre 1990, 500-01-474-904, (C.Q.)

"Pour convaincre la Cour que l'accusé a conduit alors que ses facultés étaient affaiblies par l'alcool, il aurait dû y

> avoir une preuve non contredite et crédible que l'accusé a opéré un véhicule sur une voie publique d'une façon qui constituait un écart manifeste par rapport à une norme de conduite habituelle et que son apparence et son comportement faisaient voir qu'il était sous l'influence de l'alcool à un point tel qu'il était incapable de contrôler ses facultés assez bien pour conduire." (p. 1)[4]

2) DEGRÉ D'ECART REQUIS

L'état de déviation marquée du comportement par rapport à un "comportement normal" n'implique aucunement que la poursuite doive faire la preuve que l'accusé était au moment de l'incident en état d'ivresse. Il suffit que la poursuite établisse hors de tout doute raisonnable que l'état de l'accusé

4

voir également:

R. v. H., (1955-56) 17 W.W.R. 35
R. v. Miller, (1963) 42 W.W.R. 150
R. v. Birt, (1966) 51 M.P.R. 202
R. v. Weir, (1978) 14 Nfld and P.E.I.R. 398
R. v. Majore, (1981) 60 C.C.C. (2d) 277
R. v. Bennett, (1981-82) 11 M.V.R. 125
R. v. Hayton, (1982) 62 C.C.C. (2d) 491
R. v. Nolin, (1982) 18 Man. R. (2d) 266
R. v. MacDonald, (1982) 7 W.C.B. 241
Otto v. The Queen, (1985) 29 M.V.R. 106
R. v. Prowse, (1985) 29 M.V.R. 212
R. v. Waite, (1989) 13 M.V.R. (2d) 236
R. v. Bélanger, supra
R. v. Dubé, (1990) 8 W.C.B. (2d) 214
R. v. Fecteau, (1990) 10 W.C.B. (2d) 489

déviait de la normalité d'une façon significative, par rapport à une déviation minime ou légère.[5]

° R. v. Bellay (1950) R.L. 52, (C. Sess. Paix)

> "Il n'est pas nécessaire d'établir l'ivresse lourde pour appliquer les dispositions du paragraphe 4 de l'article 285 du Code pénal, mais l'ivresse ordinaire qualifiée vulgairement par l'expression "chaudasse ou chaud" est suffisante pour rendre un prévenu passible de la peine édictée par ledit paragraphe." (p. 52)

Par ailleurs, cette proposition a également été énoncée par l'auteur Me Jack Watson dans son article "Impaired ability to drive: Do only drunks need apply" (1 J.M.V.L. pages 1-19)

> "In the writer's view, the ordinary meaning of the word "marked" is that the the thing is not bland or indistinguishable. The idea of being a "marked departure" from some medium state is, therefore, a difference above de minimis. The logic of the matter is to assess whether the person can be sensibly

---

5 voir également:

R. v. McKenzie, supra
R. v. Zarins, (1960) 125 C.C.C. 375
R. v. Conlon, (1978) 6 Alta L.R. (2d) 97
R. v. Hayton, supra
R. v. MacDonald, supra
R. v. Prowse, supra
R. v. Murray, (1985) 22 C.C.C. (2d) 502
R. v. Wurz, (1986) 16 W.C.B. 478
R. v. Bruhjell, (1986) 17 W.C.B. 270
R. v. Bélanger, supra

said to be in a state or condition which is sufficiently different from the state of normalcy as to exceed the sliding scale of normalcy and reach into the class of defective. One looks for markers in order to be confident about the inference. The absence of florid markers, however, does not obviate the inference." (p. 7)

"Invocation of more dictionnaries is possible, but its utility for the purposes of this article is perhaps in doubt. The point seems plain from the above quotes that there is a significant difference between "intoxication" and "impairment" although the latter will be inclusive of the former, and both can have as their genesis the introduction of drugs or alcohol into the system.

In the writer's view, it should be taken as clear that the intent of Parliament was to disallow people from taking control of the potentially dangerous instrumentality of modern day powerful vehicles after they have reduced their capacity to properly use or handle them, or exercise judgment about them." (p. 10)

3) LES SYMPTÔMES

Aucun test, ni observation, ne peut suffire isolément à déterminer si la capacité de conduire de l'individu est affaiblie par l'alcool ou une drogue. Le tribunal au moment de rendre son jugement doit apprécier l'ensemble de la preuve présentée en tenant compte de tous les facteurs pertinents.

Ces facteurs sont, entre autres éléments, les manoeuvres du conducteur, son attention, son jugement, ses réflexes, son état physique, son comportement en général, son haleine, son souffle, sa démarche, sa façon de s'exprimer, sa vision, la réaction de ses pupilles et sa capacité d'exécuter des gestes tels que changer de direction, se lever et s'asseoir, ramasser des objets, etc...[6]

° R. v. McKenzie, supra

"There appears to be no single test or observation of impairment of control of faculties, standing alone, which is sufficiently conclusive. There should be consideration of a combination of several tests and observations such as general conduct, smell of the breath, character of the speech, manner of walking, turning sharply, sitting down and rising, picking up objetcs, reaction of the pupils of the eyes, character of the breathing." (p. 319)

° R. v. Brissette, (1966) 57 W.W.R. 1, (C.S.C.-B.)

"It is not the law in Canada that a person is guilty of an offense under sec. 223 of the Criminal Code, 1953-1954, ch. 51, because a test made on the Borkenstein breathalyzer or any other machine produces a given reading, nor is it the law in Canada that a person is guilty thereof because one or more experts expresses an opinion in court that such person's ability to drive a motor vehicle is impaired if his blood contains a given

---

6

voir également:

R. v. Carlson, supra
R. v. Weir, supra
Otto. v. The Queen, supra
R. v. Prowse, supra
R. v. Bélanger, supra

> percentage of alcohol. Such evidence is admissible but it is not conclusive.
>
> A person is guilty of driving a motor vehicle while his ability to do so is impaired by alcohol or a drug only when the court hearing the evidence is satisfied beyond a reasonable doubt and finds as a fact that he is guilty as charged. Such findings should be made in the light of all the facts and circumstances established by the evidence and accepted by the court as truthful and accurate. In determining whether or not a person's ability to drive was impaired by alcohol or a drug, consideration may be given to such factors as his ability to drive in a mechanical sense and also in the field of judgment, his appearance, his manner of speech, the smell of his breath, his manner of walking, the reaction of the pupils of his eyes and the results of all physical tests including the breathalyzer test. If a consideration of such factors leads the court to the conclusion that the condition of the accused was consistent with the conclusion that he was driving while his ability to drive was impaired by alcohol or a drug and inconsistent with any other rational explanation, then the court is justified in convicting him."

4) LA FACON DE CONDUIRE

Le fait qu'un individu ait conduit son véhicule de façon erratique ou dangereuse peut constituer un élément de preuve pertinent.

Cependant, la capacité de conduire d'une personne peut être affaiblie par l'alcool ou une drogue, même si cette personne conduit d'une manière apparemment normale. Ce n'est donc pas la conduite mais la capacité de conduire qui importe et qui a préséance au niveau de la preuve.[7]

- R. v. McKenzie, supra

  "The offense is not that the driving was impaired by alcohol but that the accused drove while his ability to drive was impaired. The effect of alcohol is subjective before it is objective and there may be dangerous impairment even though there are no objective symptoms of intoxication. However, for the practical purposes of a criminal trial, we must, at the present time, depend largely on objective symptoms." (p. 318 et 319)

- R. v. Carlson, supra

  "It is quite conceivable to me that a person may be driving in a perfectly proper way as far as the mechanical factors are concerned, but his ability might be very seriously impaired in the field of judgment." (p. 234)

- Beals v. R., (1956) 117 C.C.C. 22, (C.S.N.-E)

---

7 voir également:

Hurley v. Taylor, (1953) 107 C.C.C. 220
R. v. Aspirot, (1958) R.L. 342
R. v. Laramée, (1973) 9 C.C.C. (2d) 433
R. v. Hayton, supra
R. v. MacDonald, supra
R. v. Bélanger, supra
R. v. Faucher, 22 avril 1991, 200-10-224-886 (C.A.QC.)
R. v. Lebel, 21 octobre 1991, 200-10-19-898 (C.A.QC.)

"There can be no doubt that the learned judge who heard the appeal decided that the accused droved the car while under the influence of liquor and that the ability of the accused was impaired by alcohol at the time but that it was not necessary to prove that his driving was visibly faulty. He reached his conclusion that the ability of the accused to drive was impaired by other evidence than the driving." (p. 23 et 24)

° R. v. Brissette, supra

"It should be noted that it is not the driving of the accused that is to be judged, although that is a factor to be considered. Even if nothing abnormal about his driving was observed, that is not conclusive as to his guilt or innocence. One's ability to drive may be impaired even though there is no evidence of bad driving and, conversely, one may drive badly without being impaired. The question for determination is not whether he drove badly, but rather, was his ability to drive impaired or was it not." (p. 4)

Le fait qu'une personne démontre un bon degré de jugement dans la conduite de son véhicule est pertinent pour permettre de repousser l'allégation de capacités affaiblies fondée essentiellement sur l'observation d'autres symptômes physiques.

° R. v. H., supra

"I am afraid the police do let themselves be swayed now and then by the fact there is the smell of liquor without considering whether or not there is any real degree of intoxication or impairment. I find it difficult to believe a man who could successfully negociate the high pile of earth, and the service road, and specially warned the constable not to drive into the

> service road because he might get stuck, I find it difficult to believe that man's faculties were impaired to the extent he did not know what he was doing, or that his ability to drive his car was impaired. Not only am I faced with opinion evidence, but I am faced by facts which do not jibe with those which the Crown relies on for a conviction." (p. 36)[8]

On peut affirmer que la manière de conduire un véhicule automobile, bien qu'étant un facteur parmi tant d'autres, se veut un élément très important dans la détermination de l'existence ou non de facultés affaiblies chez un individu.

5) LES TESTS SYMPTÔMATIQUES

La preuve de la réussite ou de l'échec de tests symptômatiques (aussi appelés tests de sobriété) est utile à la détermination de l'existence ou non de facultés affaiblies chez un individu mais ne constitue pas un prérequis à cette conclusion. Il faut noter qu'on ne peut déduire aucune présomption de culpabilité contre un accusé parce que celui-ci a refusé de se soumettre à de tels tests.

Un individu n'est pas tenu de se soumettre aux exercices physiques demandés par le policier pour vérifier son état, et ce, en vertu de son droit à la non-incrimination tirant sa source dans la "Common

---

8 voir également:

R. v. Chartrand, (1968) 63 W.W.R. 583
R. v. Hayton, supra
R. v. Bélanger, supra

Law", également protégé par l'article 7 de la Charte.[9]

La preuve de ces épreuves physiques auxquelles les policiers auraient soumis l'accusé est donc admissible parce que pertinente, mais pas obligatoire.[10]

6) FACTEURS EXTRINSEQUES ASSOCIES A LA CONSOMMATION D'ALCOOL

Certains facteurs peuvent entraîner des symptômes similaires à ceux occasionnés par la consommation d'alcool; ainsi, la fatigue peut, à elle seule, provoquer une conduite semblable à celle d'un individu en état d'ébriété. Il en est de même de la prise concomitante d'une ou plusieurs drogues (médicaments), de l'état de santé, du poids, des habitudes de consommation.[11]

---

9 R. v. Shaw, (1964) 43 C.R. 388

10 R. v. Andres, (1982) 2 W.W.R. 249
Otto v. The Queen, supra
R. v. Bélanger, supra
R. v. Nadeau, 13 janvier 1992, 200-10-3-918 (C.A.QC)

11 R. v. Bennett, (1960) 32 C.R. 176
R. v. Hawryluk, (1967) 3 C.C.C. 356
R. v. Santos, 500-36-195-878 (C.S.M.)
R. v. Bélanger, supra
R. v. Seminaro, 13 déc. 1991, 500-10-408-896 (C.A.QC)

° R. ex. rel. Pringle v. Fynn, (1955) 113 C.C.C. 35

"If on such a charge, the evidence showed that the impairment was due only to alcohol or to a drug, conviction would be quite valid. If the evidence showed also that the impairment was due to both alcohol and a drug I am of the opinion that the conviction also would be good. The gist of the charge is the act of driving. The reference to alcohol or a drug applies only to the description of the impairment."(p. 38 et 39)

° R. v. Pelletier, (1989) 51 C.C.C. (3d) 161

"Once the trial judge in the instant case found impairment of the ability to drive due to the consumption of alcohol, his perception that the impairment might also partially have been caused because the appelant may have been suffering from fatigue, does not provide a defense to the charge. There was no evidence to suggest or from which the trial judge did or could have concluded that the impairment of the appelant's ability to drive a motor vehicle was caused by anything other than alcohol." (p. 165)

7) ABSENCE D'EXPLICATION DE LA PART D'UN ACCUSÉ

La Cour peut considérer l'omission pour l'accusé de témoigner.[12]

8) LE TAUX D'ALCOOLEMIE

Les résultats enregistrés à l'alcootest pourront être considérés par la Cour s'ils ont été préalablement déclarés admissibles.[13]

Ce facteur à lui seul n'est cependant pas concluant et doit être considéré avec les autres circonstances. Ainsi, un individu peut être déclaré coupable de l'infraction même si son taux d'alcoolémie est inférieur à la limite légale, les habitudes de consommation étant un élément important à considérer à ce chapitre. Pour les mêmes raisons, un accusé pourra

---

12

R. v. Armstrong, 23 novembre 1988, 7851 (B.C.C.A.)
R. v. Hosak, (1988) 85 A.R. 98
R. v. Wise, (1989) 9 M.V.R. (2d) 257
R. v. Bélanger , supra

13

R. v. Houle, (1990) R.J.P.Q. 90-317 (C.S.QC.)

dépasser la limite légale mais ne pas avoir eu les facultés affaiblies.[14]

Par ailleurs, les symptômes observés chez un individu peuvent être pertinents à la force probante des résultats de l'ivressomètre: une preuve à l'effet que l'on devrait normalement observer tels symptômes chez un individu ayant enregistré un taux déterminé, pourra confirmer qu'il y a eu erreur dans la manipulation de l'appareil; l'écart doit cependant être significatif.

9) LE REFUS DE SE SOUMETTRE A L'ALCOOTEST

Bien que constituant une infraction, le refus d'obtempérer à l'ordre d'un agent de la paix n'est pas concluant en soi au niveau de la détermination de l'état de facultés affaiblies.

Le tribunal doit cependant considérer ce fait parmi les autres facteurs énumérés en vertu de l'article suivant:

> **258. (3)** Dans toute poursuite engagée en vertu de l'article 255(1) à l'égard d'une infraction prévue à l'alinéa 253(a) ou en vertu des paragraphes 255(2) ou (3), la preuve que l'accusé, sans excuse raisonnable, a fait défaut ou refusé d'obtempérer à un ordre qui lui a été donné par un agent de la paix, en vertu de l'article 254 est admissible et le

---

14

<u>R. v. Desharnais</u>, (1971) 2 W.W.R. 249
<u>R. v. Jean</u>, (1972) C.A. 359
<u>R. v. Allaire</u>, (1975) R.L. 129
<u>R. v. Bélanger</u>, supra

tribunal peut en tirer une conclusion défavorable à l'accusé.

Avant de pouvoir considérer le refus cependant, les circonstances entourant la commission de cette dernière infraction doivent être examinées.[15]

Le refus permet de tirer la conclusion qu'un individu peut entretenir la crainte réelle d'échouer les tests ou qu'il souffrait de symptômes suffisants pour constituer l'infraction. Cette crainte n'a cependant pas à être établie de façon indépendante par la poursuite. Par ailleurs, l'accusé peut donner une explication pour réfuter cette "présomption".[16]

15

R. v. Ranger, (1983) 26 M.V.R. 83
R. v. Fredrek, (1979) 5 M.V.R. 1
R. v. Hillman, (1978) R.T.R. 124
R. v. Lord, (1958) 27 C.R. 249
R. v. Ostrowski, (1959) 29 C.R. 109
R. v. Hann, (1968) 4 C.C.C. 301
R. v. Siegl, (1969) 67 W.W.R. 390
R. v. Maydaniuk, (1970) 74 W.W.R. 1
R. v. Desharnais, supra
R. v. Allaire, supra
R. v. Trudel, (1979) 1 M.V.R. 329
R. v. Bodroghy, (1979) 3 M.V.R. 256
R. v. Majore, (1980) 60 C.C.C. (2d) 277
R. v. Meisner, (1988) 5 M.V.R. 303
R. v. Bélanger, supra

16

R. v. Conlon, (1977) 6 Alta L.R. (2d) 97
R. v. Garneau, (1982) 66 C.C.C. (2d) 90

D. PREUVE DES CRITERES

1. LE TEMOIN EXPERT

L'opinion, à l'effet qu'une personne, qui présente un taux d'alcoolémie donné, devrait présenter tels symptômes, devra être exprimée par un témoin expert ou par une personne qui a des qualifications ou une expérience particulière et suffisante dans le domaine. C'est, par ailleurs, la limite de l'opinion qui pourra être exprimée car, encore une fois, c'est l'ensemble de la preuve qui doit être examinée. Ainsi, la seule conclusion d'un témoin qu'un accusé, parce qu'il avait un taux déterminé avait les facultés affaiblies, serait irrecevable, car étant la question de droit ultime que le juge des faits droit trancher.

Sans la preuve, apportée par un témoin qualifié, le juge ne peut tirer d'inférence puisqu'il ne peut en prendre connaissance judiciaire.[17]

17

voir également:

<u>R. v. Adams</u>, (1956-60) 30 W.W.R. 429
<u>R. v. Ostrowski</u>, supra
<u>R. v. Servello</u>, (1962-63) 40 W.W.R. 306
<u>R. v. Miller</u>, (1963) 42 W.W.R. 150
<u>R. v. Nagy</u>, (1965) 51 W.W.R. 307
<u>R. v. Hollahan</u>, (1970) 7 C.R.N.S. 307
<u>R. v. Akerholdt</u>, (1971) 3 W.W.R. 545
<u>R. v. Chandok</u>, (1974) 12 C.C.C. (2d) 90
<u>R. v. Wilde</u>, (1973) 14 C.C.C. (2d) 90
<u>R. v. Friesen</u>, (1977) 4 Alta L.R. (2d) 381

° La Reine v. Thomas, 16 octobre 1991, 500-10-199-883 C.A.Q, les juges Chevalier, **Proulx** et Fish.

"Le premier juge, en regard du résultat du test démontrant un taux d'alcoolémie de 130 mg/100 ml de sang, en a tiré deux conclusions de droit, à savoir (1) que cette preuve établissait l'état de facultés affaiblies et (2) qu'il revenait à la charge de l'appelant de démontrer par une prépondérance de preuve que sa capacité de conduire n'était pas affaiblie par l'alcool(...) (p. 3)

...

Le Code Criminel n'a pas créé une présomption de droit qui permet d'inférer du résultat du test la preuve que les facultés sont affaiblies par l'effet de l'alcool: il incombait ici au poursuivant d'établir, dans les faits, la portée de ce résultat en regard de la capacité de conduire. La présomption que prévoit l'article 258(1)(c) permet d'établir la concentration d'alcool au moment de l'incident mais le Tribunal n'a pas connaissance judiciaire qu'un résultat donné doit être interprété comme significant que la capacité de conduire était affaiblie par l'effet de l'alcool et jusqu'à quel degré elle peut l'être. De plus, cette présomption, (même si elle s'appliquait) contrairement à ce que le premier juge l'a cru, peut être réfutée par ce que le code stipule être une "preuve contraire" et non pas par une preuve prépondérante." (p. 5)

° R. v. Arnold, supra

"The evidence of a breathalyzer test can only be used:

(1) if the test was made correctly; and

(2) if the machine was accurate, and that it was proven that it was accurate; and (3) it must be established by an expert that results indicate ability to drive impaired." (p. 220)

- R. v. Bunnis, (1964) 44 C.R. 262

"The Crown sought to introduce, as expert testimony, the opinion of one Brennan, an officer of the Victoria city police, as to the effect upon the respondent of .17% alcohol in his blood as determined by a device called a Borkenstein Breathalyzer.

From this it is clear that so long as a witness satisfies the Court that he is skilled, the way in which he acquired his skill is immaterial. The test of expertness, so far as the law of evidence is concerned, is skill, and skill alone, in the field in which it is sought to have the witness's opinion. If the Court is satisfied that the witness is sufficiently skilled in this respect for his opinion to be received, then his opinion is admissible." (p. 262 à 264)

- R. v. Forrester, (1972) 6 W.W.R. 459

"On observing the accused at the Gateway Hotel the two officers formed the belief that the accused was intoxicated. Similarly, when they stopped him, they said that, in their opinions, he was intoxicated. That was as far as their testimony upon the issue of impairment went, except for the evidence of the breathalyzer reading itself, which really did not go to the issue of impairment, since there was no evidence that at a reading of 230 the accused would be

> impaired. I could not assume that possibility to be a fact, nor do I know of any authority upon which I could take judicial notice that such possibility was a fact." (p. 468)

2. LE TEMOIN ORDINAIRE

Toute personne peut exprimer l'opinion qu'un accusé, au moment de l'infraction reprochée, avait les capacités affaiblies. Il s'agit d'une question de faits et non d'une question de droit qu'on peut tirer à partir de son expérience personnelle et des constatations perçues. Sa valeur probante dépend de la façon dont la Cour juge l'ensemble des circonstances et de la crédibilité qui est attribuée au témoin.[18]

° R. v. Graat, (1982) 2 R.C.S. 819

> "Le premier critère de recevabilité d'une preuve est sa pertinence. Il s'agit d'appliquer la logique et l'expérience aux circonstances du cas particulier. Il est bien établi qu'un témoin qui n'est pas un expert peut déposer que quelqu'un est ivre tout comme il peut témoigner au sujet de

---

18

R. v. Cox, (1948) 7 C.R. 39
R. v. Zarins, supra
R. v. Nagy, supra
R. v. Dixon, (1965) 4 C.C.C. 318
R. v. Forrester, supra
R. v. McInnis, (1980) 28 Nfld and P.E.I.R. 353
R. v. Bell, (1983) 34 C.R. (3d) 396
R. v. Foulidis, (1984) 27 Man R (2d) 236
R. v. Sanders, (1985) 33 M.V.R. 97
R. c. Bélanger, supra
R. c. Seminaro, supra

l'âge, de la vitesse, de l'identité ou d'un état émotif.

Il est depuis longtemps admis dans notre droit que l'ébriété n'est pas un état si exceptionnel qu'il faille avoir recours à un expert en médecine pour la diagnostiquer. Un témoin ordinaire peut donner son avis sur la question de savoir si une personne est ivre. Ce n'est pas un sujet où il est nécessaire d'obtenir un témoignage scientifique, technique ou spécialisé pour que le tribunal apprécie les faits pertinents à leur juste valeur. L'ébriété et l'affaiblissement de la capacité de conduire sont des questions que, de nos jours, un jury peut résoudre intelligemment en fonction des connaissances et de l'expérience communes. L'aide d'un expert est superflue.

Dans ces conditions, il paraît illogique de priver la Cour de l'aide que l'opinion du témoin peut lui apporter sur le degré d'ébriété, c'est-à-dire sur la question de savoir si la capacité de conduire d'une personne était affaiblie par l'usage de l'alcool. S'il fallait exclure les dépositions de témoins ordinaires, la défense en serait gravement gênée. Si l'on doit priver l'accusé du droit de citer des personnes qui l'accompagnaient lors de l'incident et de les faire témoigner qu'à leur avis sa capacité de conduire n'était nullement affaiblie, l'intérêt de la justice en serait atteint. Le poids à accorder au témoignage relève complètement du juge ou du juge et du jury. La valeur probante de l'opinion dépend de la façon dont la Cour juge toutes les circonstances." (p. 20)

3. LE TÉMOIGNAGE D'UN AGENT DE LA PAIX

L'opinion d'un policier ne devrait pas, en soi, être préférée à celle d'un autre témoin "ordinaire", pour la seule raison qu'il a plus d'expérience que ce citoyen avec des conducteurs en état d'ébriété et devrait faire l'objet d'une "mise-en-garde" dans un procès devant jury.[19]

- R. v. Graat, supra

  "D'abord, dans tous les cas, pour déterminer si un témoignage d'opinion est recevable, le juge du procès doit nécessairement exercer une grande mesure de discrétion. Deuxièmement, il se peut que les juges et les jurys aient tendance à laisser l'opinion des policiers prévaloir sur les témoignages d'opinion d'autres témoins. Puisque le témoignage d'opinion est reçu en vertu de l'exception dite "de l'énoncé concis des faits" plutôt qu'en vertu de l'exception visant le témoignage d'experts, il n'y a pas de raison particulière de préférer la déposition des policiers à "l'opinion" d'autres témoins. Comme dans tous les

---

19

voir également;

R. v. Dubé, (1955) R.L. 49
R. v. H., supra
R. v. Zarins, supra
R. v. Maydaniuk, supra
R. v. Bell, supra
R. v. Sanders, supra
R. v. Bélanger, supra
R. v. Belley, 5 novembre 1990, 200-10-82-888 (C.A. QC)

cas, l'arbitre des faits doit juger quel poids accorder à ce témoignage. L'opinion d'un agent de police ne merite pas un traitement spécial. Des gens ordinaires avec une expérience courante peuvent savoir qu'en réalité quelqu'un est trop ivre pour faire certaines choses comme conduire une automobile.

Mais le fait qu'un agent de police ait vu plus de conducteurs incapables de conduire qu'un témoin qui n'est pas policier n'est pas un motif en soi d'accorder plus de poids à la déposition d'un agent de police.

Les témoins qui sont agents de police et ceux qui ne le sont pas ne font que donner un énoncé concis des faits qui sont trop subtils et trop compliqués pour être énoncés un par un. Les juges de première instance ne devraient pas oublier qu'il s'agit là de témoignages d'opinion de non-experts et que l'opinion des agents de police n'a pas droit à un traitement de faveur simplement parce que ceux-ci peuvent avoir une grande expérience des conducteurs dont les facultés sont affaiblies. La fiabilité et l'exactitude des policiers doivent être appréciées de la même façon que celles des autres témoins, en fonction de l'ensemble de la preuve dans la cause. Si les agents de police et les agents de circulation ont été intimement associés à la poursuite de ces infractions, cette expérience peut modifier la force probante de leur témoignage." (p. 21 à 23)

E. CONCLUSION

La revue de la jurisprudence en matière de facultés affaiblies révèle l'existence d'un ensemble de critères permettant d'en cerner la notion. Cependant, à quelques exceptions près, les tribunaux du Québec n'ont pas encore fait d'étude exhaustive de cette question, sans doute parce qu'il n'existe pas de problématique véritable en pratique. Par souci de certitude, il apparaîtrait souhaitable que nos tribunaux supérieurs se penchent sur la question.

ANNEXE I

PRINCIPALES BOISSONS ALCOOLIQUES

Les boissons alcooliques peuvent être divisées en 3 grandes catégories: les bières, les vins et les spiritueux.

A. LES BIERES

APPELATION	ALCOOL %	VOLUME DES CONTENANTS
Beck	5,0	355 ml
Belle Gueule	5,2	333 ml
Black Label	5,0	341 ml, 355 ml et 625 ml
Blanche de Bruges	5,0	330 ml
Boréale	5,0	341 ml
Brasal Hopps Bräu	4,5	341 ml
Brasal Légère	3,1	341 ml
Brasal Spécial	6,1	341 ml
Brador	6,0	341 ml, 355 ml et 625 ml
Budweiser	5,0	341 ml, 355 ml et 625 ml
Budweiser Légère	4,0	341 ml et 355 ml
Carlsberg	5,0	341 ml et 355 ml
Carlsberg Légère	4,0	341 ml et 355 ml
Carnaval	6,2	341 ml
Champlain	5,0	341 ml
Coors	5,0	341 ml et 355 ml
Coors Légère	4,0	341 ml et 355 ml
Corona Extra	4,6	355 ml
Double Diamond	5,0	355 ml
Dow	5,0	341 ml
Duvel	8,5	330 ml
Guinness	5,0	341 ml
Heineken	5,0	355 ml
John Labatt Classique	5,0	341 ml
Kingsbury	0,5	355 ml
Kronenbourg	5,0	330 ml
Labatt .5	0,5	330 ml
Labatt 50	5,0	341 ml, 355 ml et 625 ml
Labatt Bleue	5,0	341, 355 ml et 625 ml
Labatt Dry	5,0	341 ml, 355 ml et 625 ml

APPELATION	ALCOOL %	VOLUME DES CONTENANTS
Labatt Légère	4,0	341 ml et 355 ml
Labatt Porter	5,0	341 ml
Laurentide	5,0	341 ml, 355 ml et 625 ml
Lone Star	4,5	355 ml
Löwenbräu	5,0	341 ml
Miller High Life	5,0	341 ml, 355 ml et 625 ml
Miller Lite	4,0	341 ml et 355 ml
Miller Sharp's	0,5	355 ml
Molson Canadian	5,0	341 ml et 625 ml
Molson Dry	5,5	341 ml, 355 ml et 625 ml
Molson Exel	0,5	341 ml et 355 ml
Molson Export	5,0	341 ml, 355 ml et 625 ml
Molson Golden	5,0	341 ml
Newcastle Brown Ale	4,5	355 ml
O'Keefe	5,0	341 ml, 355 ml et 625 ml
O'Keefe Extra Old Stock	6,2	341 ml
O'Keefe Légère	4,0	341 ml
Rainier Special Light R	0,5	355 ml
Schmidt Select	0,5	355 ml
St-Ambroise	5,5	341 ml
Stella Artois	5,0	341 ml
Tourtel	0,5	330 ml
Tuborg	5,0	330 ml
Twistshandy	2,3	341 ml

B. LES VINS

La liste des vins disponibles à la Société des alcools du Québec est très exhaustive. La revue des vins blancs, vins rosés, vins rouges, mousseux, champagnes et apéritifs sera donc limitée.

I. Les vins blancs

APPELATION	ORIGINE	ALCOOL %	VOLUME DES CONTENANTS
Aimery, Limoux 1989	France	12,0	750 ml
Alsace Willm, Pinot Blanc 1989	France	12,0	750 ml
Alsace Willm, Riesling 1989	France	12,0	375 ml et 750 ml
Amandières, Blanc de Blancs	France	11,5	375 ml, 750 ml et 4 L
Ardèche Chardonnay 1990	France	13,0	375 ml et 750 ml
Aüfkellereien	Allemagne	9,0	750 ml, 1,5 L et 4 L
Bacio	Italie	11,0	1 L
Bau Manière, Muscadet-de-Sèvre-et-Maine	France	11,0	750 ml et 4 L
Beaujolais Dom. des Granges 1989	France	12,3	375 ml et 750 ml
Beaujolais Pisse-Dru 1990	France	12,5	375 ml et 750 ml
Bichot Cuvée Madame	France	11,5	750 ml et 4 L
Blanc du Patron	Québec	10,5	500 ml, 1 L et 4 L
Bordeaux Calvet Graves 1990	France	12,0	750 ml
Bordeaux Graves Chateau d'Archambeau 1989	France	12,5	375 ml et 750 ml
Bordeaux Maître d'Estournel 1990	France	12,0	375 ml et 750 ml
Bordeaux Mouton-Cadet 1990	France	12,0	375 ml et 750 ml
Bordeaux Prince Blanc 1989	France	12,0	375 ml et 750 ml
Bordeaux St-Jovian, Blanc de Blancs 1990	France	11,5	750 ml
Bordeaux Sauternes, Château Filhot 1988	France	14,0	750 ml
Borrico Blanco, Sauvignon 1990	Chili	11,5	750 ml
Bourgogne Aligoté Jaffelin 1990	France	12,5	750 ml
Bourgogne Aligoté, Prince Philippe 1990	France	11,5	375 ml et 750 ml
Bourgogne Chablis 1988 Henri Laroche	France	12,5	375 ml et 750 ml
Bourgogne Chablis 1990 A. Noirot	France	12,5	750 ml
Bourgogne Chablis 1990 A. Bichot	France	12,8	375 ml et 750 ml
Bourgogne Chardonnay, 1987 Charles Viénot	France	12,5	750 ml

APPELATION	ORIGINE	ALCOOL %	VOLUME DES CONTENANTS
Bourgogne Chardonnay 1988 Louis Jadot	France	12,9	375 ml et 750 ml
Bourgogne Les Terpierreux 1990	France	12,3	375 ml et 750 ml
Caballero de Chile	Chili	11,0	500 ml, 1 L et 4 L
Cafayate Torrontes 1990	Argentine	13,0	750 ml
Captain's Selection	Australie	10,5	750 ml et 4 L
Carmel	Israël	12,0	750 ml
Casal Thaulero	Italie	12,0	750 ml
Chardonnay, Leo Buring 1991	Australie	12,5	750 ml
Chardonnay, Iliskiline 1989	Canada	12,9	750 ml
Châteaubriand	France	11,0	750 ml et 4 L
Comte Lafond 1989	France	12,5	375 ml et 750 ml
Cosme Palacio y Hermanos 1988	Espagne	11,5	750 ml
Côtes du Rhone, Sélection Antoine Bonet	France	11,0	750 ml
Cuvée Blanc	Québec	10,5	4 L
Cuvée Classique	France	10,5	750 ml et 4 L
Cuvée Cruse	France	11,0	750 ml et 4 L
Cuvée des Patriotes	France	11,0	750 ml et 4 L
Cuvée du Marché	Québec	11,0	1 L et 4 L
Cuvée Frédérick, Deutscher Tafelwein	Allemagne	8,5	750 ml
Cuvée Impériale	France	11,0	750 ml et 4 L
Cuvée Noire	Québec	8,5	750 ml et 4 L
Demestica	Grèce	11,0	750 ml
Dourthe Réserve, Blanc de Blancs	France	11,0	750 ml et 4 L
Du Marchand	Québec	8,5	500 ml, 1 L, 2 L et 4 L
Fontana di Papa	Italie	11,5	1 L et 1,5 L
Gallo, Chardonnay	Etats-Unis	12,0	750 ml
Gallo, Chenin Blanc 1990	Etats-Unis	11,0	750 ml
Gallo, Sauvignon Blanc 1989	Etats-Unis	11,0	750 ml
Gekkeikan (saké)	Japon	15,6	720 ml
Gewürztraminer, Alsace 1989	France	13,0	375 ml et 750 ml

APPELATION	ORIGINE	ALCOOL %	VOLUME DES CONTENANTS
Gewürztraminer 1989	Yougoslavie	12,0	750 ml
Glen Ellen, Chardonnay 1990	Etats-Unis	13,0	750 ml
Gran Viña Sol 1990	Espagne	11,5	750 ml
Hakutsuru (saké)	Japon	16,5	720 ml
Harfang des Neiges	Québec	10,0	1 L et 4 L
Hawkes Bay Chardonnay 1988	Nouvelle-Zélande	11,5	750 ml
Hawkes Bay Sauvignon Blanc 1989	Nouvelle-Zélande	11,5	750 ml
Hochtaler	Québec	8,5 10,0	500 ml, 750 ml, 1 L, 1,5 L et 4 L
Il Florentino	Italie	10,5	750 ml
Kouros Patras 1989	Grèce	11,5	750 ml
Kressmann	France	11,0	1 L et 4 L
La Courtisane	Québec	11,0	1 L et 4 L
L'Ange Blanc	Québec	7,0	750 ml et 4 L
La Nuit Volage, Blanc de Blancs	Québec	11,0	750 ml
La Romaine	Québec	10,5	750 ml et 4 L
La Sablette, Muscadet-de-Sèvre-et-Maine 1989	France	12,0	375 ml, 750 ml et 1,5 L
La Seigneurie	Québec	11,0	750 ml
L'Auberge	Québec	11,0	500 ml et 4 L
Lebensfrisch	Allemagne	9,0	750 ml
Le Carafon Blanc	Québec	11,0	4 L
Le Forêt Noire	Québec	7,0	375 ml, 750 ml, 1,5 L et 4 L
L'Entre-Côte	Québec	11,0	375 ml, 750 ml, 1,5 L et 4 L
Le Pichet Maison	Québec	7,0	500 ml, 1 L et 4 L
Le P'tit Paul	Québec	10,0	500 ml et 1 L
Les Pierrailles, Mont-sur-Rolle 1990	Suisse	12,0	750 ml
Le Villageois	France	11,0	500 ml, 1 L et 4 L
Lichette, Blanc de Blancs	France	11,0	750 ml et 4 L
Liebfraumilch, Hanns Christof 1989	Allemagne	9,9	750 ml

APPELATION	ORIGINE	ALCOOL %	VOLUME DES CONTENANTS
Lili Madel	Québec	10,0	750 ml
L'Oiseau Bleu	Québec	7,0 11,0	750 ml, 1,5 L et 4 L
L'Ombrelle	Québec	7,0	750 ml et 4 L
Magie Noire	Québec	7,0	750 ml et 1,5 L
Melini, Orvieto Classico 1990	Italie	11,5	375 ml et 750 ml
Mondavi, Chardonnay 1989	Etats-Unis	13,0	750 ml
Mondavi, Sauvignon Blanc 1990	Etats-Unis	12,5	750 ml
Monopole Blanco Seco 1989	Espagne	12,0	750 ml
Moulin Blanc	Québec	11,0	4 L
Muscat de Beaumes-de-Venise	France	15,0	750 ml
Neuchatel 1990	Suisse	11,0	750 ml
Notre Vin Maison	Québec	10,0	500 ml, 1 L, 2 L et 4 L
Orvieto Classico 1990	Italie	12,0	750 ml
Oseki (saké)	Japon	16,5	720 ml
Petit Prince	Québec	10,5	375 ml, 750 ml et 4 L
Pinot Bianco, Umberto Fiore	Italie	11,0	750 ml
Plaisir d'Amour	Québec	11,0	750 ml, 1,5 L et 4 L
Pouilly-Fuissé, Domaine de la Vieille Eglise 1989	France	13,0	375 ml et 750 ml
Réserve du Cellier	France	11,0	4 L
Riesling "Hugel", 1987	France	11,5	750 ml
Riesling Dry 1989	Allemagne	10,8	750 ml
Robola de Céphalonie 1987	Grèce	12,0	750 ml
Ruffino, Orvieto Classico 1990	Italie	11,5	750 ml
Sainte-Odile 1990	France	12,0	375 ml et 750 ml
Saint-Péray 1990	France	12,0	375 ml et 750 ml
Santa Helena, Archaia	Grèce	11,0	750 ml
Santa Rita Medalla Real, Sauvignon Blanc 1991	Chili	12,0	750 ml
Santorini 1990	Grèce	12,0	750 ml
Sauvignon Nautilus 1989	Australie	11,5	750 ml

APPELATION	ORIGINE	ALCOOL %	VOLUME DES CONTENANTS
Sauvignon Blanc, Los Vascos 1991	Chili	12,0	750 ml
Semillon Chenin Blanc 1991	Australie	12,0	750 ml
Soave, Villa Parizzi	Italie	10,5	750 ml
Soave Classico 1990	Italie	11,5	750 ml
Soave Classico Superiore 1990	Italie	11,5	750 ml
Sophia Chardonnay 1989	Bulgarie	11,5	750 ml
Tenuta di Pomino 1990	Italie	12,0	750 ml
Terra Franca, Bairrada 1990	Portugal	12,0	750 ml
Terras Altas 1990	Portugal	12,0	750 ml
Tournejoie	Québec	11,0	4 L
Trebbiano di Romagna	Italie	11,0	750 ml et 4 L
Val d'Arbia 1985	Italie	15,0	375 ml et 750 ml
Winzertanz, Deutscher Tafelwein 1990	Allemagne	10,0	750 ml
Yarden Galil, Sauvignon Blanc 1988	Israël	12,0	750 ml

II Les vins rosés

APPELATION	ORIGINE	ALCOOL %	VOLUME DES CONTENANTS
Cadet Rosé 1989	France	11,5	750 ml
Carmel Grenache Rosé	Israël	11,5	750 ml
Casal Mendes	Portugal	11,0	1 L
Champlure Rosé	France	12,0	750 ml
Ch. Bellevue La Forêt 1990	France	12,0	750 ml
Ch. Reynella 1989	Australie	12,2	750 ml
Costadolio 1990	Italie	11,0	750 ml
Delas Frères, Tavel 1989	France	12,4	750 ml
Demestica Rosé	Grèce	11,5	750 ml
Faisca	Portugal	11,0	750 ml
Listel Gris, Grain de Gris	France	12,0	750 ml
Marsannay Rosé 1990 Dom. Fougeray de Beauclair	France	12,5	750 ml
Mateus	Portugal	11,0	750 ml
Santa Rita, Cabernet-Sauvignon 1991	Chili	12,5	750 ml
White Grenache 1990	Etats-Unis	9,5	750 ml
White Zinfandel 1990	Etats-Unis	8,5	750 ml

III. Les vins rouges

APPELATION	ORIGINE	ALCOOL %	VOLUME DES CONTENANTS
Amandières	France	12,0	750 ml et 4 L
Amarone Montresor 1985	Italie	14,5	750 ml
Barbaresco 1986 Gaja	Italie	13,0 13,5	750 ml
Bardolino 1990	Italie	11,5	750 ml et 4 L
Barolo 1987 Fontanafredda	Italie	13,5	750 ml
Beaujolais 1988 Collin & Bourisset	France	12,0	750 ml
Beaujolais 1990 Georges Duboeuf	France	12,3	375 ml et 750 ml
Beaujolais Brouilly 1990	France	12,6	375 ml et 750 ml
Beaujolais Ch. de la Chaize 1988	France	12,8	375 ml et 1,5 L
Beaujolais Dom. des Pins 1989	France	13,0	375 ml et 750 ml
Beaujolais Grand Pavois 1990	France	12,0	375 ml et 750 ml
Beaujolais Le Gaultier	France	11,0	375 ml et 750 ml
Beaujolais Les Aulnaies 1990	France	11,5	375 ml et 750 ml
Beaujolais Pisse-Dru 1990	France	12,5	375 ml et 750 ml
Beaujolais-Villages 1990, Georges Duboeuf	France	12,5	375 ml et 750 ml
Beringer, Cabernet-Sauvignon 1984	Etats-Unis	13,1	750 ml
Bichot Réserve	France	11,5	750 ml, 1,5 L et 4 L
Bordeaux Bichon Louvet, 1990	France	11,5	750 ml
Bordeaux Le Girondin	France	11,0	750 ml et 4 L
Bordeaux Maître d'Estournel 1989	France	12,0	375 ml et 750 ml
Bordeaux Médoc 1989	France	12,0	750 ml
Bordeaux Mouton-Cadet 1989	France	11,5	375 ml et 750 ml
Bordeaux Prince Noir 1988	France	12,0	375 ml et 750 ml
Bordeaux Saint-Emilion Grand Cru 1985	France	12,0	375 ml et 750 ml
Bordeaux Vieux Château Renaissance	France	11,5	375 ml et 750 ml
Borrico Negro, Cabernet-Sauvignon	Chili	11,5	750 ml
Bouches-du-Rhône, Sél. Philippe Le Grand 1987	France	11,0	750 ml et 4 L
Bourgogne Côte-de-Beaune-Villages 1988 A.Rodet	France	13,2	375 ml et 750 ml

APPELATION	ORIGINE	ALCOOL %	VOLUME DES CONTENANTS
Bourgogne Monthélie 1988 Louis Jadot	France	13,4	375 ml et 750 ml
Bourgogne Pinot Noir 1987 F. Chauvenet	France	12,5	375 ml et 750 ml
Bourgogne Santenay-Clos de Malte 1988	France	13,7	375 ml et 750 ml
Buzet Carte d'Or 1989	France	11,0	750 ml
Caballero de Chile	Chili	11,0	500 ml, 1 L et 4 L
Cabernet Del Piave 1990 Ponte	Italie	12,0	750 ml
Cabernet-Sauvignon, Concha y Toro 1987	Chili	12,0	750 ml
Cabernet-Sauvignon 1988	Nouvelle-Zélande	12,0	750 ml
Cafayate, Cabernet-Sauvignon 1987	Argentine	13,2	750 ml
Carmel, Cabernet-Sauvignon	Israël	12,0	750 ml
Casal Thaulero 1988	Italie	12,5	750 ml
Caves Aliança, Bairrada	Portugal	12,0	750 ml
Château Mornag 1988	Tunisie	12,0	750 ml
Châteauneuf-du-Pape 1987 Albert Bichot	France	13,3	750 ml
Châteauneuf-du-Pape 1988 E. Guigal	France	13,5	375 ml et 750 ml
Chianti Classico Villa Antinori 1987	Italie	12,5	750 ml
Chianti Melini 1990	Italie	12,0	1 L
Chianti Ruffino 1990	Italie	12,0	375 ml et 750 ml
Choix de France	France	11,5	375 ml et 750 ml
Clos Abadia, Costers Del Segre 1988	Espagne	12,5	750 ml
Comte de Rousset	France	11,0	500 ml, 750 ml et 4 L
Cosme Palacio y Hermanos 1988	Espagne	12,0	375 ml et 750 ml
Cuvée Classique	France	11,0	750 ml et 4 L
Cuvée Cruse	France	11,5	750 ml et 4 L
Cuvée des Patriotes	France	11,0	750 ml et 4 L
Cuvée du Marché	Québec	11,0	1 L et 4 L
Cuvée Impériale Cordier	France	11,0	750 ml et 4 L
Cuvée rouge	Québec	11,0	4 L
Cuvée Spéciale	France	11,0	750 ml et 1,5 L
Dahra 1986	Algérie	12,5	750 ml

APPELATION	ORIGINE	ALCOOL %	VOLUME DES CONTENANTS
Demestica	Grèce	12,0	750 ml
Dom. Lansarine, Coteaux-de-Tebourba 1985	Tunisie	12,0	750 ml
Don Miguel Torres, Penedes 1986	Espagne	12,0	750 ml
Dourthe Réserve	France	11,5	750 ml et 4 L
Du Marchand	Québec	11,0	500 ml, 1 L et 4 L
Egri Bikaver 1987	Hongrie	11,8	750 ml
Flichman, Cabernet-Sauvignon 1988	Argentine	13,0	750 ml
Gallo, Cabernet-Sauvignon 1985	Etats-Unis	12,0	750 ml
Glen Ellen, Cabernet-Sauvignon 1987	Etats-Unis	12,5	750 ml
Grave del Friuli Merlot 1990	Italie	12,0	750 ml
Hardy's, Cabernet-Sauvignon-Shiraz 1987	Australie	12,5	750 ml
Harfang des Neiges	Québec	10,0	1 L et 4 L
Hill-Smith, Cabernet-Sauvignon 1986	Australie	12,0	750 ml
Il Florentino	Italie	11,0	750 ml
Inniskillin, Pinot Noir Réserve 1989	Canada	12,5	750 ml
Kefi	Grèce	11,0	750 ml
Kressmann	France	11,5	1 L et 4 L
La Courtisane	Québec	11,0	1 L et 4 L
La Nuit Volage	Québec	11,0	750 ml
L'Ariète, Merlot del Ticino	Suisse	12,2	750 ml
La Romaine	Québec	11,0	750 ml et 4 L
La Seigneurie	Québec	11,0	750 ml
L'Auberge	Québec	11,0	500 ml et 4 L
Le Carafon de Rouge	Québec	11,0	4 L
Le Cruchon	Québec	11,0	2 L
Le Forêt Noire	Québec	11,0	750 ml et 4 L
L'Entre-Côte	Québec	11,0	375 ml, 750 ml, 1,5 L et 4 L
Le Pichet Maison	Québec	11,0	500 ml, 1 L et 4 L
Le P'tit Paul	Québec	10,0	500 ml et 1 L
Le Villageois	France	11,0	500 ml, 1 L et 4 L

APPELATION	ORIGINE	ALCOOL %	VOLUME DES CONTENANTS
L'Oiseau Bleu	Québec	11,0	1 L
Merlot 1989	Hongrie	11,5	750 ml
Mommessin	France	12,0	375 ml, 750 ml, 1,5 L et 4 L
Mondavi, Cabernet-Sauvignon 1989	Etats-Unis	11,5	750 ml
Moulin Rouge	Québec	11,0	4 L
Notre Vin Maison	Québec	10,0	500 ml, 1 L, 2 L et 4 L
Peljesac	Yougoslavie	12,0	750 ml
Père Antoine Saves des Roches Noires	Maroc	12,0	750 ml
Petit Prince	Québec	11,0	375 ml, 750 ml et 4 L
Pinot Noir Oldstream Hills 1987	Australie	11,2	750 ml
Pinot Noir, Rouge d'Alsace 1988	France	11,5	750 ml
Plaisir d'Amour	Québec	11,0	750 ml, 1,5 L et 4 L
Premiat Pinot Noir	Roumanie	12,0	750 ml
Réserve du Cellier	France	11,0	4 L
Rouge du Patron	Québec	11,0	500 ml, 1 L et 4 L
Santa Carolina, Cabernet-Sauvignon 1988	Chili	12,0	750 ml
Santa Isabela, Cabernet-Sauvignon	Chili	12,0	750 ml
Sarac	Yougoslavie	11,0	750 ml
Shiraz Mildara Coonawarra 1988	Australie	12,0	750 ml
Solera Especial	Argentine	12,2	750 ml
Sophia Merlot 1988	Bulgarie	12,0	750 ml
Szekszárdi Vörös	Hongrie	11,5	1 L
Terras Altas 1988	Portugal	11,5	750 ml
Tinto Pesquera 1988	Espagne	12,5	750 ml
Tonneau du Comte	France	11,0	750 ml et 1 L
Valpolicella Classico Superiore 1989	Italie	12,0	375 ml et 750 ml
Wynns, Cabernet-Sauvignon 1986	Australie	13,5	750 ml
Yarden Galil, Cabernet-Sauvignon 1987	Israël	12,5	750 ml

IV Les mousseux

APPELATION	ORIGINE	ALCOOL %	VOLUME DES CONTENANTS
Asti Gancia, Asti Spumante	Italie	7,0	750 ml
Asti Spumante Calissano	Italie	7,5	750 ml
Asti Spumante Cora	Italie	7,5	375 ml et 750 ml
Asti Spumante Martini & Rossi	Italie	7,0	750 ml et 1,5 L
Baby Duck	Canada	6,7	750 ml et 1,5 L
Black Tower Mousseaux	Allemagne	10,0	750 ml
Blanc-Foussy Brut de Touraine	France	11,0	750 ml
Brut de Blanc, Bouvet-Ladubay, Saumur	France	11,5	750 ml
Brutus, Cuve Close	Québec	9,0	750 ml
Chanté Blanc	Québec	7,0	750 ml
Chanté Blanc	Québec	6,7	1,5 L
Chardonnay, Brut	Chili	12,0	750 ml
Codorniu Brut Clasico	Espagne	11,5	750 ml et 1,5 L
Codorniu Brut Rosé	Espagne	11,0	750 ml
Codorniu Clasico Seco	Espagne	11,5	375 ml et 750 ml
Conte di Cavour Brut	Italie	11,0	750 ml
Cordon Negro, Brut	Espagne	11,5	750 ml et 1,5 L
Cresta Blanca, Spumante Extra	Québec	6,5	375 ml, 750 ml et 1,5 L
Cuvée Noire	Québec	6,5	750 ml
Cuvée J.M. 93 1988	France	12,0	750 ml
Dom. de Fourn, Blanquette de Limoux 1987	France	11,5	750 ml
Freixenet Brut Nature	Espagne	12,0	750 ml
Freixenet Carta Nevada Seco	Espagne	12,0	750 ml
Grand Cordon Mousseux, Blanc de Blancs	Québec	6,5	750 ml
Grande Cuvée, Brut	Hongrie	11,0	750 ml
Greyman, Brut de France, Grande Réserve	France	11,0	750 ml
Henkell Brut, Blanc de Blancs	Allemagne	11,0	750 ml
Henkell Rosé	Allemagne	11,0	750 ml
Henkell Trocken	Allemagne	11,0	750 ml

APPELATION	ORIGINE	ALCOOL %	VOLUME DES CONTENANTS
Hochtaler	Québec	8,5	750 ml
Kriter Brut Rosé Extra Léger 1989	France	11,0	750 ml
Kriter Carte d'Or, Extra Léger, Blanc de Blancs 1989	France	11,0	750 ml
Kriter, Extra Léger, Brut de Brut, Blanc de Blancs 1989	France	11,5	750 ml et 1,5 L
La Seigneurie	Québec	10,5	750 ml
Le Forêt Noire	Québec	6,5	750 ml
L'Oiseau Bleu	Québec	6,5	750 ml
Mariandl Vin d'Abricot Mousseux	Autriche	6,7	750 ml
Marquis de la Tour, Brut	France	11,0	750 ml
Peachy	France	10,0	750 ml
Pichet Maison, Blanc de Blancs	Québec	7,0	750 ml
Président Réserve Spéciale	Canada	12,0	750 ml
Rémy Pannier Brut	France	11,0	750 ml
Royal de Neuville	France	11,0	750 ml
Segura Viudas Brut	Espagne	12,0	750 ml
Segura Viudas Seco	Espagne	11,7	750 ml
Sieur d'Arques, Blanquette de Limoux	France	12,5	750 ml
Vin Fou, Brut, Blanc de Blancs	France	11,5	750 ml

V. Les champagnes

APPELATION	ORIGINE	ALCOOL %	VOLUME DES CONTENANTS
Besserat de Bellefon, Cuvée des Moines Brut	France	11,5	750 ml
Charles Heidsieck, Brut	France	12,0	750 ml
Cordon Rouge, Brut	France	12,0	375 ml, 750 ml et 1,5 L
Cordon Rouge, Brut 1987	France	12,0	750 ml
Cuvée des Moines Rosé Besserat de Bellefon	France	11,5	750 ml
Cuvée Dom Pérignon, 1983	France	12,3	750 ml
De Castellane, Brut	France	12,0	750 ml
Jacquart, Brut	France	12,0	750 ml
Lanson Black Label, Brut	France	12,5	750 ml
Lanson Rosé, Brut	France	12,5	750 ml
Laurent Perrier, Brut	France	12,0	750 ml
Moët et Chandon, Brut Impérial	France	12,0	375 ml, 750 ml et 1,5 L
Moët et Chandon, Brut Impérial 1986	France	12,5	750 ml
Mumm, Extra Sec	France	12,0	375 ml et 750 ml
Pol Roger, Brut Extra	France	12,0	750 ml
Pommery Brut Royal	France	11,8	750 ml
Veuve Cliquot-Ponsardin, Brut	France	12,0	375 ml
Veuve Cliquot-Ponsardin Brut, Carte d'Or	France	12,0	750 ml
Veuve Cliquot-Ponsardin Brut, Carte d'or 1983	France	12,0	750 ml

VI. Les apéritifs

APPELATION	ORIGINE	ALCOOL %	VOLUME DES CONTENANTS
Anice Forte	Italie	40,0	750 ml
Arak Libanais Kazan	Liban	50,0	750 ml
Aperossimo Moitié-Moitié	Québec	16,0	500 ml
Aperossimo Moitié-Moitié, Vermouth de pomme (blanc)	Québec	16,0	1 L
Aperossimo Moitié-Moitié, Vermouth de pomme (rouge)	Québec	16,0	1 L
Belino Blanc	Québec	15,5	500 ml
Belino Moitié-Moitié	Québec	15,5	500 ml
Belino Rouge	Québec	15,5	500 ml
Bellini Moitié-Moitié, Vermouth de pomme (rouge)	Québec	15,5	1 L et 4 L
Bellini, Vermouth de pomme (blanc)	Québec	15,5	1 L
Bellini, Vermouth de pomme (rouge)	Québec	15,5	1 L
Berger, Pastis de Marseille	France	45,0	750 ml
Bobadilla, Fino Sherry sec	Espagne	19,5	750 ml
Cinzano Blanco	Italie	16,0	1 L
Cinzano Blanc Sec, Riserva	Italie	18,0	750 ml
Cinzano Rosé, Vermouth	Italie	16,0	1 L
Cinzano Rosso	Italie	16,0	1 L
Cinzano Rosso, Riserva	Italie	16,5	750 ml
Cinzano, Vermouth sec	Italie	18,0	1 L
Cora, Vermouth Blanc sec	Italie	18,0	1 L
Cora, Vermouth Rouge	Italie	16,0	1 L
Cremovo Marsala Fine	Italie	18,0	750 ml
Cruz Garcia, Real Sangria	Espagne	10,0	750 ml et 1,5 L
Demi-Apéro	Québec	15,5	500 ml
Dubleuet	Québec	16,0	750 ml
Dubonnet Ambré	France	16,0	750 ml
Dubonnet Blanc	France	18,0	750 ml
Dubonnet Rouge	France	18,0	750 ml
Du Rouget, Cidre apéritif (rouge)	Québec	16,0	750 ml

APPELATION	ORIGINE	ALCOOL %	VOLUME DES CONTENANTS
Du Rouget Doré, Apéritif (Doré)	Québec	16,0	750 ml
Elysium, Muscat Noir 1988	Etats-Unis	15,0	375 ml
Essancia, Muscat de Fleurs d'Oranger 1988	Etats-Unis	15,0	375 ml
L'Apéro Rouge	Québec	15,5	500 ml
La Soleillade, Sangria	Québec	7,0	1 L
Malvasia del Lipari 1988	Italie	13,5	750 ml
Martini Rosé, Vermouth	Italie	16,0	1 L
Martini Rosso, Vermouth	Italie	16,0	500 ml et 1 L
Martini Secco, Vermouth Extra Dry	Italie	18,0	1 L
Muscat Blanc Doux	Chypre	17,3	750 ml
Muscat de Beaumes-de-Venise	France	15,0	750 ml
Muscat de Patras	Grèce	15,5	750 ml
Ouzo Extra Dry Cambas	Grèce	45,0	750 ml
Pernod	France	40,0	750 ml
Pineau des Charentes	France	17,0	750 ml
Porto 999 Australien	Australie	17,5	1 L
Porto (blanc)	Portugal	20,0	750 ml
Porto Brights 74	Canada	18,0	1 L
Porto Brights, Saint-Georges	Canada	16,0	1 L
Porto Brights, Saint-Georges	Canada	16,5	4 L
Porto Canadien	Canada	16,0	1 L
Porto Cockburn's 1986	Portugal	20,0	750 ml
Porto Hermit	Canada	16,5	4 L
Porto Paramount Medium Tawny	Portugal	19,5	750 ml
Porto Ramos-Pinto	Portugal	20,0	750 ml
Porto Rei Offley	Portugal	20,0	750 ml
Porto Ruby	Portugal	19,0	750 ml
Ricard, Pastis	France	45,0	750 ml
Roussy Blanc	Québec	16,0	1 L
Samos, Vin de Muscat	Grèce	13,9	750 ml
Sherry Australien Doux	Australie	17,5	1 L

APERITIFS

APPELATION	ORIGINE	ALCOOL %	VOLUME DES CONTENANTS
Sherry Brights 74	Canada	20,0	1 L et 4 L
Sherry Canadien	Canada	16,0	1 L
Sherry Hermit	Canada	17,0	1 L et 4 L
Sherry La Salle	Canada	16,0	4 L
Sherry Saint-Georges	Canada	16,0	1 L et 4 L
St-Raphaël Doré	France	16,0	750 ml
St-Raphaël Rouge	France	16,0	750 ml
Tesoro, Xérès Amontillado	Espagne	20,0	750 ml
Tesoro, Xérès Extra-Sec Amoroso	Espagne	20,0	750 ml
Vin de Madère	Portugal	19,0	750 ml
Vermouth Extra-Sec	France	18,0	500 ml et 1 L

C. LES SPIRITUEUX

APPELATION	ORIGINE	ALCOOL %	VOLUME DES CONTENANTS
Armagnac Clé des Ducs	France	40,0	750 ml
Brandy Chemineaud	Canada	40,0	375 ml, 750 ml, 1,14 L et 1,75 L
Brandy Fundador	Espagne	40,0	750 ml
Brandy Martineau	France	40,0	750 ml et 1,14 L
Brandy Metaxa	Grèce	40,0	750 ml
Brandy Mont Blanc	Canada	40,0	750 ml et 1,14 L
Brandy Napoléon	France	40,0	375 ml et 750 ml
Brandy Paul Masson	Canada	40,0	750 ml
Brandy Vecchia Romagna	Italie	40,0	750 ml
Brandy V.S.O.P.	Canada	40,0	375 ml, 750 ml et 1,14 L
Cognac Camus	France	40,0	750 ml
Cognac Courvoisier	France	40,0	375 ml et 750 ml
Cognac Napoléon	France	40,0	750 ml
Cognac Rémy Martin	France	40,0	750 ml
Cognac V.S.O.P.	France	40,0	375 ml et 750 ml
Dry gin Beefeater	Angleterre	40,0	375 ml, 750 ml, 1,14 L et 1,75 L
Dry gin Gilbey's	Canada	40,0	750 ml et 1,14 L
Dry gin Gordon's	Canada	40,0	375 ml, 750 ml, 1,14 L et 1,75 L
Dry gin High & Dry Booth's	Canada	40,0	1,14 L
Dry gin King Arthur	Canada	40,0	1,14 L
Dry gin London Club	Canada	40,0	1,14 L
Dry gin Meaghers de Luxe	Canada	40,0	1,14 L
Dry gin Melville 100	Canada	40,0	1,14 L
Dry gin Seagram's	Canada	40,0	750 ml et 1,14 L
Dry gin Tanqueray	Angleterre	40,0	375 ml, 750 ml, 1,14 L et 1,75 L
Dry gin Wiser's	Canada	40,0	750 ml, 1,14 L et 1,75 L

APPELATION	ORIGINE	ALCOOL %	VOLUME DES CONTENANTS
Eau-de-vie Calvados du Pays d'Auge	France	40,0	750 ml
Eau-de-vie Tequila El Toro	Mexique	40,0	750 ml
Eau-de-vie Tequila Pacal de Palenqué	Canada	40,0	750 ml et 1,14 L
Eau-de-vie Tequila Sauza	Mexique	40,0	375 ml, 750 ml et 1,14 L
Liqueur Amaretto da Vinci	Canada	25,0	750 ml
Liqueur Amaretto di Saronno	Italie	28,0	375 ml et 750 ml
Liqueur Ambrosia	Canada	28,0	750 ml
Liqueur Bailey's	Irlande	17,0	375 ml, 750 ml et 1,14 L
Liqueur Bleu Curaçao	Canada	23,0	750 ml
Liqueur Campari L'Aperitivo	Italie	23,0	750 ml
Liqueur Caribou	Canada	24,0	375 ml, 750 ml et 1,75 L
Liqueur Cointreau	France	40,0	375 ml et 750 ml
Liqueur Crème de Cacao	Canada	23,0	750 ml
Liqueur Crème de Cassis	France	23,0	750 ml
Liqueur Crème de Grand Marnier	France	17.0	750 ml
Liqueur Crème de menthe (blanche ou verte)	Canada	23,0 25,0	375 ml, 750 ml et 1,14 L
Liqueur Crème Royale	Canada	17,0	750 ml
Liqueur Delight Peach Schnapps	Canada	23,0	750 ml et 1,14 L
Liqueur Delight Strawberry Schnapps	Canada	23,0	375 ml et 750 ml
Liqueur de Melon	Canada	23,0	750 ml
Liqueur Dr McGillicudy's Schnapps à la framboise	Canada	30,0	375 ml et 750 ml
Liqueur Dr McGillicudy's Schnapps aux pêches	Canada	30,0	750 ml, 1,14 L et 1,75 L
Liqueur Frangelico	Italie	24,0	750 ml
Liqueur Grand Curaçao	Canada	35,0	750 ml
Liqueur Grand Marnier	France	40,0	375 ml, 750 ml et 1,14 L
Liqueur Henkes Schnapps aux pêches	Canada	25,0	750 ml
Liqueur Kahlua	Mexique	26,5	750 ml et 1,14 L
Liqueur Lemon Gin Collins	Canada	30,0	750 ml et 1,14 L

APPELATION	ORIGINE	ALCOOL %	VOLUME DES CONTENANTS
Liqueur Nocello	Italie	28,0	750 ml
Liqueur Original Harvest Pear Schnapps	Canada	23,0	750 ml
Liqueur Peachtree Schnapps	Canada	23,0	375 ml, 750 ml et 1,14 L
Liqueur Pêche Royale	Canada	25,0	750 ml
Liqueur Sambuca Con Piacere	Canada	38,0	750 ml
Liqueur Sambuca del Cesari	Italie	38,0	750 ml
Liqueur Sambuca Nostra	Canada	40,0	750 ml
Liqueur Sambuca Olimpica	Italie	40,0	750 ml
Liqueur Sambuca Ramazzotti	Italie	40,0	750 ml
Liqueur Schnapps aux framboises	Canada	25,0	750 ml
Liqueur Schnapps aux pêches	Canada	25,0	750 ml
Liqueur Southern Comfort	Canada	35,0	375 ml, 750 ml et 1,14 L
Liqueur Tia Maria	Jamaïque	26,5	375 ml, 750 ml et 1,75 L
Liqueur Triple Sec	Canada	35,0	375 ml et 750 ml
Liqueur Van Houtte Café	Canada	23,0	750 ml
Rhum Ambré Bacardi	Canada	40,0	375 ml, 750 ml et 1,14 L
Rhum Ambré Captain Morgan	Canada	40,0	750 ml et 1,14 L
Rhum Ambré Carioca	Canada	40,0	1,14 L
Rhum Ambré Havane Club	Cuba	40,0	750 ml et 1,14 L
Rhum Blanc Appleton	Canada	40,0	1,14 L
Rhum Blanc Bacardi	Canada	40,0	375 ml, 750 ml, 1,14 L et 1,75 L
Rhum Blanc Captain Morgan	Canada	40,0	375 ml, 750 ml, 1,14 L et 1,75 L
Rhum Blanc Carioca	Canada	40,0	375 ml, 750 ml, 1,14 L et 1,75 L
Rhum Blanc De Kuyper	Canada	40,0	1,14 L
Rhum Blanc Havana Club	Cuba	40,0	750 ml et 1,14 L
Rhum Blanc Lamb's	Canada	40,0	750 ml, 1,14 L et 1,75 L

APPELATION	ORIGINE	ALCOOL %	VOLUME DES CONTENANTS
Rhum Blanc L'Aviso	Canada	40,0	375 ml, 750 ml, 1,14 L et 1,75 L
Rhum Blanc Wood's White Sail	Canada	40,0	750 ml et 1,14 L
Rhum Brun Captain Morgan	Canada	40,0	375 ml, 750 ml et 1,14 L
Rhum Brun Carioca	Canada	40,0	1,14 L
Rhum Brun Planter's Punch	Canada	40,0	750 ml et 1,14 L
Scotch Ballantine's	Ecosse	40,0	750 ml et 1,14 L
Scotch Bell's	Ecosse	40,0	1,14 L
Scotch Black & White	Ecosse	40,0	750 ml et 1,14 L
Scotch Chivas Regal	Ecosse	40,0	375 ml, 750 ml et 1,14 L
Scotch Cutty Sark	Ecosse	40,0	375 ml, 750 ml et 1,14 L
Scotch Dewar's	Ecosse	40,0	1,14 L
Scotch Glengarry	Ecosse	40,0	750 ml et 1,14 L
Scotch J & B	Ecosse	40,0	750 ml et 1,14 L
Scotch Johnnie Walker	Ecosse	40,0	375 ml, 750 ml, 1,14 L et 1,75 L
Scotch St-Léger	Ecosse	40,0	375 ml, 750 ml, 1,14 L et 1,75 L
Scotch Teacher's Highland Cream	Ecosse	40,0	750 ml et 1,14 L
Scotch William Grant's	Ecosse	40,0	750 ml et 1,14 L
Vodka De Kuyper	Canada	40,0	750 ml et 1,14 L
Vodka Finlandia	Finlande	40,0	750 ml et 1,14 L
Vodka Gordon's de Luxe	Canada	40,0	750 ml et 1,14 L
Vodka Grand Duke	Canada	40,0	375 ml, 750 ml, 1,14 L et 1,75 L
Vodka Kamouraska	Canada	40,0	375 ml, 750 ml, 1,14 L et 1,75 L
Vodka Melville	Canada	40,0	750 ml et 1,14 L
Vodka Moskovskaya	Russie	40,0	750 ml et 1,14 L
Vodka Platinum	Canada	40,0	750 ml et 1,14 L
Vodka Romanoff	Canada	40,0	1,14 L
Vodka Seagram's	Canada	40,0	750 ml et 1,14 L

APPELATION	ORIGINE	ALCOOL %	VOLUME DES CONTENANTS
Vodka Smirnoff	Canada	40,0	375 ml, 750 ml, 1,14 L et 1.75 L
Vodka Troïka Premium	Canada	40,0	375 ml, 750 ml, 1,14 L et 1,75 L
Vodka Wyborowa	Pologne	40,0	750 ml et 1,14 L
Whisky B.V. Black Velvet	Canada	40,0	750 ml et 1,14 L
Whisky Canadian Club	Canada	40,0	375 ml, 750 ml, 1,14 L et 1,75 L
Whisky Canadien	Canada	40,0	375 ml, 750 ml et 1,14 L
Whisky Golden Wedding	Canada	40,0	375 ml, 750 ml et 1,14 L
Whisky Seagram's 83	Canada	40,0	375 ml, 750 ml et 1,14 L
Whisky Seagram's Crown Royal	Canada	40,0	750 ml et 1,14 L
Whisky Seagram's Five Star	Canada	40,0	375 ml, 750 ml, 1,14 L et 1,75 L
Whisky Seagram's V.O.	Canada	40,0	375 ml, 750 ml, 1,14 L et 1,75 L

ANNEXE II

PRINCIPAUX MEDICAMENTS RENFERMANT DE L'ALCOOL ET UTILISES PAR VOIE ORALE CHEZ L'ALDULTE

La voie orale encore appelée voie buccale (ou "per os") est la principale voie d'administration des médicaments. Plusieurs bains de bouche et autres types de médicaments renfermant de l'alcool sont administrés par cette voie.

L'alcool peut être présent en concentrations variées dans divers bains de bouche et gargarismes.

A. LISTE DES PRINCIPAUX BAINS DE BOUCHE ET GARGARISME

Nom commercial	Alcool (v/v) %	Comparaison de l'activité vis-à-vis de:		
		Halitose (mauvaise haleine)	Maux de bouche et de gorge	Lésions buccales et cicatrisation
ASTRING-O-SOL	74,05	+	-	++
BETADINE	8	+	+++	-
CEPACOL	régulier 15,2 menthe 16,2 menthe poivrée 16,2	++	++	-
CHLORASEPTIC	0	++	+	-
COLGATE	régulier 5 menthe 11,5	++	++	-
LAVORIS	8	+	-	+
LISTERINE	21,9	+	-	-
LISTERMINT	14,25	+	-	-
SCOPE	12 à 18 selon la formulation	+++	++	-
STERI/SOL	9	++	++	-

N.B. Les rafraîchisseurs d'haleine renferment généralement une teneur plus élevée en alcool. A titre d'exemple, le LISTERINE spray régulier contient 56,4% d'alcool, le LISTERINE spray à la menthe 55,9% d'alcool et le SUDDEN ACTION 68,6% d'alcool.

L'alcool peut aussi servir de véhicule pour de nombreux médicaments. Il est utilisé comme solvant à différentes concentrations.

B. LISTE DES PRINCIPAUX MEDICAMENTS RENFERMANT DE L'ALCOOL ET UTILISES PAR VOIE ORALE CHEZ L'ADULTE

Nom commercial et compagnie pharmaceutique	Ingrédients actifs	Alcool (v/v) %	Indications thérapeutiques	Posologie adulte
ACET-AM EXPECTORANT Organon	Théophylline Guaifénésine	20,00	Bronchodilatateur Expectorant[1]	Variable
ACETAMINOPHENE AVEC CODEINE (Elixir) Pharmascience	Acétaminophène Codéine	7,00	Analgésique Antipyrérique[2] Antitussif	Variable
ACTIFED DM Burroughs Wellcome	Triprolidine Pseudoéphédrine Dextrométhorphane	5,00	Antihistaminique[3] Décongestionnant Antitussif	10 ml toutes les 8h
AGOBYL (Elixir) Desbergers	Peptone Magnésium	0,30	Laxatif	15 à 45 ml par jour
ALERTONIC Merrell	Pipradrol Vitamines	15,00	Supplément diététique	15 ml toutes les 8h
AMBENYL Parke-Davis	Codéine Diphénhydramine	5,00	Antitussif Expectorant	5 à 10 ml toutes les 4 à 6h
ANCATROPINE (Gel) Sandoz	Hydroxyde d'aluminium Hydroxyde de magnésium	0,60	Antiacide	10 ml toutes les 8h
ARTANE (Elixir) Lederle	Trihexyphénidyle	5,00	Antiparkinsonien	Variable
ASBRON Sandoz	Théophylline Guaifénésine Phénylpropanolamine	16,61	Bronchodilatateur Expectorant Décongestionnant	Variable
ATARAX (Sirop) Pfizer	Hydroxyzine	0,60	Anxiolytique[4] Antihistaminique	Variable

1 Un expectorant est un médicament qui rejette les substances qui se trouvent dans les bronches et les poumons.
2 Un médicament analgésique et antipyrétique est utilisé contre la douleur et la fièvre.
3 Les antihistaminiques sont généralement utilisés contre les allergies.
4 Les anxiolytiques soulagent l'angoisse et l'anxiété.

PRINCIPAUX MEDICAMENTS RENFERMANT DE L'ALCOOL ET UTILISES PAR VOIE ORALE CHEZ L'ADULTE

Nom commercial et compagnie pharmaceutique	Ingrédients actifs	Alcool (v/v) %	Indications thérapeutiques	Posologie adulte
ATASOL (Elixir) Horner	Acétaminophène	10,00	Analgésique Antipyrétique	Variable
BALMINIL DECONGESTIONNANT Rougier	Pseudoéphédrine	0,50	Décongestionnant	10 ml toutes les 6 à 8h
BALMINIL EXPECTORANT (Sirop) Rougier	Guaifénésine	0,80	Expectorant	10 ml toutes les 6 à 8h
BALMINIL EXPECTORANT (Sirop sans sucre) Rougier	Guaifénésine	5,00	Expectorant	10 ml toutes les 6 à 8h
BALMINIL D.M. Rougier	Dextrométhorphane	1,10	Antitussif	10 ml toutes les 6 à 8h
BALMINIL D.M. (Sirop sans sucre) Rougier	Dextrométhorphane	0,20	Antitussif	10 ml toutes les 6 à 8h
BELLADONE (Teinture) Atlas	Hyoscyamine Atropine Scopolamine	66,47	Antispasmodique	5 ml toutes les 8h
BEMINAL FORTIS (Elixir) Ayerst	Vitamines	15,00	Supplément diététique	Variable
BENADRYL (Elixir) Parke-Davis	Diphenhydramine	5,00	Antihistaminique	10 à 20 ml toutes les 6 à 8h
BENYLIN CODEINE-D-E Parke-Davis	Codéine Pseudoéphédrine Guaifénésine	5,00	Antitussif Décongestionnant Expectorant	10 ml toutes les 4h
BENYLIN CODEINE-D-E Rx Parke-Davis	Codéine Pseudoéphédrine Guaifénésine	5,00	Antitussif Décongestionnant Expectorant	5 à 10 ml toutes les 4h
BENYLIN DM-D-E Parke-Davis	Dextrométhorphane Pseudoéphédrine Guaifénésine	5,00	Antitussif Décongestionnant Expectorant	10 ml toutes les 4h
BENYLIN DM-E Parke-Davis	Dextrométhorphane Guaifénésine	5,00	Antitussif Expectorant	10 ml toutes les 4h
BENYLIN E Parke-Davis	Guaifénésine	5,00	Expectorant	10 ml toutes les 4h
BEWON Wyeth	Thiamine	16,00	Supplément diététique	10 à 20 ml toutes les 12h

PRINCIPAUX MEDICAMENTS RENFERMANT DE L'ALCOOL ET UTILISES PAR VOIE ORALE CHEZ L'ADULTE

Nom commercial et compagnie pharmaceutique	Ingrédients actifs	Alcool (v/v) %	Indications thérapeutiques	Posologie adulte
BRONCHOPHAN FORTE DM Atlas	Dextrométhorphane	0,50	Antitussif	5 à 10 ml toutes les 6 à 8h
BRONCODEINE Rougier	Codéine Scille	10,00	Antitussif Expectorant	5 à 10 ml toutes les 4h
BRONKAID MISTOMETER Winthrop	Adrénaline	33,00	Bronchodilatateur	Variable
CALCIUM (Sirop) Rougier	Calcium	1,00	Supplément diététique	10 ml toutes les 8h
CALDOMINE DH FORTE Technilab	Hydrocodone Phénylpropanolamine Phéniramine Pyrilamine	3,70	Antitussif Décongestionnant Antihistaminique	5 ml toutes les 4h
CALMYDONE Technilab	Hydrocodone Etafédrine Doxylamine	5,00	Antitussif Décongestionnant Antihistaminique	5 ml toutes les 4h
CALMYLIN-DM Technilab	Dextrométhorphane Diphénhydramine	5,00	Antitussif Antihistaminique	5 à 10 ml toutes les 6 à 8h
CALMYLIN-DM-D-E Technilab	Dextrométhorphane Pseudoéphédrine Guaifénésine	6,10	Antitussif Décongestionnant Expectorant	10 ml toutes les 6 à 8h
CASCARA AROMATIQUE Ingram & Bell	Cascara	0,30	Laxatif	5 à 10 ml toutes les 8 à 12h
CASCARA SAGRADA Stanley	Cascara	20,00	Laxatif	5 à 10 ml toutes les 8 à 12h
CE-VI-SOL Mead Johnson	Acide ascorbique	4,00	Supplément diététique	Variable
CHERACOL Upjohn	Codéine Guaifénésine	3,00	Antitussif Expectorant	5 à 15 ml toutes les 6 à 8h
CHLOR-TRIPOLON (Sirop) Schering	Chlorphéniramine	7,00	Antihistaminique	5 à 10 ml toutes les 6 à 8h
CHLOR-TRIPOLON DECONGESTIONNANT (Sirop) Schering	Chlorphéniramine Phénylpropanolamine	7,00	Antihistaminique	5 à 10 ml toutes les 6 à 8h

PRINCIPAUX MEDICAMENTS RENFERMANT DE L'ALCOOL ET UTILISES PAR VOIE ORALE CHEZ L'ADULTE

Nom commercial et compagnie pharmaceutique	Ingrédients actifs	Alcool (v/v) %	Indications thérapeutiques	Posologie adulte
CHOLEDYL (Elixir) Parke-Davis	Oxtriphylline	20,00	Bronchodilatateur	Variable
CHOLEDYL EXPECTORANT (Elixir) Parke-Davis	Oxtriphylline Guaifénésine	20,00	Bronchodilatateur Expectorant	Variable
COCILLANA (Sirop) Atlas	Cocillana	3,77	Antitussif	5 à 10 ml toutes les 4h
COCILLANA CODEINE (Sirop) Atlas	Cocillana Codéine	3,77	Antitussif	5 ml toutes les 4h
CODEINE (Sirop) Atlas	Codéine	4,40	Antitussif	5 ml toutes les 6 à 8h
CODEINE (Sirop) Nadeau	Codéine	0,80	Antitussif	5 ml toutes les 6 à 8h
COLACE (Sirop) Bristol	Docusate sodique	0,60	Laxatif	25 à 50 ml par jour
CORISTEX-DH Technilab	Hydrocodone Phényléphrine	5,30	Antitussif Décongestionnant	5 ml toutes les 4h
CORISTINE-DH Technilab	Hydrocodone Phényléphrine	5,30	Antitussif Décongestionnant	5 ml toutes les 4h
DALMACOL Atlas	Hydrocodone Etafédrine Doxylamine	5,04	Antitussif Décongestionnant Antihistaminique	5 ml toutes les 4h
DEQUADIN (Teinture orale) Glaxo	Déqualinium	3,06	Antiseptique	Appliquer toutes les 2 à 3h
DIGESTIF Atlas	Pepsine	17,25	Digestif	5 à 30 ml après les repas
DILANTIN-30 (Suspension) Parke-Davis	Phénytoïne	0,50	Antiépileptique	Variable
DILANTIN-125 (Suspension) Parke-Davis	Phénytoïne	0,40	Antiépileptique	Variable
DIMETANE (Elixir) Robins	Bromphéniramine	30	Antihistaminique	5 à 10 ml toutes les 6h

PRINCIPAUX MEDICAMENTS RENFERMANT DE L'ALCOOL ET UTILISES PAR VOIE ORALE CHEZ L'ADULTE

Nom commercial et compagnie pharmaceutique	Ingrédients actifs	Alcool (v/v) %	Indications thérapeutiques	Posologie adulte
DIMETANE EXPECTORANT Robins	Bromphéniramine Guaifénésine Phényléphrine Phénylpropanolamine	3,50	Antihistaminique Expectorant Décongestionnant	5 à 10 ml toutes les 6h
DIMETANE EXPECTORANT-DC Robins	Bromphéniramine Hydrocodone Guaifénésine Phényléphrine Phénylpropanolamine	3,50	Antihistaminique Antitussif Expectorant Décongestionnant	5 à 10 ml toutes les 6h
DIMETAPP (Elixir) Robins	Bromphéniramine Phényléphrine Phénylpropanolamine	2,30	Antihistaminique Décongestionnant	5 à 10 ml toutes les 6 à 8h
DIMETAPP-C Robins	Bromphéniramine Codéine Phényléphrine	2,30	Antihistaminique Antitussif Décongestionnant	10 ml toutes les 4h
DIMETAPP-DM (Elixir) Robins	Bromphéniramine Dextrométhorphane Phényléphrine Phénylpropanolamine	3,00	Antihistaminique Antitussif Décongestionnant	5 à 10 ml toutes les 6 à 8h
DIPHENHYDRAMINE (Elixir) Pharmascience	Diphenhydramine	14,00	Antihistaminique	10 à 20 ml toutes les 6 à 8h
DIOVOL (Suspension) Horner	Hydroxyde d'aluminium Hydroxyde de magnésium	1,00	Antiacide	10 à 20 ml toutes les 6h
DIOVOL EX (Suspension) Horner	Hydroxyde d'aluminium Hydroxyde de magnésium	1,00	Antiacide	5 à 10 ml toutes les 6h
DIOVOL PLUS (Suspension) Horner	Hydroxyde d'aluminium Hydroxyde de magnésium Siméthicone	1,00	Antiacide Antiflatulent[1]	10 à 20 ml toutes les 6h
DOCUSATE SODIQUE (Sirop) Taro	Docusate sodique	0,60	Laxatif	15 à 45 ml par jour
DOLORAL Atlas	Morphine	4,74	Analgésique	Variable

[1] Un antiflatulent permet de combattre les gaz dans l'estomac ou l'intestin.

PRINCIPAUX MEDICAMENTS RENFERMANT DE L'ALCOOL ET UTILISES PAR VOIE ORALE CHEZ L'ADULTE

Nom commercial et compagnie pharmaceutique	Ingrédients actifs	Alcool (v/v) %	Indications thérapeutiques	Posologie adulte
DONNAGEL-MB Robins	Kaolin Pectine	3,80	Antidiarrhéique	30 ml après chaque évacuation
DONNAGEL-PG Robins	Kaolin Pectine Poudre d'opium	5,00	Antidiarrhéique	30 ml après chaque évacuation
DONNATAL (Elixir) Robins	Hyoscyamine Atropine Scopolamine Phénobarbital	23,00	Antispasmodique Sédatif[1]	5 à 10 ml toutes les 6 à 8h
ELIXOPHYLLIN Berlex	Théophylline	20,00	Bronchodilatateur	Variable
FERMENTOL Horner	Pepsine	16,00	Digestif	5 à 30 ml après les repas
FERTINIC (Sirop) Desbergers	Gluconate ferreux	0,40	Antianémique	5 à 10 ml toutes les 8h
FOWLER (Liquide) Anca	Acide tannique	14,50	Antidiarrhéique	Variable
GEVRABON Lederle	Vitamines Minéraux	18,00	Supplément diététique	30 ml/jour
GLYCOBAL FORTIS Nadeau	Vitamines	11,00	Supplément diététique	15 ml toutes les 12h
GRAVOL (Liquide) Horner	Dimenhydrinate	5,00	Antiémétique[2]	Variable
HEMO-SOMATON (Ampoules buvables) Desbergers	Fer Glycérophosphate de calcium Vitamines	0,30	Tonique	10 ml toutes les 12h
HEPAROS Desbergers	Extrait de foie Acides Aminés Fer Vitamine B_{12}	0,60	Hématopoïétique[3]	10 ml/jour

1 Un sédatif est un calmant du système nerveux central.

2 Un antiémétique permet de prévenir et de soulager les nausées et vomissements d'origines diverses.

3 Un hématopoïétique est un tonique pouvant être utilisé dans les états de fatigue, faiblesse, surmenage, convalescence et carences vitaminiques ou minérales.

PRINCIPAUX MEDICAMENTS RENFERMANT DE L'ALCOOL ET UTILISES PAR VOIE ORALE CHEZ L'ADULTE

Nom commercial et compagnie pharmaceutique	Ingrédients actifs	Alcool (v/v) %	Indications thérapeutiques	Posologie adulte
HEPAX (Liquide) Sabex	Artichaut Boldo Peptone Magnésium	17,50	Insuffisance biliaire Troubles digestifs	30 à 50 gouttes toutes les 8h
HERACLINE Charton	Extrait de foie Extrait surrénalien Vitamine B_{12}	18,00	Hématopoïétique	10 à 20 ml par jour
HISMANAL (Suspension) Janssen	Astémizole	5,00	Antihistaminique	5 ml/jour
I.D.M.-EXPECTORANT (Solution) Rougier	Théophylline Guaifénésine Mépyramine Iodure de potassium	10,00	Bronchodilatateur Expectorant Antihistaminique	Variable
IMODIUM (Solution) Janssen	Lopéramide	4,07	Antidiarrhéique	Variable
INCREMIN AVEC FER Lederle	Vitamines Fer	0,75	Antianémique	5 ml/jour
IPECA (Sirop) Organon	Ipéca	1,80	Emétique[1]	Variable
ISUPREL (Mistometer) Winthrop	Isoprotérénol	33,00	Bronchodilatateur	Variable
ISUPREL-NEOMISTOMETER Winthrop	Isoprotérénol Phényléphrine	33,00	Bronchodilatateur Décongestionnant	Variable
KAOCHLOR-10 Adria	Potassium	5,00	Supplément de potassium	15 ml toutes les 12h
KAOCHLOR-20 CONCENTRE Adria	Potassium	5,00	Supplément de potassium	15 ml toutes les 12h
KAON (Elixir) Adria	Potassium	5,00	Supplément de potassium	15 ml toutes les 6 à 12h
KAY CIEL Berlex	Potassium	4,00	Supplément de potassium	15 ml toutes les 8 à 12h
KCL 5% SOLUTION Rougier	Potassium	0,90	Supplément de potassium	15 ml toutes les 12h

[1] Un émétique permet de provoquer des vomissements lors du traitement des empoisonnements par voie orale.

PRINCIPAUX MEDICAMENTS RENFERMANT DE L'ALCOOL ET UTILISES PAR VOIE ORALE CHEZ L'ADULTE

Nom commercial et compagnie pharmaceutique	Ingrédients actifs	Alcool (v/v) %	Indications thérapeutiques	Posologie adulte
KEMADRIN (Elixir) Burroughs Wellcome	Procyclidine	10,00	Antiparkinsonien	Variable
KOFFEX Rougier	Dextrométhorphane	1,10	Antitussif	Variable
LACTOPEPSINE (Elixir) Atlas	Pepsine	4,02	Digestif	5 à 30 ml après les repas
LAIT DE MAGNESIE-CASCARA (Suspension) Organon	Hydroxyde de magnésium Cascara	7,00	Antiacide Laxatif	15 ml toutes les 8 à 12h
LARGACTIL (Gouttes) Rhône-Poulenc	Chlorpromazine	17,50	Antipsychotique Antiémétique	Variable
LARGACTIL (Liquide) Rhône-Poulenc	Chlorpromazine	0,50	Antipsychotique Antiémétique	Variable
LINCTUS CODEINE Atlas	Codéine	2,93	Antitussif	5 à 10 ml toutes les 4 à 6h
LOMOTIL (Liquide) Searle	Diphénoxylate	15,00	Antidiarrhéique	10 ml toutes les 6 à 8h
MALTLEVOL Horner	Vitamines	15,00	Supplément diététique	15 ml toutes les 8h
MALTLEVOL-12 Horner	Vitamines	16,00	Supplément diététique	15 ml toutes les 8h
MEGACILLINE 500 (Suspension) Frosst	Pénicilline G	0,10	Antibiotique	Variable
MELLARIL (Solution) Sandoz	Thioridazine	2,45	Tranquillisant Antipsychotique	Variable
MELLARIL (Suspension) Sandoz	Thioridazine	0,50	Tranquillisant Antipsychotique	Variable
MENTHE (Essence poivrée) Atlas	Menthe poivrée	81,77	Anti-coliques	5 à 30 gouttes toutes les 8h

PRINCIPAUX MEDICAMENTS RENFERMANT DE L'ALCOOL ET UTILISES PAR VOIE ORALE CHEZ L'ADULTE

Nom commercial et compagnie pharmaceutique	Ingrédients actifs	Alcool (v/v) %	Indications thérapeutiques	Posologie adulte
MERCODOL avec DECAPRYN Dow	Hydrocodone Etafédrine Doxylamine	5,00	Antitussif Décongestionnant Antihistaminique	5 ml toutes les 4h
MODITEN (Elixir) Squibb	Fluphénazine	14,00	Antipsychotique Anxiolytique	Variable
MORPHITEC-1 Technilab	Morphine	5,00	Analgésique narcotique	Variable
MORPHITEC-5 Technilab	Morphine	5,00	Analgésique narcotique	Variable
MORPHITEC-10 Tehnilab	Morphine	5,00	Analgésique narcotique	Variable
MORPHITEC-20 Technilab	Morphine	5,00	Analgésique narcotique	Variable
M.O.S. (Sirop) ICN	Morphine	4,80	Analgésique narcotique	Variable
MYCOSTATIN (Suspension orale) Squibb	Nystatine	1,00	Antibiotique antifongique[1]	Variable
NEO-BEX (Elixir) Néolab	Vitamines	15,50	Supplément diététique	15 à 30 ml toutes les 12h
NEO-PECTOL Néolab	Codéine Ipéca Scille	7,00	Antitussif Expectorant	10 ml toutes les 4h
NEO-TUSS Néolab	Dextrométhorphane Phényléphrine Chlorphéniramine	7,00	Antitussif Décongestionnant Antihistaminique	10 ml toutes les 4h
NEULEPTIL (Gouttes orales) Rhône-Poulenc	Péricyazine	12,00	Antipsychotique	Variable
NEUTRALCA-S (Suspension) Desbergers	Hydroxyde d'aluminium Hydroxyde de magnésium	1,00	Antiacide	5 à 15 ml toutes les 6 à 8h
NOVAHISTEX C Dow	Codéine Phényléphrine	5,40	Antitussif Décongestionnant	5 ml toutes les 4 à 6h

[1] Un antifongique est utile pour combattre les champignons.

PRINCIPAUX MEDICAMENTS RENFERMANT DE L'ALCOOL ET UTILISES PAR VOIE ORALE CHEZ L'ADULTE

Nom commercial et compagnie pharmaceutique	Ingrédients actifs	Alcool (v/v) %	Indications thérapeutiques	Posologie adulte
NOVAHISTEX DH Dow	Hydrocodone Phényléphrine	5,40	Antitussif Décongestionnant	5 ml toutes les 4h
NOVAHISTEX DH EXPECTORANT Dow	Hydrocodone Phényléphrine Guaifénésine	9,80	Antitussif Décongestionnant Expectorant	5 ml toutes les 4h
NOVAHISTEX DM Dow	Dextrométhorphane Phényléphrine	10,00	Antitussif Décongestionnant	10 ml toutes les 4h
NOVAHISTEX DM EXPECTORANT Dow	Dextrométhorphane Phényléphrine Guaifénésine	10,00	Antitussif Décongestionnant Expectorant	10 ml toutes les 4h
NOVAHISTEX EXPECTORANT Dow	Phényléphrine Guaifénésine	3,50	Décongestionnant Expectorant	10 ml toutes les 4h
NOVOFURAN (Suspension) Novopharm	Nitrofurantoïne	0,20	Antibiotique	Variable
NOVORYTHRO (Suspension) Novopharm	Erythromycine	0,60	Antibiotique	Variable
NOVOTETRA (Suspension) Novopharm	Tétracycline	1,30	Antibiotique	Variable
NOZINAN (Gouttes orales) Rhône-Poulenc	Méthotriméprazine	16,50	Antipsychotique	Variable
NOZINAN (Liquide) Rhône-Poulenc	Méthotriméprazine	2,00	Antipsychotique	Variable
OPIUM (Teinture camphrée) Stanley	Poudre d'opium	58,50	Antidiarrhéique	Variable
ORGANIDIN (Elixir) Horner	Glycérol ioduré	24,00	Expectorant	5 ml toutes les 6h
ORNADE (Liquide) Smith, Kline & French	Chlorphéniramine Phénylpropanolamine	3,80	Antihistaminique Décongestionnant	5 à 10 ml toutes les 6 à 8h
ORNADE-A.F. (Liquide) Smith, Kline & French	Chlorphéniramine Phénylpropanolamine	3,80	Antihistaminique Décongestionnant	5 à 10 ml toutes les 6 à 8h
ORNADE-DM 15 Smith, Kline & French	Dextrométhorphane Chlorphéniramine Phénylpropanolamine	3,80	Antitussif Antihistaminique Décongestionnant	5 à 10 ml toutes les 6 à 8h

PRINCIPAUX MEDICAMENTS RENFERMANT DE L'ALCOOL ET UTILISES PAR VOIE ORALE CHEZ L'ADULTE

Nom commercial et compagnie pharmaceutique	Ingrédients actifs	Alcool (v/v) %	Indications thérapeutiques	Posologie adulte
ORNADE EXPECTORANT Smith, Kline & French	Chlorphéniramine Phénylpropanolamine Guaifénésine	7,00	Antihistaminique Décongestionnant Expectorant	5 à 10 ml toutes les 6 à 8h
PANECTYL (Liquide) May & Baker	Triméprazine	0,60	Antiprurigineux[1] Antihistaminique	5 à 10 ml toutes les 8 à 12h
PAREGORIQUE (Elixir) Atlas	Poudre d'opium	57,97	Antidiarrhéique	Variable
PERIACTIN (Sirop) Merck Frosst	Cyproheptadine	5,00	Stimulant de l'appétit Antihistaminique	10 ml toutes les 8h
PHENERGAN (Sirop) May & Baker	Prométhazine	3,00	Antihistaminique	5 ml toutes les 6h
PHENERGAN EXPECTORANT May & Baker	Prométhazine Guaïacolsulfonate	7,50	Antitussif Expectorant	5 à 10 ml toutes les 4 à 6h
PHENERGAN EXPECTORANT AVEC CODEINE May & Baker	Codéine Prométhazine Guaïacolsufonate	7,50	Antitussif Expectorant	5 à 10 ml toutes les 4 à 6h
PHENOBARBITAL (Ancalixir) Anca	Phénobarbital	25,00	Anticonvulsivant Sédatif	Variable
PHENOBARBITAL (Elixir) Sandoz	Phénobarbital	26,20	Anticonvulsivant Sédatif	Variable
PIN BLANC (Sirop) Atlas	Pin blanc	3,12	Antitussif	5 à 10 ml toutes les 4h
POLARAMINE (Sirop) Schering	Dexchlorphéniramine	5,00	Antihistaminique	5 ml toutes les 6 à 8h
POTASSIUM (Sirop) Rougier	Potassium	0,10	Supplément de potassium	15 ml toutes les 8 à 12h
PROCYCLID (Elixir) ICN	Procyclidine	10,20	Antiparkinsonien	Variable

[1] Les antiprurigineux permettent de combattre les affections cutanées caractérisées par des démangeaisons internes.

PRINCIPAUX MEDICAMENTS RENFERMANT DE L'ALCOOL ET UTILISES PAR VOIE ORALE CHEZ L'ADULTE

Nom commercial et compagnie pharmaceutique	Ingrédients actifs	Alcool (v/v) %	Indications thérapeutiques	Posologie adulte
PROCYCLIDINE (Elixir) Pharmascience	Procyclidine	10,00	Antiparkinsonien	Variable
PROMATUSSIN DM Wyeth	Prométhazine Dextrométhorphane Pseudoéphédrine	0,20	Antitussif Décongestionnant	5 ml toutes les 6h
PULMOPHYLLINE Riva	Théophylline	20,00	Bronchodilatateur	Variable
PULMORPHAN Riva	Dextrométhorphane Guaifénésine Phéniramine Phényléphrine	6,00	Antitussif Expectorant Antihistaminique Décongestionnant	5 à 10 ml toutes les 4h
PVF 250 (Suspension) Frosst	Pénicilline V	0,10	Antibiotique	Variable
PVF 500 (Suspension) Frosst	Pénicilline V	0,10	Antibiotique	Variable
RADIOSTOL FORTE Glaxo	Calciférol	80,80	Supplément diététique	Variable
RHUBARBE (Teinture) Stanley	Rhubarbe	55,00	Laxatif	10 à 15 ml toutes les 12h
RICIFRUIT Sabex	Huile de ricin	1,75	Laxatif	15 à 60 ml par jour
ROBIDEX Robins	Dextrométhorphane	3,50	Antitussif	5 à 10 ml toutes les 6 à 8h
ROBIDONE Robins	Hydrocodone	3,20	Antitussif	5 à 10 ml toutes les 6 à 8h
ROBIDRINE (Sirop) Robins	Pseudoéphédrine	1,40	Décongestionnant	10 ml toutes les 8h
ROBITUSSIN Robins	Guaifénésine	3,50	Expectorant	5 à 10 ml toutes les 2 à 4h
ROBITUSSIN A-C Robins	Guaifénésine Phéniramine Codéine	3,50	Expectorant Antihistaminique Antitussif	5 à 10 ml toutes les 2 à 4h
ROBITUSSIN-CF Robins	Guaifénésine Phénylpropanolamine Dextrométhorphane	4,75	Expectorant Décongestionnant Antitussif	10 ml toutes les 4h

PRINCIPAUX MEDICAMENTS RENFERMANT DE L'ALCOOL ET UTILISES PAR VOIE ORALE CHEZ L'ADULTE

Nom commercial et compagnie pharmaceutique	Ingrédients actifs	Alcool (v/v) %	Indications thérapeutiques	Posologie adulte
ROBITUSSIN-DM Robins	Guaifénésine Dextrométhorphane	1,40	Expectorant Antitussif	5 à 10 ml toutes les 6 à 8h
ROBITUSSIN-PE Robins	Guaifénésine Pseudoéphédrine	4,75	Expectorant Décongestionnant	5 ml toutes les 4h
ROBITUSSIN AVEC CODEINE Robins	Guaifénésine Phéniramine Codéine	3,50	Expectorant Antihistaminique Antitussif	5 à 10 ml toutes les 6 à 8h
SALSEPAREILLE Atlas	Salsepareille Séné Bardane	4,83	Diurétique[1] Purgatif	10 ml toutes les 8h
SANDIMMUNE (Solution orale) Sandoz	Cyclosporine	10,00	Immunosuppresseur[2]	Variable
SENOKOT (Sirop) Purdue Frederick	Séné	6,00	Laxatif	10 à 15 ml toutes les 12h
SOLUCODAN Rougier	Hydrocodone Sulfogaïacolate	8,00	Antitussif Expectorant	5 ml toutes les 6h
SOLUCODAN-H Rougier	Hydrocodone Sulfogaïacolate Diphénylpyraline	8,00	Antitussif Expectorant Antihistaminique	5 ml toutes les 6h
SUDAFED DM Burroughs Wellcome	Pseudoéphédrine Dextrométhorphane	5,00	Décongestionnant Antitussif	10 ml toutes les 4 à 6h
SUDAFED EXPECTORANT Burroughs Wellcome	Pseudoéphédrine Guaifénésine	5,00	Décongestionnant Expectorant	10 ml toutes les 8h
SULFATE FERREUX (Solution) Pharmascience	Fer	0,30	Antianémique	5 à 10 ml toutes les 8h
TAGAMET (Liquide) Smith, Kline & French	Cimétidine	2,85	Antiulcéreux	Variable
TAVIST (Sirop) Sandoz	Clémastine	6,10	Antihistaminique	10 ml 1 à 6 fois par jour

1 Un diurétique fait uriner et un purgatif provoque l'évacuation du contenu intestinal.

2 Un immunosuppresseur est un médicament qui lutte contre le rejet des greffes et des transplantations.

PRINCIPAUX MEDICAMENTS RENFERMANT DE L'ALCOOL ET UTILISES PAR VOIE ORALE CHEZ L'ADULTE

Nom commercial et compagnie pharmaceutique	Ingrédients actifs	Alcool (v/v) %	Indications thérapeutiques	Posologie adulte
THEOPHYLLINE (Elixir) Atlas	Théophylline	20,13	Bronchodilatateur	Variable
THEOPHYLLINE (Elixir) Desbergers	Théophylline	21,00	Bronchodilatateur	Variable
THEOPHYLLINE (Elixir) Pharmascience	Théophylline	18,00	Bronchodilatateur	Variable
THEOPHYLLINE (Elixir) Rougier	Théophylline	21,00	Bronchodilatateur	Variable
THEOPHYLLINE (Elixir) Technilab	Théophylline	19,90	Brochodilatateur	Variable
THEOPHYLLINE KI (Elixir) Desbergers	Théophylline Iodure de potassium	20,80	Bronchodilatateur Expectorant	Variable
THIORIDAZINE (Sirop) Pharmascience	Thioridazine	3,00	Tranquillisant Antipsychotique	Variable
TOLU (Sirop) Atlas	Baume de Tolu	3,06	Antitussif	Variable
TRIAMINIC-DM EXPECTORANT Sandoz	Dextrométhorphane Guaifénésine Phénylpropanolamine Phéniramine Pyrilamine	7,10	Antitussif Expectorant Décongestionnant Antihistaminique	10 ml toutes les 4h
TRIAMINIC EXPECTORANT Sandoz	Guaifénésine Phénylpropanolamine Phéniramine Pyrilamine	7,80	Expectorant Décongestionnant Antihistaminique	10 ml toutes les 4h
TRIAMINIC EXPECTORANT DH Sandoz	Hydrocodone Guaifénésine Phénylpropanolamine Phéniramine Pyrilamine	5,00	Antitussif Expectorant Décongestionnant Antihistaminique	10 ml toutes les 4h
TUSSIONEX (Suspension) Fisons	Hydrocodone Phénylpropanolamine	0,60	Antitussif	5 ml toutes les 8 à 12h
TUSSI-ORGANIDIN Horner	Codéine Glycérol iodure Chlorphéniramine	15,00	Antitussif Expectorant Antihistaminique	5 à 10ml toutes les 4h

PRINCIPAUX MEDICAMENTS RENFERMANT DE L'ALCOOL ET UTILISES PAR VOIE ORALE CHEZ L'ADULTE

Nom commercial et compagnie pharmaceutique	Ingrédients actifs	Alcool (v/v) %	Indications thérapeutiques	Posologie adulte
TYLENOL AVEC CODEINE (Elixir) Mc Neil	Acétaminophène Codéine	7,00	Analgésique Antipyrétique Antitussif	Variable
ULONE Riker	Chlophédianol	6,60	Antitussif	5 ml toutes les 6 à 8h
UNIVOL Horner	Hydroxyde d'aluminium Hydroxyde de magnésium	1,00	Antiacide	10 à 20 ml toutes les 6h
VIAMON Nadeau	Vitamines Fer	0,90	Supplément diététique Antianémique	10 ml toutes les 12h
VIPLEX Riva	Vitamines Fer Extrait de foie	9,00	Hématopoïétique	10 ml toutes les 12h
WAMPOLE (Tonique) Wampole	Vitamines Fer	16,00	Supplément diététique Antianémique	15 ml toutes les 8h
X-PREP (Liquide) Purdue Frederick	Séné	7,00	Laxatif Agent de diagnostic[1]	Variable
ZANTAC (Solution orale) Glaxo	Ranitidine	7,50	Antiulcéreux	10 ml toutes les 12h
ZARONTIN (Sirop) Parke-Davis	Ethosuximide	3,00	Antiépileptique	Variable

1 X-PREP est un laxatif puissant utilisé pour évacuer le tube digestif avant une radiographie ou une intervention chirurgicale.

ANNEXE III

BIBLIOGRAPHIE

A. ASPECTS SCIENTIFIQUES

1. Aliphatic alcohols. R.N. Harger et R.B. Forney. Dans: Progress in Chemical Toxicology, Volume 1. Editeur: A. Stolman, pages 53-134, Academic Press, New-York, 1963.

2. Ethyl alcohol. D.R. Laurence et P.N. Bennett. Dans: Clinical Pharmacology, 6e édition, pages 411-421, Churchill Livingstone, New-York, 1987.

3. Manuel du préparateur en pharmacie. G. Legrand, 11e édition, Masson, Paris, 1990.

4. Biochimie médicale. M. Polonovski et P. Boulanger, 10e édition, Masson, Paris, 1971.

5. Compendium des produits et spécialités pharmaceutiques. C.M.E. Krogh, D. Blais, L. Welbanks, P. Carruthers-Czyzewski et A. Leroux, 26e édition. Association Pharmaceutique Canadienne, Ottawa, 1991.

6. Disposition of toxic drugs and chemicals in man. R.C. Baselt. 2e édition, pages 299-303, Biomedical Publications, Davis, 1982.

7. Topical first aid. M. Berry. Dans: Self-Medication. A Reference for Health Professionals. Editeur: Canadian Pharmaceutical Association, pages 21-37, Ottawa, 1988.

8. Livre blanc sur la conversion au système métrique au Canada, pages 1-22. Consommation et Corporations Canada, 1970.

9. Petit manuel des unités S.I. D.R.B. McArthur et H.R.D. Beckman. 6e édition, pages 1-8, Commission du Système Métrique Canada, Ottawa, 1982.

10. Conduite avec facultés affaiblies au Canada, 1974-1987. Juristat. Centre Canadien de la Statistique Juridique. Volume 8, numéro 4, pages 1-10, 1988.

11. Statistiques sur la conduite avec facultés affaiblies, 1988. Juristat. Centre Canadien de la Statistique Juridique. Volume 9, numéro 5, pages 1-13, 1989.

12. Statistiques sur la conduite avec facultés affaiblies, 1989. Juristat. Centre Canadien de la Statistique Juridique. Volume 10, numéro 17, pages 1-10, 1990.

13. Tendances des statistiques relatives à la conduite avec facultés affaiblies, 1990. Juristat. Centre Canadien de la Statistique Juridique. Volume 11, numéro 13, pages 1-13, 1991.

14. Enquête sur la conduite avec les facultés affaiblies par l'alcool, 1991. Société de l'Assurance Automobile du Québec. Direction de la Statistique, pages 1-41, 1991.

15. Bilan 1990. Accidents, parc automobile, permis de conduire. Société de l'Assurance Automobile du Québec. Direction de la Statistique, pages 1-187, 1991.

16. Bilan routier 1991. Société de l'Assurance Automobile du Québec. Direction de la Statistique, pages 1-23, 1992.

17. Alcohol: Its absorption into and disappearance from the blood under different conditions. E. Mellanby. National Health Insurance. Medical Research Committee, Special Report Series 31, H.M.S.O., Londres, 1919.

18. The pharmacology of alcohol. R.N. Harger et H.R. Hulpieu. Dans: Alcoholism. Editeur: G.N. Thompson, pages 103-232, Springfield, 1956.

19. Human pharmacokinetics of ethanol. Further studies. K.M. Dubowski. Clinical Chemistry, Volume 22, numéro 7, page 1199, 1976.

20. Variability in blood alcohol concentrations. Implications for estimating individual results. B. O'Neill, A.F. Williams et K.M. Dubowski. Journal of Studies on Alcohol, Volume 44, numéro 2, pages 222-230, 1983.

21. Absorption, distribution and elimination of alcohol. Highway safety aspects. K.M. Dubowski. Journal of Studies on Alcohol. Suplément numéro 10, pages 98-108, 1985.

22. Absorption, diffusion, distribution and elimination of ethanol: Effects on biological membranes. H. Kalant. Dans: The Biology of Alcoholism, Volume 1, Biochemistry. Editeurs: B. Kissin et H. Beglieter, pages 1-62, Plenum Press, New-York, 1971.

23. Biochemical parmacology of ethanol. Editeur: E. Majchrowicz, Plenum Press, New-York, 1975.

24. Biochemistry of alcohol and alcoholism. L.J. Kricka et P.M.S. Clark. Editeurs: Wiley et frères, pages 30-53, New-York, 1979.

25. Blood alcohol concentrations: Factors affecting predictions. C.L. Winek et F.M. Esposito. Legal Medicine, pages 34-61, 1985.

26. Factors affecting the distribution and measurement of ethanol in the body. C.K. Erickson. Dans: Biochemistry and Pharmacology of Ethanol, Volume 1. Editeurs: E. Majchrowicz et P.E. Noble, pages 9-26, Plenum Press, New-York, 1979.

27. The pharmacokinetics of alcohol in human breath, venous and arterial blood after oral ingestion. E. Martin, W. Moll, P. Schmid et L. Dettli. European Journal of Clinical Pharmacology, Volume 26, pages 619-626, 1984.

28. Clinical pharmacokinetics of ethanol. N.H.G. Holford. Clinical Pharmacokinetics. Volume 13, pages 273-292, 1987.

29. Fasting and non fasting blood ethanol concentrations following repeated oral administration of ethanol to one adult male subject. P.K. Wilkinson, A.J. Sedman, E. Sakmar, Y.J. Lin et J.G. Wagner. Journal of Pharmacokinetics and Biopharmaceutics, Volume 5, numéro 1, pages 41-52, 1977.

30. Effects of solid food on blood levels of alcohol in man. Y.J. Lin, D.J. Weidler, D.C. Garg et J.G. Wagner. Research Communications in Chemical Pathology and Pharmacology, Volume 13, numéro 4, pages 713-722, 1976.

31. The blood alcohol curve as a function of time and type of beverage: Methodological considerations. R. Gustafson et H. Källmén. Drug and Alcohol Dependence, Volume 21, numéro 3, pages 243-246, 1988.

32. Alcohol accumulation in humans after prolonged drinking. R.B. Forney et F.W. Hughes. Clinical Pharmacology and Therapeutics, Volume 4, numéro 5, pages 619-621, 1963.

33. Variation in blood alcohol concentration following the last drink. R.G. Gullberg. Journal of Police Science and Administration, Volume 10, numéro 3, pages 289-296, 1982.

34. Ethanol absorption after gastric operations and in the coeliac syndrome. P.B. Cotton et G. Walker. Postgraduate Medical Journal, Volume 49, numéro 567, pages 27-28, 1973.

35. Alcohol determination. Some physiological and metabolic considerations. K.M. Dubowski. U.S. Public Health Service, National Conference on Alcohol and Traffic Safety, Pittsburg, 1961.

36. Human Pharmacokinetics of ethanol. I. Peak blood concentrations and elimination in male

and female subjects. K.M. Dubowski. Alcohol Technical Report, Volume 5, pages 55-63, 1976.

37. Studies on liver alcohol dehydrogenase. H. Theorell et R. Bonnichsen. Acta Chemica Scandinavica, Volume 5, pages 1105-1126, 1951.

38. Observations on the metabolism of alcohol in man. E.W. Barnes, N.J.Cooke, A.J. King et R. Passmore. British Journal of Nutrition, Volume 19, pages 485-489, 1965.

39. A study of the metabolism rates of alcohol in the human body. R.P. Shumate, R.F. Crowther et M. Zarafshan. Journal of Forensic Medicine, Volume 14, numéro 3, pages 83-100, 1967.

40. Metabolism of alcohol (ethanol) in man. G.L.S. Pawan. Proceedings of the Nutrition Society, Volume 31, pages 83-89, 1972.

41. The metabolism of ethanol and its metabolic effects. R.D. Hawkins et H. Kalant. Pharmacological Reviews, Volume 24, numéro 1, pages 67-157, 1972.

42. Metabolism of ethanol. C.S. Lieber. Dans: Metabolic Aspects of Alcoholism, pages 1-29, University Park Press, Baltimore, 1977.

43. Metabolic effects of alcohol on the liver. C.S. Lieber et L.M. De Carli. Dans: Metabolic Aspects of Alcoholism. Editeur: C.S. Lieber, pages 31-79, University Park Press, Baltimore, 1977.

44. Ethanol metabolism. J.M. Khanna et Y. Israël. Dans: International Review of Physiology. Editeur: N.B. Javitt. Volume 21, pages 275-315, University Park Press, Baltimore, 1980.

45. Ethanol elimination in males and females: Relationship to menstrual cycle and body composition. A.W. Marshall, D. Kingstone, M. Boss et M.Y. Morgan, Hepathology, Volume 3, numéro 5, pages 701-706, 1983.

46. Sex differences in the metabolism of ethanol and acetaldehyde in normal subjects. M.J.P. Arthur, A. Lee et R. Wright, Clinical Science, Volume 67, numéro 4, pages 397-401, 1984.

47. Elimination of ethanol in humans. M.D. Holzbecher et A.E. Wells. Journal of the Canadian Society of Forensic Science, Volume 17, numéro 4, pages 182-196, 1984.

48. Influence of ethanol on the metabolism of the pathological liver. Dans: Biological Basis of Alcoholism. Editeurs: Y. Israël et J. Mardones, pages 163-182, John Wiley and Son, New-York, 1971.

49. Some factors affecting the metabolic rate of alcohol. M.G. Eggleton. Journal of Physiology, Volume 98, numéro 2, pages 239-254, 1940.

50. The disappearance of alcohol from the blood of diabetics. B.B. Coldwell et G.L. Grant. Journal of Forensic Sciences, Volume 8, numéro 2, pages 220-230, 1963.

51. The effect of fructose on the metabolism of ethyl alcohol in man. T.M. Carpenter et R.C. Lee. Journal of Pharmacology and Experimental Therapeutics, Volume 60, numéro 3, Pages 286-295, 1937.

52. Effect on performance of reducing blood-alcohol with oral fructose. J. Merry et V. Marks, Lancet, Volume 2, pages 1328-1330, 1967.

53. Effect of fructose on alcohol concentrations in the blood in man. L.M. Lowenstein, R. Simone, P. Boulter et P. Nathan. Journal of the American Medical Association, Volume 213, numéro 11, pages 1899-1901, 1970.

54. Acceleration of ethanol elimination with fructose in man. U. Sprandel, H.D. Tröger, E.W. Liebhardt et N. Zöllner. Nutrition and

Metabolism, Volume 24, numéro 5, pages 324-330, 1980.

55. The effect of glucose on the metabolism of ethyl alcohol in man. T.M. Carpenter et R.C. Lee. Journal of Pharmacology and Experimental Therapeutics, Volume 60, numéro 3, pages 264-285, 1937.

56. Clinical studies on the effect of laevulose on the rate of metabolism of ethyl alcohol. A.R. Patel, A.M. Paton, T. Rowan, D.H. Lawson et A.L. Linton. Scottish Medical Journal, Volume 14, numéro 8, pages 268-271, 1969.

57. Rates of ethanol clearance and activities of the ethanol-oxidizing enzymes in chronic alcoholic patients. E. Mezey et F. Tobon. Gastroenterology, Volume 61, numéro 5, pages 707-715, 1971.

58. Aging and ethanol metabolism. R.E. Vestal, E.A. McGuire, J.D. Tobin, R.Andres, A.H. Norris et E. Mezey. Clinical Pharmacology and Therapeutics. Volume 21, numéro 3, pages 343-354, 1977.

59. Physical exercise and alcohol metabolism in man. G.L.S. Pawan, Nature, Volume 218, page 966, 1968.

60. Alcohol metabolism in man: Acute effects of physical exercise, caffeine, fructose and glucose on the rate of ethanol metabolism. G.L.S. Pawan. Biochemical Journal, Volume 106, page 19P, 1968.

61. The effects of acetophenetidin, acetanilid, amidopyrine, aniline and para-aminophenol on the rate of disappearance of ethyl alcohol from the blood. N. Rakieten. Quarterly Journal of Studies on Alcohol, Volume 3, numéro 1, pages 97-102, 1942-43.

62. Effect of adrenergic beta receptor blockade on ethanol elimination and on ethanol-induced

changes in carbohydrate and lipid metabolism in man. T.L. Svendsen, O. Hartling et J. Trap-Jensen. European Journal of Clinical Pharmacology, Volume 13, pages 91-95, 1978.

63. The effect of oral contraceptive steroids (O.C.S.) on the rate of post-absorptive phase decline of blood alcohol concentration in the adult woman. W.R. Papple. Journal of the Canadian Society of Forensic Science, Volume 15, numéro 1, pages 17-24, 1981.

64. Effects of female sex steroids on ethanol pharmacokinetics. A.R. Zeiner. Dans: Ethanol Tolerance and Dependence: Endocrinological Aspects. Editeur: T.J. Cicero, NIAAA Research Monograph, numéro 13, pages 63-77, U.S. Government Printing Office, Washington, 1983.

65. Ethanol metabolism in women taking oral contraceptives. M.K. Jones et B.M. Jones. Alcoholism: Clinical and Experimental Research, Volume 8, numéro 1, pages 24-28, 1984.

66. Manual of clinical laboratory methods. O.E. Hepler. 4e édition. Editeur: C.C. Thomas, page 329, Springfield, 1949.

67. An enzymatic method for the microdetermination of ethanol. R.K. Bonnichsen et H. Theorell. Scandinavian Journal of Clinical and Laboratory Investigation. Volume 3, numéro 1, pages 58-62, 1951.

68. Oxidation of alcohols by yeast alcohol dehydrogenase and by the living cell. The thiol groups of the enzyme. E.S.G. Barron et S. Levine. Archives of Biochemistry and Biophysics, Volume 41, numéro 1, pages 175-187, 1952.

69. The determination of ethyl alcohol in blood and tissues. F. Lundqvist. Dans: Methods of Biochemical Analysis. Volume VII. Editeur:

D. Glick, pages 217-251, Interscience, New-York, 1957.

70. A rapid enzymatic method for estimating ethanol in body fluids. D. Jones, L.P. Gerber et W. Drell. Clinical Chemistry, Volume 16, numéro 5, pages 402-407, 1970.

71. Fundamentals of Clinical Chemistry. Editeur: N.W. Fritz, page 844, W.B. Saunders Company, Philadelphie, 1970.

72. Enzyme-coupled measurement of ethanol in whole blood and plasma with a centrifugal analyzer. G. Jung et G. Férard. Clinical Chemistry, Volume 24, numéro 6, pages 873-876, 1978.

73. Evaluation of a modified alcohol dehydrogenase assay for the determination of ethanol in blood. A Poklis et M.A. Mackell. Clinical Chemistry, Volume 28, numéro 10, pages 2125-2127, 1982.

74. Trousse pour le dosage de l'éthanol. Diagnostic Chemicals Limited, pages 1-4, Charlottetown, 1984.

75. Alcohol (ethanol): Quantitative enzymatic determination in blood, serum, plasma or urine at 340 nm. Sigma Diagnostics, pages 1-11, St-Louis, 1987.

76. Ethanol in biological fluids by enzymatic analysis. R.H. Gadsden et E.H. Taylor. Dans: Selected Methods of Emergency Toxicology. Editeurs: C.S. Frings et W.R. Faulkner, pages 63-65, American Association for Clinical Chemistry, Washington, 1986.

77. Determination of ethanol in blood by gas chromatography. A.S. Curry, G.W. Walker et G.S. Simpson. Analyst, Volume 91, pages 742-743, 1966.

78. Micro-technique of sample dilution for determination of alcohol in blood by gas

chromatography. A.W. Jones. Analyst, Volume 102, pages 307-310, 1977.

79. The analysis of ethanol in serum, blood and urine: A comparison of the TD_x REA ethanol assay with gas chromatography. Y.H. Caplan et B. Levine. Journal of Analytical Toxicology, Volume 10, numéro 2, pages 49-52, 1986.

80. Manual for analysis of ethanol in biological liquids (HS802208). K.M. Dubowski. U.S. Department of Transportation [NHTSA], Washington, 1977.

81. Alcohol determination in the clinical laboratory. K.M. Dubowski. American Journal of Clinical Pathology, Volume 74, numéro 5, pages 747-750, 1980.

82. Enzymatic determination of alcohol in blood with an alcohol oxidase electrode. K.M. Dubowski et T.R. Hopkins. Clinical Chemistry, Volume 28, numéro 7, page 1587, 1982.

83. Alcohol analysis: Clinical laboratory aspects. Part II. K.M. Dubowski. Laboratory Management, Volume 20, numéro 4, pages 27-36, 1982.

84. Recent developments in alcohol analysis. K.M. Dubowski, Alcohol, Drugs and Driving. Volume 2, numéro 2, pages 13-46, 1986.

85. Medicolegal aspects of alcohol determination in biological specimens. M.F. Masson et K.M. Dubowski. Editeur: J.C. Garriott, pages 101-110, PSG Publishing Co, Littleton, 1988.

86. Large-scale breath-blood comparisons under field conditions: Methods, evaluation, techniques and results. R. Bonnichsen et L. Goldgerg. Dans: Alcohol, Drugs and Traffic Safety. Volume II. Editeur: L. Goldberg, pages 796-810, Almqvist & Wiksell International, Stockholm, 1981.

87. Determination of liquid/air partitions coefficients for dilute solutions of ethanol in water, whole blood and plasma. A.W. Jones. Journal of Analytical Toxicology, Volume 7, pages 193-197, 1983.

88. Distribution of ethanol: Plasma to whole blood ratios. B.T. Hodgson et N.K. Shajani. Journal of the Canadian Society of Forensic Science, Volume 18, numéro 2, pages 73-77, 1985.

89. Enforcement of drink-driving laws by use of "per se" legal alcohol limits: Blood and/or breath concentration as evidence of impairment. A.W. Jones. Alcohol, Drugs and Driving. Volume 4, numéro 2, pages 99-112, 1988.

90. Contamination of blood specimens for alcohol analysis during collection. K.M. Dubowski et N.A. Essary. Abstracts and Reviews in Alcohol and Driving, Volume 4, numéro 2, pages 3-8, 1983.

91. The stability of ethanol in stored blood. Part II. The mecanism of ethanol oxidation. K.W. Smalldon et G.A. Brown. Analytica Chimica Acta, Volume 66, pages 285-290, 1973.

92. The stability of ethyl alcohol in forensic blood specimens. R.B. Chang. W.A. Smith, E. Walkin et P.C. Reynolds. Journal of Analytical Toxicology, Volume 8, numéro 2, pages 66-67, 1984.

93. Preservation and storage of blood samples containing alcohol. H.M. Stone, J.M. Muirhead et H.R. Thompson. Dans: Alcohol, Drugs and the New Zealand Driver. Editeur: H.M. Stone, pages 29-36, Wellington, 1982.

94. Effect of short-term storage conditions on alcohol concentrations in blood from living human subjects. C.L. Winek et L.J. Paul. Clinical Chemistry, Volume 29, numéro 11, pages 1959-1960, 1983.

95. Effects of drugs on clinical laboratory tests. D.S. Young, L.C. Pestaner et V. Gibberman. Clinical Chemistry, Volume 21, numéro 5, pages 1D-432D, 1975.

96. Methods of assessing the effect of microbes in blood and urine on ethanol levels. J.E. Corry. Dans: Alcohol, Drugs and Traffic Safety, Volume II. Editeur: L. Goldberg, pages 600-613, Almqvist & Wiksell International, Stockholm, 1981.

97. Die theoretischen grundlagen und die praktische verwendbarkeit der gerichtlich-medizinischen alkohol bestimmung. E.M.P. Widmark. Editeurs: Urban & Schwarzenberg, Berlin, 1932.

98. Principles and applications of medicolegal alcohol determination. E.M.P. Widmark. Editeur: R.C. Baselt. Biomedical Publications, Davis, 1981.

99. Reinvestigation of Widmark's method for quantitative evaluation of blood-ethanol profiles: Influence of alcohol dose and mode of drinking. A.W. Jones et A. Neri. Clinical Chemistry, Volume 33, numéro 8, page 1469, 1987.

100. Widmark's equation: Determining amounts of alcohol consumed from blood alcohol concentration. A.W. Jones. DWI Journal, Volume 3, numéro 3, pages 8-12, 1988.

101. The partition ratio of alcohol between air and water, urine and blood: Estimation and identification of alcohol in these liquids from analysis of air equilibrated with them. R.N. Harger, B.B. Raney, E.G. Bridwell, M. F. Kitchel. Journal of Biological Chemistry, Volume 183, numéro 1, pages 193-213, 1950.

102. Breath tests for determining alcohol in the blood. W.S. Lovell, Science, Volume 178, numéro 4058, pages 264-272, 1972.

103. Recently published analytical methods for determining alcohol in body materials. R.N. Harger. Alcohol Countermeasures Literature Review (DOT HS 801242) U.S. Department of Transportation [NHTSA], Washington, 1974.

104. Drinking and driving report of the Departmental Committee. F. Blennerhassett, W.P. Blair, S. Bowen, E.G. Davies, M.L. Edwards, P. Halnan, J.K. Mclellan, A. Raffle, B.E. Sabey, G.R. Terry et D. Baldry. Environment Department, HMSO, Londres, 1976.

105. Characterization of human expired air: A promising investigative and diagnostic technique. B. Krotoszynski, G. Gabriel, H. O'Neill et M.P.A. Claudio. Journal of Chromatographic Science, Volume 15, numéro 7, pages 239-244, 1977.

106. The measurement of breath alcohol. The laboratory evaluation of substantive breath test equipment and the report of an operational police trial. V.J. Emerson, R. Holleyhead, M.D.J. Isaacs, N.A. Fuller et D.J. Hunt. Journal of the Forensic Science Society, Volume 20, numéro 1, pages 3-46, 1980.

107. Standard for devices to measure breath alcohol. Department of Transportation. National Highway. Traffic Safety Administration Highway Safety Programs. Federal Register, Volume 49, numéro 242, pages 48854-48872, 1984.

108. Report on breath alcohol measuring instruments. P.G.W. Cobb et M.D.G. Dabbs. Home Office Forensic Science Service, Her Majesty's Stationery Office, Londres, 1985.

109. Measurement of alcohol in breath. K.M. Dubowski. Dans: Laboratory Diagnosis of Diseases Caused by Toxic Agents. Editeur: F.W. Sunderman, pages 316-342, Warren H. Green, St-Louis, 1970.

110. Alcohol, traffic and chemical testing in the United States: A resume and some remaining problems. M.F. Mason et K.M. Dubowski. Clinical Chemistry, Volume 20, numéro 2, pages 126-140, 1974.

111. Breath analysis as a technique in clinical chemistry. K.M. Dubowski. Clinical Chemistry, Volume 20, numéro 8, pages 966-972, 1974.

112. A study of characteristics of a reliable and practical breath-alcohol screening test: Part 1. K.M. Dubowski. U.S. Department of Transportation [NHTSA], Washington, 1975.

113. Recent developments in breath alcohol analysis. K.M. Dubowski. Dans: Alcohol, Drugs and Traffic Safety. Editeurs: S. Israelstam et S. Lambert, pages 483-494, Addiction Research Foundation, Toronto, 1975.

114. Breath-alcohol analysis: Uses, methods and some forensic problems. Review and opinion. M.F. Masson et K.M. Dubowski. Journal of Forensic Sciences, Volume 21, numéro 1, pages 9-41, 1976.

115. Breath-alcohol simulators: Scientific basis and actual performance. K.M. Dubowski. Journal of Analytical Toxicology, Volume 3, numéro 5, pages 177-182, 1979.

116. Breath-collection device for delayed breath-alcohol analysis. Final report, Part 2 (HS 805 898). K.M. Dubowski. U.S. Department of Transportation [NHTSA], Washington, 1980.

117. Recent developments in alcohol analysis. K.M. Dubowski. Alcohol, Drugs and Driving, Volume 2, numéro 2, pages 13-46, 1986.

118. Breath-alcohol analysis on duplicate samples. K.M. Dubowski et N.A. Essary. Dans: Proceedings 10th International Conference on Alcohol, Drugs and Traffic Safety. Editeurs:

P.C. Noordzij et R. Roszbach, pages 373-377, Elsevier, Amsterdam, 1987.

119. A historical and experimental study of the breath/blood alcohol ratio. A.W. Jones, B.M. Wright et T.P. Jones. Dans: Alcohol, Drugs and Traffic Safety. Editeurs: S. Israelstam et S. Lambert, pages 509-526, Addiction Research Foundation, Toronto, 1975.

120. Precision, accuracy and relevance of breath alcohol measurements. A.W. Jones. Modern Problems of Pharmacopsychiatry, Volume 11, pages 68-78, 1976.

121. Electrochemical measurement of breath-alcohol concentration: Precision and accuracy in relation to bloods levels. A.W. Jones. Clinica Chimica Acta, Volume 146, pages 175-183, 1985.

122. Concerning accuracy and precision of breath-alcohol measurements. A.W. Jones, Clinical Chemistry, Volume 33, numéro 10, pages 1701-1703, 1987.

123. The Breathalyzer. How it works. D.M. Lucas. Dans: Breathalyzer Law in Canada, 3e édition, Volume 1, éditeurs: R.M. McLeod, J.D. Takach et M.D. Segal, Chapitre 24, pages 1-11, Carswell, Toronto, 1986.

124. Assessing breath test estimation of blood alcohol concentration. D.M. Lucas. Journal of Analytical Toxicology, Volume 13, page 241, 1989.

125. Normes et procédure recommandées. A.E. Wells, W.D. Bowthorpe, L. Dehaut, R.A. Hallett, J. Hoday, B.T. Hodgson, D.M. Lucas, J.A. Morin, K.O. Okamura, W.R. Picton et L.C. Van Bercom. Société Canadienne des Sciences Judiciaires. Comité des Analyses d'Alcool, pages 192-221, 1986.

126. Manuel de cours pour la formation des techniciens opérateurs de l'ivressomètre. Section des Alcools. Institut de Médecine Légale et de Police Scientifique, pages 1-92, Montréal.

127. Théorie de l'alcootest. Laboratoire de Police Scientifique, pages 7-48, Montréal.

128. Détermination de l'alcool éthylique par l'entremise de l'haleine. Laboratoire de Police Scientifique, pages 1-12, Montréal, 1990.

129. Breath tests for alcohol. H.W. Smith et D.M. Lucas. The Criminal Law Quarterly, Volume 1, pages 25-45, 1958.

130. The Breathalyzer and its applications. R.F. Borkenstein et H.W. Smith. Medecine, Science and the Law, Volume 2, numéro 1, pages 13-22, 1961.

131. Breathalyzer model 900: Breath tests to determine alcoholic influence. R.F. Borkenstein. Instruction Manual. Stephenson Corporation, Red Bank, 1963.

132. Breathalyzer model 900A. Instruction Manual. Smith & Wesson, pages 1-35, Springfield, 1978.

133. The accuracy of breath alcohol analysis using the Breathalyzer. T.M. Worner et J. Prabakaran. Alcohol and Alcoholism, Volume 20, numéro 3, pages 349-350, 1985.

134. An in vitro study of the accuracy and precision of Breathalyzer models 900, 900A and 1000. Y.H. Caplan, D.T. Yohman et J.A. Schaefer. Journal of Forensic Sciences, Volume 30, numéro 1, pages 1058-1063, 1985.

135. Breathalyzer accuracy in actual law enforcement practice: A comparison of blood and breath-alcohol results in Wisconsin drivers. P. Harding et P.H. Field. Journal of Forensic

Sciences, Volume 32, numéro 5, pages 1235-1240, 1987.

136. In vitro accuracy and precision studies comparing direct and delayed analysis of the ethanol content of vapor. B.A. Godlberger et Y.H. Caplan. Journal of Forensic Sciences, Volume 32, numéro 1, pages 48-54, 1987.

137. Breathalyzer collection and transfer unit, Bulletin n° B 003-272. Smith & Wesson Electronics Co, Eatontown.

138. Do breath tests really underestimate blood alcohol concentration? G. Simpson. Journal of Analytical Toxicology, Volume 13, numéro 2, pages 120-123, 1989.

139. Gas chromatography mass spectrometry computer analysis of volatile halogenated hydrocarbons in man and his environment. A multimedia environmental study. J. Barkley, J. Bunch, J.T. Bursey, N. Castillo, S.D. Cooper, J.M. Davis, M.D. Erickson, B.S.H. Harris, M. Kirkpatrick, L.C. Michael, S.P. Parks, E.D. Pellizzari, M. Ray, D. Smith, K.B. Tomer, R. Wagner et R.A. Zweidinger. Biomedical Mass Spectrometry, Volume 7, numéro 4, pages 139-147, 1980.

140. The accuracy, precision and comparison of methods of blood alcohol analysis by gas chromatography. H.M. Stone, J.M. Muirhead, R.J. Norris et W.A. Singers. New Zealand Department of Scientific and Industrial Research, Lower Hutt, 1980.

141. Alcohols in biological fluids by gas chromatography (automated head-space method). R.H. Gadsden et C.S. Terry. Dans: Selected Methods of Emergency Toxicology. Editeurs: C.S. Frings et W.R. Faulkner, pages 40-43, American Association for Clinical Chemistry, Washington, 1986.

142. Guide d'utilisation de l'Intoximeter mark IV. Institut de Police du Québec, pages 1-27, 1988.

143. Le Mark IV Intoximètre, chromatographe au gaz. Manuel d'opération. Electronique Sécurité Thomas Limitée, pages 1-22.

144. Ethanol-type C. procedure. K.M. Dubowski. Dans: Methodology for Analytical Toxicology. Editeur: I. Sunshine, pages 149-154, CRC Press, Cleveland, 1975.

145. A breath alcohol adsorption tube compatible with head space gas chromatography for blood alcohol analysis. R.F. Borkenstein et K.M. Dubowski. Journal of Traffic Medicine, Volume 5, numéro 2, pages 29-32, 1977.

146. Alcohol analysis of stored whole-breath samples by automated gas chromatography. K.M. Dubowski et N.A. Essary. Journal of Analytical Toxicology, Volume 6, numéro 5, pages 217-221, 1982.

147. The precision and accuracy of a gas chromatograph intoximeter breath alcohol device. Part I. In-vitro experiments. A.W. Jones. Journal of the Forensic Science Society, Volume 18, numéros 1 et 2, pages 75-80, 1978.

148. The precision and accuracy of a gas chromatograph intoximeter breath alcohol device. Part II. In-vivo experiments. A.W. Jones. Journal of the Forensic Science Society, Volume 18, numéros 1 et 2, pages 81-87, 1978.

149. L'haleine qui trahit. R. Pépin. Québec Science, pages 42-44, 1989.

150. Evaluation of the Borg-Warner breath-alcohol screening device. K.M. Dubowski. Annals of Clinical and Laboratory Science, Volume 3, numéro 4, page 308, 1973.

151. Alcohol screening device, operating, maintenance and calibration. Transportation Systems Center, U.S. Department of Transportation, Cambridge, 1973.

152. Approved screening devices. How they work. D.M. Lucas. Dans: Breathalyzer Law in Canada, 3e édition, Volume 1, Editeurs: R.M. McLeod, J.D. Takach et M.D. Segal, Chapitre 25, pages 1-6, Carswell, Toronto, 1986.

153. A.L.E.R.T. (Alcohol Level Evaluation Road Tester), Bulletin ABW-2-411, Alcohol Countermeasure Systems, Borg-Warner Corp. Des Plaines.

154. Alco-Sûr Manual, Intoximeters Inc., St-Louis.

155. Bedside diagnosis of alcohol intoxication with a pocket-size breath-alcohol device: Sampling from unconscious subjects and specificity for ethanol. M. Falkensson, W. Jones et B. Sörbo. Clinical Chemistry, Volume 35, numéro 6, pages 918-921, 1989.

156. Un dernier ... pour la route? Les ivressomètres personnels peuvent-ils vous avertir si vous avez pris un verre de trop pour conduire? D. Stevenson, Le Consommateur Canadien, pages 31-33, 1986.

157. Evaluation comparative d'appareils portatifs d'analyse d'haleine et de salive. R. Poon, B. Hodgson et I. Hinberg. La Gazette de la G.R.C., Volume 50, numéro 12, pages 1-5, 1988.

158. Correlations of parotid saliva and blood ethanol concentrations. G.J. Di Gregorio, A.J. Piraino et E. Ruch. Drug and Alcohol Dependence, Volume 3, numéro 1, pages 43-50, 1978.

159. Correlation of ethanol concentrations in blood and saliva. K.E.L. McColl, B. Whiting, M.R. Moore et A. Goldberg. Clinical Science, Volume 56, numéro 3, pages 283-286, 1979.

160. Distribution of ethanol between saliva and blood in man. A.W. Jones. Clinical and Experimental Pharmacology and Physiology, Volume 6, numéro 1, pages 53-59, 1979.

161. Inter- and intra-individual variations in the saliva/blood alcohol ratio during ethanol metabolism in man. Clinical Chemistry, Volume 25, numéro 8, pages 1394-1398, 1979.

162. A rapid head-space method for ethyl alcohol determination in saliva samples. A.W. Jones. Analytical Biochemistry, Volume 86, numéro 2, pages 589-596, 1978.

163. Assessment of an automated enzymatic method for ethanol determination in microsamples of saliva. A.W. Jones. Scandinavian Journal of Clinical and Laboratory Investigation, Volume 39, numéro 3, pages 199-203, 1979.

164. Quantitative relationships among ethanol concentrations in blood, breath, saliva and urine during ethanol metabolism in man. A.W. Jones. Dans: Proceedings 8th International Conference on Alcohol, Drugs and Traffic Safety. Volume II. Editeur: L. Goldberg, pages 550-569, Almqvist & Wiksell International, Stockholm, 1981.

165. New enzymatic test strip for alcohol in saliva: Its utility in roadside and consumer use. K.R. Ervin et A. Giovannoni. Dans: Proceedings of the Section on Alcohol, Drugs and Traffic Safety, 34th International Congress on Alcoholism and Drug Dependence, pages 1-14, Calgary, 1985.

166. First pass metabolism of ethanol: An important determinant of blood levels after alcohol consumption. R.J. Julkunen, L. Tannenbaum, E. Baraona et C.S. Lieber. Alcohol, Volume 2, numéro 3, pages 437-441, 1985.

167. First pass metabolism of ethanol. A gastrointestinal barrier against the systemic

toxicity of ethanol. R.J.K. Julkunen, C. Di Padova, C.S. Lieber. Life Sciences, Volume 37, numéro 6, pages 567-573, 1985.

168. Effects of fasting and chronic alcohol consumption on the first-pass metabolism of ethanol. C. Di Padova, T.M. Worner, R.J.K. Julkunen et C.S. Lieber. Gastroenterology, Volume 92, numéro 5, pages 1169-1173, 1987.

169. Gastric origin of the first-pass metabolism of ethanol in humans: Effect of gastrectomy. J. Caballeria, M. Frezza, R. Hernández - Muñoz, C. Di Padova, M.A. Korsten, E. Baraona et C.S. Lieber, Gastroenterology, Volume 97, numéro 5, pages 1205-1209, 1989.

170. High blood alcohol levels in women. The role of decreased gastric alcohol dehydrogenase activity and first-pass metabolism. M. Frezza, C. Di Padova, G. Pozzato, M. Terpin, E. Baraona et C.S. Lieber. The New England Journal of Medicine, Volume 322, numéro 2, pages 95-99, 1990.

171. Saliva signals ovulation. J.G. Kostelc. Clinical Chemistry News, Volume 7, numéro 10, pages 1-10, 1981.

172. The calorie deficiency hypothesis of Ketogenesis tested in man. G. Freund. Metabolism, Volume 14, numéro 9, pages 985-990, 1965.

173. Studies in the ketosis of fasting. D.W. Foster. Journal of Clinical Investigation, Volume 46, numéro 8, pages 1283-1296, 1967.

174. Determination of endogenous ethanol in blood and breath by gas chromatography-mass spectrometry. A.W. Jones, G. Märdh et E. Änggård. Pharmacology Biochemistry and Behavior, Volume 18, Supplément 1, pages 267-272, 1983.

175. Excretion of low-molecular weight volatile substances in human breath: Focus on endogeneous ethanol. A.W. Jones. Journal of Analytical Toxicology, Volume 9, numéro 6, pages 246-250, 1985.

176. Effects of cimetidine on gastric alcohol dehydrogenase activity and blood ethanol levels. J. Caballeria, E. Baraona, M. Rodamilans et C.S. Lieber. Gastroenterology, Volume 96, numéro 2, pages 388-392, 1989.

177. Effects of ranitidine on blood alcohol levels after ethanol ingestion. C. Di Padova, R. Roine, M Frezza, R.T. Gentry, E. Baraona et C.S. Lieber. Journal of the American Medical Association, Volume 267, numéro 1, pages 83-86, 1992.

178. A comparison of blood alcohol concentration using non-alcohol and alcohol-containing skin antiseptics. T.M. Goldfinger et D. Schaber. Annals of Emergency Medicine, Volome 11, numéro 12, pages 665-667, 1982.

179. The collection and handling of the blood alcohol specimen. S. Kaye. American Journal of Clinical Pathology, Volume 74, numéro 5, pages 743-746, 1980.

180. Statement of the Ad Hoc Committee on the blood/breath alcohol relationship. B. O'Neill, R.C. Buck, K.M. Dubowski, G.C. Forrester, L. Goldberg, B.M. Wright et R.W. Prouty. Proceedings of the Ad Hoc Committee on the Alcohol/Breath Ratio, Indiana University Law School, Indianapolis, 1972.

181. Significance of variations in blood: breath partition coefficient of alcohol. T.A.A. Alobaidi, D.W. Hill et J.P. Payne. British Medical Journal, Volume 2, pages 1479-1481, 1976.

182. Blood: breath ratios obtained in trials of three breath alcohol testing devices. Dans:

Alcohol, Drugs and Traffic Safety, Volume II. Editeur: L. Goldberg, pages 442-455, Almqvist & Wiksell International, Stockholm, 1981.

183. Experimental study on ethanol concentration ratios of breath to body fluid. S. Tsukamoto, S. Karasawa, T. Sudo, T. Ueno, K.I. Seito, H. Nishimura et Y. Matsumura. Nihon University Journal of Medicine, Volume 25, pages 281-286, 1983.

184. The effect of temperature and blood: breath ratio on the interpretation of breath alcohol results. J.A. Gatt. New Law Journal, Volume 134, numéro 6146, pages 249-252, 1984.

185. Ethanol and vehicular safety: the Nashville experience. Part II. Breath/blood alcohol correlation. H.C. Pribor, C.R. Campbell, J.H. Hebb et D.C. Trost. Laboratory Management, Volume 23, numéro 6, pages 21-27, 1985.

186. Biological aspects of breath-alcohol analysis. K.M. Dubowski. Clinical Chemistry, Volume 20, numéro 2, pages 294-299, 1974.

187. Studies in breath-alcohol analysis: Biological factors. K.M. Dubowski. Journal of Legal Medicine, Volume 76, pages 93-117, 1975.

188. The blood/breath ratio of ethanol. K.M. Dubowski et B. O'Neill. Clinical Chemistry, Volume 25, numéro 6, page 1144, 1979.

189. Alcohol analysis: Clinical laboratory aspects. Part I. K.M. Dubowski. Laboratory Management, Volume 20, numéro 3, pages 43-54, 1982.

190. Studies on breath parameters in human subjects applicable to breath-alcohol analysis. K.M. Dubowski et N.A. Essary. Dans: Alcohol, Drugs and Traffic Safety. Editeurs: S. Kaye et G.W. Meier, pages 393-398, University of Puerto Rico Medical Sciences Campus, San Juan, 1985.

191. Equilibrium partition studies of alcohol in biological fluids. Ph.D. Thesis. A.W. Jones. University of Wales, Institute of Science and Technology, Cardiff, 1974.

192. Breath alcohol analysis and the blood: breath ratio. B.M. Wright, T.P. Jones et A.W. Jones. Medicine Science and the Law, Volume 15, numéro 3, pages 205-210, 1975.

193. A historical and experimental study of the breath/blood alcohol ratio. A.W. Jones. Dans: Alcohol, Drugs and Traffic Safety. Editeurs: S. Israelstam et S. Lambert, pages 509-526, Addiction Research Foundation, Toronto, 1975.

194. Variability of the blood-breath alcohol ratio in vivo. A.W. Jones. Journal of Studies on Alcohol, Volume 39, numéro 11, pages 1931-1939, 1978.

195. The measurement of alcohol in blood and breath for legal purposes. A.W. Jones. Dans: Human Metabolism of Alcohol. Editeurs: K. Crow et R.D. Batt, CRC Press, Boca Raton, 1989.

196. Uncertain validity of the 2100 conversion. G. Simpson. Journal of Analytical Toxicology, Volume 12, numéro 6, page 356, 1988.

197. Medicolegal alcohol determination: Comparison and consequences of breath and blood analysis. G. Simpson. Journal of Analytical Toxicology, Volume 13, numéro 6, pages 361-366, 1989.

198. Reliability of breath-alcohol measurements during the absorption phase. A.W. Jones. Clinical Chemistry, Volume 33, numéro 11, pages 2128-2130, 1987.

199. Accuracy and precision of breath alcohol measurements for subjects in the absorptive state. G. Simpson. Clinical Chemistry, Volume 33, numéro 6, pages 753-756, 1987.

200. Accuracy and precision of breath alcohol measurements for a random subject in the postabsorptive state. G. Simpson. Clinical Chemistry, Volume 33, numéro 2, pages 261-268, 1987.

201. Alcohol breath tests: Gross errors in current methods of measuring alveolar gas concentrations. N.H. Spector. Science, Volume 172, numéro 3978, pages 57-59, 1971.

202. How breathing technique can influence the results of breath-alcohol analysis. A.W. Jones, Medicine Science and the Law, Volume 22, numéro 4, pages 275-280, 1982.

203. Role of rebreathing in determination of the blood breath ratio of expired ethanol. A.W. Jones. Journal of Applied Physiology, Volume 55, numéro 4, pages 1237-1241, 1983.

204. Alcohol breath tests: Criterion times for avoiding contamination by "mouth alcohol". G.R. Caddy, M.B. Sobell et L.C. Sobell. Behavior Research Methods and Instrumentation, Volume 10, numéro 6, pages 814-818, 1978.

205. Reflux, effets de l'alcool dans la bouche et la capacité de donner un échantillon d'haleine. Etude de cas. A. Gabe et J.O. Roos. Journal de la Société Canadienne des Sciences Judiciaires, Volume 17, numéro 3, pages 138-140, 1984.

206. Reductions in breath ethanol readings in normal male volunteers following mouth rinsing with water at differing temperatures. P.M. Gaylarde, D. Stambuk et M.Y. Morgan. Alcohol and Alcoholism, Volume 22, numéro 2, pages 113-116, 1987.

207. The effect of temperature on blood flow and deep temperature in the human forearm. H. Barcroft et O.E. Edholm. Journal of Physiology, Volume 102, numéro 1, pages 5-20, 1943.

208. The effect of mouth temperature on breath alcohol concentration. B.M. Wright. Journal of Physiology, Volume 163, Proceedings of the Physiological Society, pages 21-22, 1962.

209. Quantitative measurements of the alcohol concentration and the temperature of breath during a prolonged exhalation. A.W. Jones. Acta Physiologica Scandinavica, Volume 114, numéro 3, pages 407-412, 1982.

210. Effect of temperature and humidity of inhaled air on the concentration of ethanol in a man's exhaled breath. A.W. Jones. Clinical Science, Volume 63, numéro 5, pages 441-445, 1982.

211. Effects of hypothermia on disappearance of ethanol from arterial blood. D.C. MacGregor, E. Schonbaum et W.G. Bigelow. American Journal of Physiology, Volume 208, numéro 5, pages 1016-1020, 1965.

212. Effect of hypothermia on breath-alcohol analysis. G.R. Fox et J.S. Hayward. Journal of Forensic Sciences, Volume 32, numéro 2, pages 320-325, 1987.

213. Effect of hyperthermia on breath-alcohol analysis. G.R. Fox et J.S. Hayward. Journal of Forensic Sciences, Volume 34, numéro 4, pages 836-841, 1989.

214. Influence of ethanol on systemic and pulmonary hemodynamics in anesthetized dogs. R. Kettun, J. Timisjarvi, P. Saukko et M. Kostela. Acta Physiologica Scandinavica, Volume 118, numéro 3, pages 209-214, 1983.

215. The measurement of breath alcohol concentration and the inherent physiology of the lung. I.W. Adrian. Dans: Alcohol, Drugs and Traffic Safety. Volume II. Editeur: L. Goldberg, pages 622-636, Almqvist & Wiksell International, Stockholm, 1981.

216. Physiological aspects of breath-alcohol measurement. A.W. Jones. Alcohol, Drugs and Driving, Volume 6, numéro 2, pages 1-25, 1990.

217. Effect of age and chronic obstructive pulmonary disease on the breathalyzer estimation of blood alcohol level. A. Wilson, D.S. Sitar, W.D. Molloy et D. McCarthy. Alcoholism: Clinical and Experimental Research, Volume 11, numéro 5, pages 440-443, 1987.

218. Breath-alcohol analysis in chronic bronchopulmonary disease. H. Haas et J.F. Morris. Archives of Environmental Health, Volume 25, pages 114-118, 1972.

219. Breath ethyl alcohol concentration and analysis in the presence of chronic obstructive pulmonary disease. J.C. Russel et R.L. Jones. Clinical Biochemistry, Volume 16, numéro 3, pages 182-187, 1983.

220. Effect of respiratory diseases on alcohol breath tests. M.P. Hlastala. Drinking/Driving Law Letter, Volume 7, numéro 24, pages 1-5, 1988.

221. Pulmonary diseases and BAC. M.N. Marrocco. National Clearinghouse for Alcohol and Drug Information. Office for Substance Abuse Prevention, pages 1-9, Rockville, 1991.

222. A study of purge readings and the reproducibility and accuracy for repeated samplings of standard vapors with the Breathalyzer. N.K. Shajani et B.P. Samija. Journal of the Canadian Society of Forensic Science, Volume 16, numéro 4, pages 192-197, 1983.

223. Specificity of breath-alcohol analyses. K.M. Dubowski. Journal of the American Medical Association, Volume 189, numéro 13, page 1039, 1964.

224. Observations on the specificity of breath-alcohol analyzers used for clinical and medicolegal purposes. A.W. Jones. Journal of Forensic Sciences, Volume 34, numéro 4, pages 842-847, 1989.

225. Acetone in breath and blood. O.B. Crofford, R.E. Mallard, R.E. Winton, N.L. Rogers, J.C. Jackson et U. Keller. Transactions of the American Clinical and Climatological Association, Volume 88, pages 128-139, 1977.

226. The effects of acetone and toluene on Breathalyzer results. R.D. Oliver et J.C. Garriott. Journal of Analytical Toxicology, Volume 3, numéro 3, pages 99-101, 1979.

227. Response of breath-alcohol analyzers to acetone. K.M. Dubowski et N.A. Essary. Journal of Analytical Toxicology, Volume 7, numéro 5, pages 231-234, 1983.

228. Response of breath-alcohol analyzers to acetone: Further studies. K.M. Dubowski et N.A. Essary. Journal of Analytical Toxicology, Volume 8, numéro 5, pages 205-208, 1984.

229. Interference of acetone with breath-alcohol testings. D.Mebs, J. Gerchow et K. Schmidt. Blutalkohol, Volume 21, pages 193-198, 1984.

230. The likelihood of acetone interference in breath-alcohol measurement. A.B. Flores et J.F. Frank. National Highway Traffic Safety Administration. (DOT HS 806 922), Washington, D.C., 1985.

231. Breath-acetone concentrations in fasting healthy men: Response of infrared breath-alcohol analyzers. A.W. Jones. Journal of Analytical Toxicology, Volume 11, numéro 2, pages 67-69, 1987.

232. Drug-alcohol flush reaction and breath acetaldehyde concentration: No interference with an infrared breath-alcohol analyzer. A.W.

Jones. Journal of Analytical Toxicology, Volume 10, numéro 3, pages 98-101, 1986.

233. Methane and the infra-red breath alcohol analyser. V. Marks et T.P. Jones. Lancet, Volume II, numéro 8393, page 50, 1984.

234. Evidential breath testing of drivers-day surgery and halothane anaesthesia. J.A. Dunbar, W.A. Macrae, J.H. Murphie, D. Whittet et A.M. Mather. Medicine Science and the Law, Volume 25, numéro 3, pages 162-164, 1985.

235. Experimental human exposure to toluene. Factors influencing the individual respiratory uptake and elimination. H. Veulemans et R. Masschelein. International Archives of Occupational and Environmental Health, Volume 42, numéro 2, pages 91-103, 1978.

236. Infrared breath alcohol analysis following inhalation of gasoline fumes. S. Cooper. Journal of Analytical Toxicology, Volume 5, numéro 4, pages 198-199, 1981.

237. Lacquer fumes and the Intoxilyzer. W. Giguiere, D. Lewis, R.C. Baselt et R. Chang. Journal of Analytical Toxicology, Volume 12, numéro 3, page 168, 1988.

238. Statistical evaluation of Breathalyzer field simulator tests: Lack of influence by radiofrequency signals. Y.H. Caplan et D.T. Yohman. Dans: Alcohol, Drugs and Traffic Safety. Editeurs: S. Kaye et G.W. Meier, pages 233-236, University of Puerto Rico Medical Sciences Campus, San Juan, 1985.

239. Breathalyzer model 900A, modified for radio frequency interference protection. A.E. Wells. Journal of the Canadian Society of Forensic Science, Volume 20, numéro 4, pages 103-105, 1987.

240. Quantitative studies on alcohol tolerance in man. L. Goldberg. Acta Physiologica

Scandinavica, Volume 5, supplément 16, pages 1-128, 1943.

241. Actions of alcohol. H. Wallgren et H. Barry. Elsevier Publishing Co, New York, 1970.

242. Understanding alcohol. J. Kinney et G. Leaton. Dans: Alcohol and the Body, pages 70-109, Mosby Press, New York, 1982.

243. The aliphatic alcohols. J.M. Ritchie. Dans: Goodman and Gilman's. The Pharmacological Basis of Therapeutics. 7e édition. Editeurs: A.G. Gilman, L.S. Goodman, T.W. Rall et F. Murad, pages 372-386, Macmillan Publishing Company, New York, 1985.

244. Les drogues: Faits et méfaits. Santé et Bien-Etre Social Canada, pages 1-24, 1988.

245. Hypnotics and sedatives; Ethanol. T.W. Rall. Dans: Goodman and Gilman's. The Pharmacological Basis of Therapeutics. 8e édition. Editeurs: A.G. Gilman, T.W. Rall, A.S. Nies et P. Taylor, pages 345-382, Pergamon Press, New York, 1990.

246. Effects of alcohol and expectancy set on male sexual arousal. D.W. Briddell et G.T. Wilson. Journal of Abnormal Psychology, Volume 85, numéro 2, pages 225-234, 1976.

247. Alcohol and human sexual behavior. G.T. Wilson. Bahaviour Research and Therapy, Volume 15, numéro 3, pages 239-252, 1977.

248. Alcohol effects in women during the menstrual cycle. B.M. Jones et M.K. Jones. Annals of the New York Academy of Sciences, Volume 273, pages 576-587, 1976.

249. The risk of alcohol intake in men and women. S. Schenker et K.V. Speeg. The New England Journal of Medicine, Volume 322, numéro 2, pages 127-129, 1990.

250. Alcohol-induced impairment of central nervous system induction: Behavioral skills involved in driving. M.C. Mitchell. Journal of Studies on Alcohol, Supplément numéro 10, pages 109-116, 1985.

251. Effect of ingestion of distilled spirits on automobile driving skill. B.B. Coldwell, D.W. Penner, H.W. Smith, G.H.W. Lucas, R.F. Rodgers et F. Darroch. Quarterly Journal of Studies on Alcohol, Volume 19, numéro 4, pages 590-616, 1958.

252. Alcohol and the impaired driver: A Manual on the medicolegal aspects of chemical tests for intoxication. American Medical Association, Chicago, 1968.

253. The role of the drinking driver in traffic accidents: The Grand Rapids study. R.F. Borkenstein, R.F. Crowther, R.P. Shumate, W.B. Ziel et R. Zylman. Dans: Blutalkohol, 2e édition, Volume 11, supplément 1, pages 1-132, 1974.

254. "If you drink, don't drive" motto now applies to hangovers as well. D.H. Frank. Journal of the American Medical Association, Volume 250, numéro 13, pages 1657-1658, 1983.

255. Revue de la physiologie de l'alcool et de l'influence des médicaments et des drogues en fonction de la sécurité routière. M. Painchaud. Régie de l'Assurance Automobile du Québec, pages 1-47, 1989.

256. Differential effect of alcohol on auditory vigilance and divided attention tasks. H. Moskowitz et D. De Pry. Quarterly Journal of Studies on Alcohol, Volume 29, numéro 1, pages 54-63, 1968.

257. Alcohol effects on driver performance under conditions of divided attention. N. Brewer et B. Sandow. Ergonomics, Volume 23, numéro 3, pages 185-190, 1980.

258. Blood alcohol concentration and reaction time. J.R. Young. Quarterly Journal of Studies on Alcohol, Volume 31, numéro 4, pages 823-831, 1970.

259. Effects of alcohol and fixation task difficulty on choice reaction time to extrafovial stimulation. M.S. Huntley. Quarterly Journal of Studies on Alcohol, Volume 34, numéro 1, pages 89-103, 1973.

260. Alcohol and speed-accuracy tradeoff. O.H. Rundell et H.L. Williams. Human Factors, Volume 21, numéro 4, pages 433-443, 1979.

261. Effect of alcohol on response latency in object naming. H. Moskowitz et S. Roth. Quarterly Journal of Studies on Alcohol, Volume 32, numéro 4, pages 969-975, 1971.

262. Effect of alcohol on the psychological refractory period. H. Moskowitz et M. Burns. Quarterly Journal of Studies on Alcohol, Volume 32, numéro 3, pages 782-790, 1971.

263. Alcohol and information processing. V.K. Tharp, O.H. Rundell, B.K. Lester et H.L. Williams. Psychopharmacologia, Volume 40, pages 33-52, 1974.

264. Alcohol and the disruption of cognitive processes. E.S. Parker, R.L. Alkana, I.M. Birnbaum, J.T. Hartley et E.P. Noble. Archives of General Psychiatry, Volume 31, numéro 6, pages 824-828, 1974.

265. Alcohol and memory: Retrieval processes. I.M. Birnbaum, E.S. Parker, J.T. Hartley et E.P. Noble. Journal of Verbal Learning and Verbal Behavior, Volume 17, numéro 3, pages 325-335, 1978.

266. Circadian variation in the effects of alcohol on cognitive performance. B.M. Jones. Annals of the New York Academy of Sciences, Volume 273, pages 576-587, 1976.

267. Influences of alcohol upon performance and performance awareness. R.A. Lubin. Perceptual and Motor Skills, Volume 45, numéro 1, pages 303-310, 1977.

268. Influences of alcohol, interpersonal feedback and drinking experience upon performance and judgment. Perceptual and Motor Skills, Volume 48, numéro 1, pages 95-104, 1979.

269. Effects of diphenhydramine and alcohol on skills performance. M. Burns et H. Moskowitz. European Journal of Clinical Pharmacology, Volume 17, pages 259-266, 1980.

270. Effects of alcohol on psychomotor performance of men and women. M. Linnoila, C.W. Erwin, W.P. Cleveland, P.E. Logue et W.D. Gentry. Journal of Studies on Alcohol, Volume 39, numéro 5, pages 745-758, 1978.

271. Ethanol, tobacco and laterality effects on simple and complex motor performance. C. Valeriote, J.E. Tong et B. Durding. Journal of Studies on Alcohol, Volume 40, numéro 9, pages 823-830, 1979.

272. Effect of drugs and alcohol on psychomotor skills related to driving. M. Linnoila. Annals of Clinical Research, Volume 6, numéro 1, pages 7-18, 1974.

273. Psychomotor effects of drugs and alcohol on healthy volunteers and psychiatric patients. Dans: Drug Action Modifications: Comparative Pharmacology. Editeur: G. Olive, pages 235-249, Pergamon Press, Oxford, 1979.

274. The effects of low doses of alcohol on driving performance. N.G. Flanagan, P.W. Strike, C.J. Rigby et G.K. Lochridge. Medicine Science and the Law, Volume 23, numéro 3, pages 203-208, 1983.

275. Driving-related skills impairment at low blood alcohol levels. H. Moskowitz et C. Robinson.

Proceedings of the Tenth International Conference on Alcohol, Drugs and Traffic Safety, pages 79-87, Elsevier, Amsterdam, 1987.

276. Different types of alcohol nystagmus. G. Aschan. Acta Oto-Laryngologica, Supplément 140, pages 69-78, 1957.

277. Dynamics of accomodation responses of the human eye. F.W. Campbell et G. Westheimer. Journal of Physiology, Volume 151, numéro 2, pages 285-295, 1960.

278. Alcohol and human eye movement. I.M.S. Wilkinson, R. Kime et M. Purnell. Brain, Volume 97, pages 785-792, 1974.

279. Alcohol prolongs time course of glare recovery. A.J. Adams et B. Brown. Nature, Volume 257, pages 481-483, 1975.

280. Alcohol and backward masking of visual information. H. Moskowitz et J.T. Murray. Journal of Studies on Alcohol, Volume 37, numéro 1, pages 40-45, 1976.

281. Pupil size after use of marijuana and alcohol. B. Brown, A.J. Adams, G. Haegerstrom-Portnoy, R.T. Jones et M.C. Flom. American Journal of Ophtalmology, Volume 83, numéro 3, pages 350-354, 1977.

282. Effects of alcohol on human accomodation. J. Levett et L. Karras. Aviation Space and Environmental Medicine, Volume 48, numéro 7, pages 612-614, 1977.

283. Voluntary eye movements and alcohol. J. Levett et G. Hoeft. Aviation Space and Environmental Medicine, Volume 48, numéro 7, pages 612-614, 1977.

284. Alcool et vision. J.P. Lagacé. L'Optométriste, Volume 11, numéro 1, pages 35-39, 1989.

285. Carryover of tolerance to alcohol in moderate drinkers. R.P. Benton, W.P. Banks et R.E. Vogler. Journal of Studies on Alcohol, Volume 43, numéro 11, pages 1137-1148, 1982.

286. Ethanol embryotoxicity: Direct effects on mammalian embryos in vitro. N.A. Brown, E.H. Goulding et S. Fabro. Science, Volume 206, pages 573-575, 1979.

287. L'Alcoolisme et la notion de maladie. D.L. Ohlms. Le Pharmacien, pages 54-62, 1986.

288. Effect of short- and long-term alcohol use on phenytoin kinetics in chronic alcoholics. P. Sandor, E.M. Sellers, M. Dumbrell et V. Khouw. Clinical Pharmacology and Therapeutics, Volume 30, numéro 3, pages 390-397, 1981.

289. Alcohol. Dans: A Manual of Adverse Drug Interactions. Editeurs: J.P. Griffin, P.F. D'Arcy et C.J. Speirs, 4e édition, pages 77-84, Butterworth & Co, Londres, 1988.

290. Adverse interactions of drugs. Dans: Handbook of Adverse Drug Interactions, pages 7-11, The Medical Letter, New York, 1989.

291. Ethanol drug interactions. Dans: Drug Interactions and Updates. Editeurs: P.D. Hansten et J.R. Horn. pages 353-363, Applied Therapeutics, Vancouver, 1990.

292. Some observations on police administered tests for intoxication. L. P. Watts. North Carolina Law Review, Volume 45, numéro 1, page 35, 1966.

293. Driver education task analysis. A.J. McKnight et B.B. Adams. Volume 1, Task Descriptions. Human Resources Research Organization, Alexandria, 1970.

294. Trace composition of human resporatory gas. J.P. Conkle, B.J. Camp et B.E. Welch. Archives of Environmental Health, Volume 30, numéro 6, pages 290-295, 1975.

295. Validity of driving simulator studies for predicting drug effects in real driving situations. H. Moskowitz. Dans: Alcohol, Drugs and Traffic Safety. Editeurs: S. Israelstam et S. Lambert, pages 295-304, Addiction Research Foundation, Toronto, 1975.

296. Psychophysical tests for DWI arrest. M. Burns et H. Moskowitz. National Highway Traffic Safety Administration (DOT HS-802 424), Southern California Research Institute, Los Angeles, 1977.

297. Measurement of chemical inhalation exposure in urban population in the presence of endogenous effluents. Journal of Analytical Toxicology, Volume 3, numéro 6, pages 225-234, 1979.

298. Development and field test of psychophysical tests for DWI arrest. V. Tharp, M. Burns et H. Moskowitz. National Highway Traffic Safety Administration. (DOT HS-805 864), Washington, D.C., 1981.

299. The diagnostic potential of breath analysis. A. Manolis. Clinical Chemistry, Volume 29, numéro 1, pages 5-15, 1983.

300. Field evaluation of a behavioral test battery for DWI. T.E. Anderson, R.M. Schweitz et M.B. Snyder. National Highway Traffic Safety Administration (DOT HS-806 475), Washington, D.C., 1983.

301. Drinking and Driving: choosing the legal limits. J.A. Dunbar, A. Penttila et J. Pikkarainen. British Medical Journal, Volume 295, pages 1458-1460, 1987.

302. Identification of drinking drivers in Sweden who consume denatured alcohol preparations. A.W. Jones, M. Lund et E. Anderson. Dans: Proceedings International Workshop on Congeners in Alcoholic Beverages. Editeur: W. Bonte, pages 68-77, Dusseldorf, 1988.

303. The effect of blood alcohol concentration on the onset of gaze nystagmus. H. Lehti. Blutalkohol, Volume 13, pages 411-414, 1976.

304. Use of the gaze nystagmus test to screen drivers at DWI sobriety checkpoints. Research Notes. R.P. Compton. National Highway Traffic Safety Administration, Washington, D.C., 1983.

305. Use of horizontal gaze nystagmus as a part of roadside sobriety testing. G.W. Good et A.R. Augsburger. American Journal of Optometry and Physiological Optics, Volume 63, numéro 6, pages 467-471, 1986.

306. Le test du nystagmus en regard horizontal. Un test de sobriété pour automobilistes. J.P. Lagacé. L'Optométriste, Volume 12, numéro 1, pages 5-13, 1990.

307. Vins, spiritueux et bières importées. Société des Alcools du Québec, pages 1-218, 1992.

308. Alcohol concentrations of liquid pharmaceuticals. A compilation of data for products distributed in Canada. S. Khabbaz. Pharmacy Service. Clinical Research and Treatment Institute. Addiction Research Foundation, pages 1-52, Toronto, 1991.

309. USAN and the USP dictionary of drug names. Editeur: C.A. Fleeger, pages 1-824, United States Pharmacopeial Convention, Rockville, 1992.

B. ASPECTS JURIDIQUES

LOI

Loi concernant le Code criminel, L.R.C., (1985),C.C-46, art. 234 et ss.;

DOCTRINE

Cross, On evidence, 6th éd., pp. 135 à 140

Watson, Jack, "Impaired ability to drive: do only drunks need apply", 1 J.M.V.L., pp 1 à 19

JURISPRUDENCE

Adams v. R., (1956-60) 30 W.W.R. 429
Akerholdt v. R., (1971) 3 W.W. R. 545
Allaire v. R., (1975) R.L. 129
Andres v. R., (1982) 2 W.W.R. 249
Andrews v. R., (1988) 3 M.V.R. (2d) 203
Armstrong v. R., 23 novembre 1988, 7851(C.A.C-B.)
Arnold v. R., (1961) 133 C.C.C. 218
Aspirot v. R., (1958) R.L. 342
Batley v. R., (1985) 19 C.C.C. (3d) 282
Beals v. R., (1956) 117 C.C.C. 22
Bélanger v. R., (1990) R.J.P.Q. 90-322
Bell v. R., (1983) 34 C.R. (3d) 396
Bellay v. R., (1950) R.L. 52
Belley v. R., 5 novembre 1990, 200-10-82-888 (C.A.QC)
Bennett v. R., (1960) 32 C.R. 176
Bennett v. R., (1981-82) 11 M.V.R. 125
Birt v. R., (1966) 51 M.P.R. 202
Blondin v. R., (1970) 2 C.C.C. (2d) 118
Bodroghy v. R., (1979) 3 M.V.R. 256
Boucher v. R., 26 octobre 1990, 500-01-474-904 (C.QC)
Brissette v. R., 57 W.W.R.1

Brissette v. R., 57 W.W.R.1
Brown v. R., 6 mai 1991, 200-10-147-897 (C.A.QC)
Bruhjell v. R., (1986) 17 W.C.B. 270
Bunnis v. R., (1964) 44 C.R. 262
Carlson v. R., (1956) 25 C.R. 230
Carter v. R., (1985) 19 C.C.C. (3d) 174
Chandock v. R., (1973) 12 C.C.C. (2d) 500
Chartrand v. R., (1968) 63 W.W.R. 583
Coulon v. R., (1977) 6 Alta L.R. (2d) 97
Cox v. R., (1948) 7 C.R. 39
Creed v. R., (1987) 7 M.V.R. (2d) 184
Crosthwait v. R., (1980) 1 R.C.S. 1089
Davis v. R., (1973) 14 C.C.C. (2d) 513
Desbiens v. R., (1952) 103 C.C.C. 36
Desharnais v. R., (1971) R.L. 166
Desrosiers v. R., 20 juillet 1989, 200-10-162-870 (C.A.QC)
Dixon v. R., (1965) 4 C.C.C. 318
Dubé v. R., (1955) R.L. 49
Dubé v. R., (1990) 8 W.C.B. (2d) 214
Dubois v. R., 22 octobre 1990, 500-10-38-891 (C.A.QC)
Faucher v. R., 22 avril 1991, 200-10-224-886 (C.A.QC)
Fecteau v. R., (1990) 10 W.C.B. (2d) 489
Forrester v. R., (1972) 6 W.W.R. 459
Foulidis v. R., (1984) 27 Man. R. (2d) 236
Fredrek v. R., (1979) 5 M.V.R. 1
Friesen v. R., (1977) 4 Alta L.R. (2d) 381
Fynn v. R. ex. rel. Pringle, (1955) 113 C.C.C. 35
Gallagher v. R., (1981) 14 M.V.R. 181
Garneau v. R., (1982) 66 C.C.C. (2d) 90
Graat v. R., (1982) 2 R.C.S. 819
Guay-Bertrand v. R., 16 août 1990, 500-10-75-885 (C.A.QC)
H. v. R., (1955-56) 17 W.W.R. 35
Hann v. R., (1968) 4 C.C.C. 301
Hawryluk v. R., (1967) 3 C.C.C. 356
Hayton v. R., (1982) 62 C.C.C. (2d) 491
Hillman v. R., (1978) R.T.R. 124
Hollahan v. R., (1970) 7 C.R.N.S. 307
Hosak v. R., (1988) 85 A.R. 98
Houle v. R., (1990) R.J.P.Q. 90-317
Hugues v. R., (1982) 30 C.R. (3d) 2
Hurley v. Taylor, (1953) 107 C.C.C. 220
Javasena v. R., (1970) A.C. 618
Jean v. R., (1972) C.A. 359
Jones v. R., 27 mars 1992, 200-10-213-897 (C.A.QC)

Kays v. R., (1988) 62 C.R. (3d) 193
Kizan v. R., (1981) 58 C.C.C. (2d) 444
Laramée v. R., (1972) 9 C.C.C. (2d) 433
Lavoie v. R., 20 janvier 1990, 200-10-217-880 (C.A.QC)
Lebel v. R., 21 octobre 1991, 200-10-19-898 (C.A.QC)
Lessard v. P.G.QC, 27 mai 1985, 200-10-128-848 (C.A.QC)
Lightfoot v. R., (1981) 1 R.C.S. 566
Lord v. R., (1958) 27 C.R. 249
MacDonald v. R., (1982) 7 W.C.B. 241
Majore v. R., (1980) 60 C.C.C. (2d) 277
Maydaniuk v. R., (1970) 74 W.W.R. 1
Mc Innis v. R., (1980) 28 N.f.l.d. and P.E.I.R. 353
McGinley v. State of New Jersey, C. Sup. N.J. 550 A.2d
McKenzie v. R., (1955) 111 C.C.C. 317
Meissner v. R., (1988) 5 M.V.R. 303
Miller v. R., (1963) 42 W.W.R. 150
Moreau v. R., (1979) 1 R.C.S. 261
Morin v. R., 11 novembre 1991, 500-10-386-886 (C.A.QC)
Murray v. R., (1985) 22 C.C.C. (2d) 502
Nadeau v. R., 13 janvier 1992, 200-10-3-918 (C.A.QC)
Nagy v. R., (1965) 51 W.W.R. 307
Noble v. R., (1978) 1 R.C.S. 632
Nolin v. R., (1982) 18 Man R. (2d) 266
Oakes v. R., (1986) 24 C.C.C. (3d) 321
Ostrowski v. R., (1958) 27 C.R. 109
Otto v. R., (1985) 29 M.V.R. 106
Parent v. R., (1982) 16 M.V.R. 73
Payne v. R., (1986) 72 A.R. 396
Pelletier v. R., (1989) 51 C.C.C. (3d) 161
Piuze v. P.G.QC, 28 mars 1988, 200-10-43-872 (C.A.QC)
Poirier v. R., 23 janvier 1992, 500-10-300-895 (C.A.QC)
Proudlock v. R., (1978) 43 C.C.C. (2d) 321
Prowse v. R., (1985) 29 M.V.R. 212
Rafuse v. R., (1981) 59 C.C.C. (2d) 244
Ranger v. R., (1983) 26 M.V.R. 83
Rioux v. R., 12 décembre 1990, 200-10-92-887 (C.A.QC)
Sanders v. R., (1985) 33 M.V.R. 97
Santos v. R., 500-36-195-878 (C. Sess. Mtl)
Seminaro v. R., 13 décembre 1991, 500-10-408-896 (C.A.QC)
Servello v. R., (1961) 133 C.C.C. 218
Shaw v. R., (1964) 43 C.R. 388
Siegl v. R., (1969) 67 W.W.R. 390
Star v. R., (1984) 10 C.C.C. (3d) 363

Sturge v. R., (1988) 2 M.V.R. (3d) 189
Thomas v. R., 16 octobre 1991, 500-10-199-883 (C.A.QC)
Trudel v. R., (1979) 1 M.V.R. 329
Waite v. R., (1989) 13 M.V.R. (2d) 236
Weir v. R., (1978) 14 N.f.l.d. and P.E.I.R. 398
White v. R., (1986) 41 M.V.R. 82
Wilde v. R., (1974) 14 C.C.C. (2d) 90
Wise v. R., (1989) 9 M.V.R. (2d) 257
Wurz v. R., (1986) 16 W.C.B. 478
Zarins v. R., (1960) 125 C.C.C. 375

ANNEXE IV

TABLE DE JURISPRUDENCE

A

B

M

N

O

P

R

S

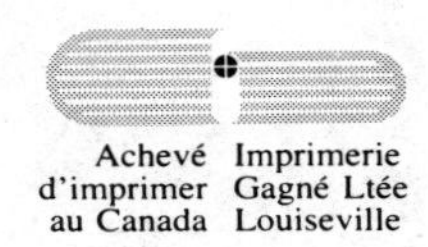

Achevé d'imprimer au Canada
Imprimerie Gagné Ltée Louiseville